真説！

# 小沢一郎謀殺事件

日本の危機は救えるか？

Murder case ICHIROU OZAWA

平野貞夫

ビジネス社

# 小沢一郎と政治改革・政界再編の軌跡

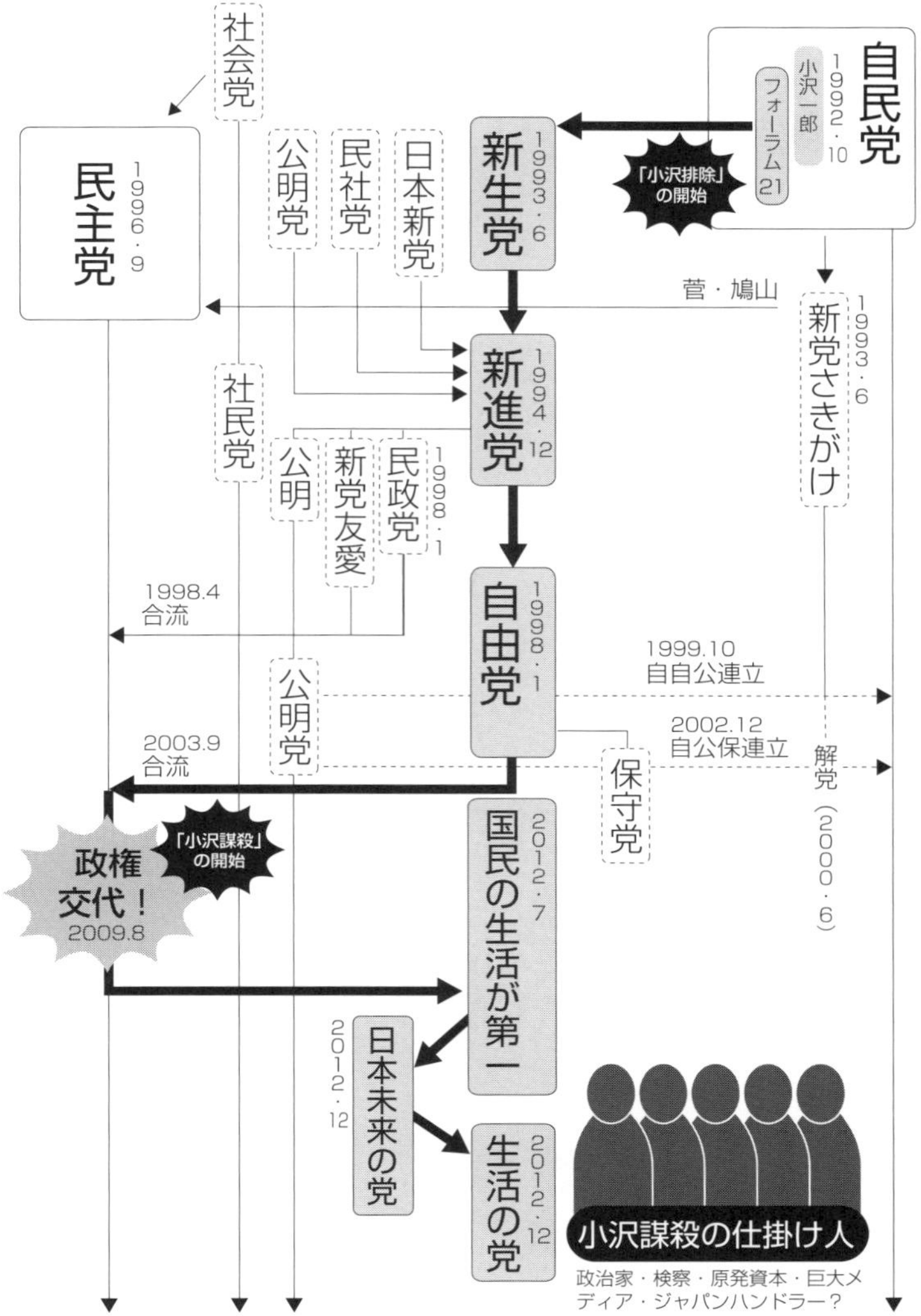

自民党
1992・10
小沢一郎
フォーラム21
「小沢排除」の開始
新生党 1993・6
日本新党
民社党
公明党
社会党
民主党 1996・9
菅・鳩山
新党さきがけ 1993・6
新進党 1994・12
社民党
公明
新党友愛
民政党 1998・1
1998.4 合流
自由党 1998・1
1999.10 自自公連立
公明党
2002.12 自公保連立
保守党
解党（2000・6）
2003.9 合流
政権交代！ 2009.8
「小沢謀殺」の開始
国民の生活が第一 2012・7
日本未来の党 2012・12
生活の党 2012・12
小沢謀殺の仕掛け人
政治家・検察・原発資本・巨大メディア・ジャパンハンドラー？

# 目次

## 第三章 政権交代と小沢一郎 排除から謀殺へ



## 第四章 誰が何のために小沢一郎を謀殺するのか

# はじめに

## 小沢一郎謀殺劇こそ日本政治最大の闇と謎

小沢一郎氏ほど戦後日本政治、いや明治以来の日本憲政史上で、これほど国と国民に身命を捧げている政治家はいない。にもかかわらず（いや、だからこそというべきか）これほどまでに嫌われ続けている政治家もいない。「嫌われる」などという言葉では生易《なまやさ》しすぎるかもしれない。「排除」でもまだ弱い。むしろ小沢一郎氏を社会的に葬りさろうとする「謀殺」とでもいったほうが正確であろう。この「小沢一郎謀殺劇」こそ、日本政治にとって深くて暗い闇であると同時に最大の謎であり、国民にとって最大の不幸であると私は思っている。

私は日米安保条約改訂の昭和三五年（一九六〇）に法政大学大学院を卒業、衆議院事務局に入り、さらに参議院議員を二期一二年務めて、議会と議員の両方から戦後政治をつぶさに体験・体感してきたが、こんな理不尽なことがあってはならない、これは日本の民主主義の死、すなわち日本国民の破滅になると大いなる危機感を抱いている。

では、いったいなぜそんな理不尽なことが起きたのか、そして今もなお進行中なのか、それはいったい全体誰が何のためにやってきたのか、そしてこれからもやろうとしているのか。それを明らかにすることが、本書の第一の眼目である。

もちろん、戦後政治の闇の中から謎を解き明かし、「小沢一郎政治謀殺劇」の仕掛け人たちと彼らの動機を暴きだすだけでは十分ではない。それは本書の必要条件ではあるが、それだけでは十分条件は満たされてはいない。なんとなれば、それを明らかにしたところで、小沢一郎謀殺劇を終わらせないかぎり、日本は破滅に向かってしまうと私は確信するからだ。したがって、ならばどうすれば小沢一郎氏を復権させ、わが日本を破滅の淵から救いだすことができるのか、その処方を示すことが本書の第二の眼目である。

## ようこそ、政治ミステリーの謎解きへ

では、あらかじめ本書の二つの眼目へ向けた展開を簡単にご案内しておく。

まず第一章においては、小沢一郎氏がゆるぎない政治理念をもった真の改革者であるがゆえに嫌われるという「政治のパラドックス」を明らかにしたい。そこに、「小沢一郎謀殺劇」の策源地があるからだ。

続いて第二章では、小沢一郎氏が真の改革者であることによっていかに「排除」の憂き目にあってきたかを、歴史をおって、ポイントとなる事件とエピソードを例に挙げながら詳らかにする。

第三章では、戦後政治のエポックである民主党政権による政権交代劇について、小沢一郎氏が大きな役割を演じたにもかかわらず、身内の民主党内から「小沢一郎排除」が生じ、それが鳩山政権から菅政権、野田政権へと進むにつれてついに「小沢一郎謀殺」へと激化していく流れを、彼らの醜悪なる企図とともにあぶりだす。

第四章では、第二章と第三章で明らかになった「小沢一郎排除・謀殺」に狂奔する政権・政党・政

治家たちの背後には、いったい誰がいるのか、小沢一郎謀殺の仕掛け人は誰なのか。そしてここまで執拗《しつよう》に「小沢一郎謀殺」に憑《と》りつかれる彼ら仕掛け人と「共犯者」たちの「総意としての動機」とは何なのか。検察権力と巨大メディア、「原発資本」、さらにはアメリカ政府の影について、分析・追究する。

第五章では、平成二四年（二〇一二）夏、断末魔の民主党と決別して新党を立ち上げ、「小沢一郎謀殺」包囲網に抗して、敢然と立ち上がった小沢一郎氏の「最後の戦い」の決意と真意を明らかにする。

第六章では、小沢一郎氏が未来を託すホープの一人、達増拓也岩手県知事との対談をもって、小沢一郎氏を復権させ、破滅の淵から日本を救いだすための処方箋を示し、もって本書の「まとめ」としたい。

おそらく読者諸賢は、少しでも早く真犯人を特定しその動機を明らかにしてほしいと望まれるだろう。しかし、これから語る「小沢一郎謀殺物語」は、いってみれば筋立てが複雑にして登場人物が入り組み、謎が深い「政治ミステリー」でもある。優れたミステリーがそうであるように、犯人の割り出しと真相究明までには手間と暇がかかり、結論よりもそのプロセスにこそ真骨頂と醍醐味《だいごみ》がある。いささか長丁場にはなるが、複雑にからまりほつれた謎の糸を一本一本ほぐしていく作業を、読者諸賢も私同様の「政治探偵」となって、知恵をこらしながらお付き合いをいただければ幸いである。

# 第一章

# 真の改革者だから嫌われる

# 小沢一郎のゆるぎなき政治信条

## 原点がぶれない

そもそも小沢一郎氏はなぜこれほどまでに嫌われ、社会的に謀殺されようとしているのか。小沢氏を葬り去ろうとする真犯人は誰でその動機は何かについてはおいおい明らかにしていくが、まずはその根源的な理由を明示しておこう。それはすなわち彼が戦後政治の真の改革者であるからだ。

半世紀近く国会職員を経て議員として活動してきて、小沢一郎氏をふくめて多くの「大物政治家」と身近に接する機会に恵まれたが、その政治信念の「ゆるぎなさ」は折り紙つきと保証してもいい。「端倪《たんげい》すべからざる政治家」とは彼のためにある形容といっても過言ではない。

小沢一郎氏の政治活動の原点は「戦後民主主義の誤った内容を正したい」ということにある。誤った民主主義では国民は不幸となり国家社会は滅亡していくので、しっかりとした真実の民主主義社会をつくりたい、ということだ。

この原点がぶれない、ゆるがない、が小沢一郎氏の真骨頂である。

昭和四四年（一九六九）一二月、吉田内閣の運輸・逓信・建設各大臣、池田内閣の行政管理庁長官、自由党国対委員長、衆院議運委員長、日米安保特別委員長、公職選挙法特別委員長などを務めた父、小沢佐重喜氏の突然の死によって衆議院選挙に初出馬したときの選挙公約に、それはしっかりと刻ま

れている。いわく、

「現代の社会は多種多様化した欲望が生まれ、政治がこれに応えきれず、国民生活と遊離している。このために政治不信が生まれ、社会的に大きな混乱が起きている。さらに政治が無力化して官僚に政策決定を任せているため、生き生きとした政治が行われていない。このままでは、日本の行く末は暗《あん》澹《たん》たるものだ。こうした弊害をなくするため、まず官僚政治を打破し、政策決定を政治家の手に取り戻さなくてはならない。政治に新しい考えを取り入れ、浄化と刷新を行う」

官僚システムにどっかりと依拠していた与党自民党の候補、それもぺいぺいの新人としては相当に勇気がいる公約である。

この時期、わが国は高度経済成長の最盛期で、総選挙の三ヶ月後には大阪万博が開かれている。小沢氏はこのときすでに高度に成長した資本主義の矛盾に気がつき、政治が適切に機能せず官僚に政策決定を任せていることが日本の将来を危うくすると、戦後の民主政治をきわめて憂慮しているのである。そのために官僚政治を打破し、政治の浄化と刷新を行って、真の民主政治の確立を宣言しているのである。

さらにその翌年、読売新聞社が安倍晋太郎氏ら一一人の論文を募集して『自民党改造案』を出版、小沢氏は当選一回の新人代議士ながらこれに参加。「保守政党の体質改善論」というテーマのもと、

①組織面における改革——党員拡大と党組織の整備

②資金面における改革——政治資金の大衆化による財界依存からの脱却
③政策立案面における改革——党政調各部会の改組による官僚依存の改善
④総裁選挙の改善——米大統領選の予備選方式の導入

を提案。とりわけ「④総裁選挙の改善」は画期的ではあるが、派閥談合政治の中ではまず実現不能である。にもかかわらず、小沢氏は幹事長となってからしばらくして、この方式を正式に導入してしまうのである。信念の貫き方にいささかのゆるぎもない。まさに小沢一郎流の面目躍如たるものがある。

初当選後、小沢氏は田中角栄氏のもとで政治修行をすることになり、「金竹小」（金丸・竹下・小沢）の金権政治の枠に入れられ、その実態を文字どおり体感する。しかし、そこでも所期の政治信条をまげることはなかった。政権交代を間近に控えた平成二一年（二〇〇九）の西松事件に始まる小沢バッシングで、しばしばマスコミから小沢氏の出自が金権派閥であることをもって「だからダーティな政治体質だ」と叩かれてきたが、これはまったく論拠のない「ためにするレッテル貼り」である。むしろ小沢氏は「ロッキード事件」で刑事被告人となった田中元首相のすべてを知ることによって、金権政治からの脱却を決意し、政治家を志した初心の公約である「わが国に真の民主政治を確立すること」を貫こうとする。その証拠に、平成元年（一九八九）八月、四七歳の若さで、与党自民党幹事長に就任すると同時に政治改革に着手するのである。が、突発した湾岸戦争への対応や都知事選挙の失敗で改革を実現することができなかった。

しかし「ぶれない」が身上の小沢氏はそこであきらめなかった。『日本改造計画』を出版、これは英訳本も出て超ベストセラーとなったが、ここで政治に臨む基本構想を世に問い、その核心的メッセージとして「民主主義は国民の自立から」と決然と謳《うた》い上げる。すなわち、「民主主義の前提は、国民が自分の価値観を持ち、自分の判断で行動できる自立した個人であるということだ。この前提が日本人に欠けたままであり、アメリカ式の『戦後民主主義』が導入されても、実際には民主政治が根付かないまま現在に至っている。戦前の官僚組織が存続したなどの問題があるが、基本的には、国民の側に民主主義を実現する条件が揃っていなかったからだ」（同書）

## 小沢一郎の原点『日本改造計画』

この出版には私も少なからずかかわったことから、そのコンセプトは誰よりも承知している。さらにここで注目すべきは、「個人の自立」の「土台」に言及していることである。

『日本改造計画』には次のような人間の「生き方」について重要な記述がある。

「人類は、人間による自然支配という西洋的価値観から、人間は自然の一部であるという東洋的価値観への転換を迫られている。東洋的価値観、とくに古代日本の縄文時代においては、人間はまったく自然と共生していた。人間が自然を支配するのではなく、自然によって生かされていた」

おそらく日本の政治家で「共生」という言葉を使ったのは、戦前の椎尾辨匡《しいおべんきょう》元衆議院議員の「共生《ともいき》運動」を別とすれば、私の知るかぎりではこれが初めてだと思う。平成五年五月といえば、小沢氏は自民党幹事長を辞めて二年目、幹事長時代の苦悩の体験を乗り越えようと、『日本改造計画』を世に出した年である。まさに小沢氏のぶれることのない思想信条の根っこに、「個人の自立による真の民主主義の確立」と並んで「共生」という発想があったのである。

真の民主主義の実現に政治生命を懸ける小沢氏は、自民党を離党した後も、さまざまな政治展開の主役として活躍するが、一貫して「自立」と「共生」を新しい国づくりの理念として大義の旗を振り続けている。

## 小沢一郎は「天然のコミュタリアン」

ところで、「自立」とならんで小沢一郎氏の政治信念の「対概念」ともいうべきこの「共生」について、達増拓也岩手県知事が、私が主宰する「メルマガ日本一新」に論考を寄せてくれた。さすが小沢氏が大いなる期待をかける若手のホープだけあって感性は瑞々《みずみず》しく、また大変示唆に富んでいる。以下抜粋して引用する。

最近有名になっているサンデル教授（ハーバード大学）の正義論を参考に、反小沢の政治哲学的背景について述べたい。

サンデル教授の正義論が、今、急速に広まっているのは、リーマン・ショックで欠陥が明らかになった米国流自由主義の修正を訴えているからではないか。サンデル教授は、米国流自由主義は功利主義（ユーティリタリアニズム）と自由至上主義（リバタリアニズム）を二本柱としているが、それだけでは駄目で、共同体主義（コミュニタリアニズム）が重要であると主張している。

功利主義は「最大多数の最大幸福」がスローガンで、福利の向上とそのための経済的効率化が目標になる。損得の計算が重要である。

自由至上主義は、個人の自由の貫徹を最重要視する。自己決定と自己責任。自己の意志以外には何者にも縛られる必要はないという考えである。

この二つを合わせると市場原理主義になり、リーマン・ショックを引き起こしたアメリカ生まれのグローバル・スタンダードとなる。日本においては小泉─竹中路線になった。

これらに対し、共同体主義は、共同体において個人が「役割を果たす」ことを重視し、共通の価値である「徳」を大切にする。損得や個人の好みとは別に、「為すべきこと」があるのではないか、それを集団において共通のものにしていく必要があるのではないか、という考え方である。経済・社会に関しては、優勝劣敗だけでは良い社会にはならないのではないか、ということになる。政治の場では、ある役に就いている者は、好き勝手に行動していいのではなく、局面ごとに当然為すべきことがあるのではないか、その為すべきことについて多数の合意を形成していかなければならない、という事になる。

小沢一郎氏本人は私が教えるまで共同体主義なるものがあるということをご存じなかったようだが（私もサンデル教授の本を読むまで知らなかった）、今までの言動からして天然の共同体主義者である。功利主義や自由至上主義のよさも認めているが、その二つを残して共同体主義を捨てることはない。

小沢氏はときどき「それは人の道に反する」と言うが、政治家人生において「道」というもの（サンデル教授の言う「徳」）を常に意識しているのだと思う。

共同体主義は「古い政治」であり、グローバル・スタンダードに則って功利主義と自由至上主義の組み合わせで行けばよいと思い込んでいる政治家たちは、反小沢になるであろう。彼らは、政策的には、小泉―竹中路線のほうに近い者が多い。政治手法は、政治家一人一人の価値観はそれぞれ違っていて当然と考え、なるべく相互干渉せず、波風立てないために場の空気を読む術が発達する。原理原則にこだわらず、内容よりも手続きにこだわる。小沢氏は、政策的にはセーフティネット重視であり、政治手法は、理念・政策を共有する政治家や支持者を結集して多数の形成を目指し、必要であれば波風立てても徹底的に議論をする。意志決定の手続きはもちろん尊重するが、こだわるのは内容である。

小沢氏と同じ岩手県出身の新渡戸稲造は、やはり岩手県出身の原敬首相が平民宰相と呼ばれた頃に、「デモクラシーは平民道と訳すのが良く、それは武士道の延長である」という趣旨を述べた。政治には「道」の感覚が必要なのではないか。それは決してアナクロニズム（懐古趣味）ではなく、あるべきグローバル・スタンダードを草の根から構築していくためのきわめて今日的な課題であり、日本を救う唯一の道なのではないか。

（平成二二年一〇月一六日）

なお、達増拓也岩手県知事は十数回にわたり「小沢一郎論」をわが「メルマガ日本一新」に寄稿している。いずれも示唆にあふれており、これからも要所要所でわが愚見の足らざるところを補足するコメントとして紹介させていただく。

# 小沢一郎の歴史認識と自立・共生の思想

## 冷戦の終結がパンドラの箱を開けた

もう一つ小沢一郎氏のぶれないゆるぎない政治信念を支えているものがある。それは「歴史認識」である。政治信念は何でもいいからまげなければいいというものではない。それでは単なる頑迷固陋《ころう》の守旧派であり、改革者とは似て非なるものだ。その真贋《しんがん》をわけるもの、それが背骨となる確固たる歴史認識であり、それがあるから小沢一郎氏の政治信条は一貫しており、決してぶれないのである。

では小沢一郎氏の確固たる「歴史認識」とは何か。それは、戦後冷戦構造の崩壊をうけたもので以下の二点に集約される。

一つは、東西冷戦構造の終焉《しゅうえん》である。世界規模の戦争は回避されつつあるが、地域紛争やテロの頻発、核兵器や生物・化学兵器が拡散して、局地的な危険は増大している。もはや国際社会の平和と安全を、特定の国に委ねることに限界がきた。国連の機能を重視し、国際的枠組みの中で平和を維持する必要がある。「一国平和主義」は破綻《はたん》した。

いま一つの激変は、資本主義の変質である。重化学工業から情報社会へ第三次産業革命が行われた。日本では労せずして成長する右肩上がりの経済成長時代は終わった。さらに世界に例を見ない超少子・高齢化社会に突入した。いかに経済の活力を維持していくか。これまでの高度成長時代の官主導の利権政治を改革しなければならない。日本は今、前例のない状況に遭遇している。

小沢一郎氏がこの歴史認識をもつにいたったのには、次のような背景と経緯があった。

平成元年（一九八九）一二月二日、米ソ首脳（ブッシュ、ゴルバチョフ）がマルタで会談し米ソ冷戦が終結。冷戦の終結は国際社会を激動させた。特に日米安保体制で、安全保障も経済も、米国に依存していたわが国にとっては、敗戦後初めて自立して生きることを考えざるを得なくなった。ほとんどの日本人は「これで資本主義が勝った。これから平和と繁栄の時代となる」と喜んだ。しかしこのとき、深刻な顔をしていた一人の政治家がいた。誰あろう、海部政権を支えていた自民党幹事長・小沢一郎氏その人である。これからの国際政治と経済について、彼はこう言った。

「僕は、冷戦の終結はパンドラの箱が開いたと同じことだと思う」

ゼウスが、あらゆる災いを封じ込めた小箱をパンドラに人間界へと持たせて、それを開けさせたようなものだ（ギリシャ神話）、ということである。小沢幹事長は続けて、「これから資本主義の暴走が始まる。米ソの戦争はなくなったが、富の偏りによる地域紛争や民族や宗教の対立が激化する。戦後政治の惰性で生きてきた日本は、自立して世界の中で活動するために、これからどうするべきか」と語っていた。

これを契機に、小沢氏は総合的研究を組織的に始め、平成三年に『日本改造計画』の原案を書き上げて、日本人および日本国としての在り方の根本姿勢を論じるのである。

その後、小沢氏の「歴史認識」はどう時代によって検証されたのか。

二一世紀に入ると、世界は小沢氏が予言したようにパンドラの箱を開けたようになる。マネーゲーム資本主義は国家をも崩壊させかねない事態となった。歴史を見ると健全な資本主義のもとで、健全な議会政治が機能してきた。現在、世界中で「政治の混迷」が指摘されているが、それは資本主義の変質による混乱が原因で、政治家の能力がそれを解決できないでいる。

さて、わが国の議会政治の混乱は、欧米のような自立したデモクラシーでない政治文化だけに、複雑で困難な問題をかかえている。平成二一年の民主党への歴史的政権交代は、巨大メディアのいう「自民党へのお灸《きゅう》」ではない。日本の資本主義社会の危機を本能的に受け止めた民衆の津波のような動きであった。しかし、民主党政権はこれに応えるどころか、マネーゲーム資本主義で支配を続けようとする財界・官僚・巨大メディアの奴隷となった。

平成二〇年（二〇〇八）のリーマン・ショックは、ポスト冷戦のもとで世界を支配したマネーゲーム資本主義の敗北を示すものであった。世界は「ポスト・ポスト冷戦」の時代に入り、新たに民衆が幸せになる資本主義を創造する段階に入ったといえる。この歴史の進化を民主党は気づいた恰好をして、国民を騙《だま》したわけだ。

小沢一郎氏の歴史認識は見事に「現在の混迷」を言い当てている。まさに慧眼《けいがん》というべきであろう。

## 小沢一郎の歴史認識と共生の思想

小沢一郎氏のこの「歴史認識」は自民党を離れてからもゆらぐことなく、政治の節目節目で生かされていった。

平成一〇年（一九九八）六月、小沢一郎氏を党首とする自由党は、「日本再興へのシナリオ～『国民が主役の社会』を目指して」を発表、二つの世界的激変を認識して、「このままでは日本は衰退の道を歩むだけだ。今ほど政治の自己改革と国民の意識改革が求められているときはない」と宣言、真っ先に必要な改革を「政治の自己改革」と「国民の意識改革」としたのである。

さらにそれから五年後の平成一五年（二〇〇三）九月、自由党は小沢氏の大局的判断で民主党と「合併」、民主党を大きく飛躍させる。そして小沢氏は平成一八年（二〇〇六）四月、民主党代表となるが、その代表選で唱えたのもまた、歴史認識であり、それにもとづく「共生」の思想であった。すなわち、

「小泉政治は自由と身勝手を混同した結果、弱肉強食の格差社会という妖怪を生み出してしまいました。本当の自由とは誰もが共に生きていける『共生』の理念が前提であり、それを保証する規律と責任を伴うものであります。その『共生』のルールが公正なのであります」

この理念は、自由党時代の『日本再興へのシナリオ』を起点に、『日本一新一一基本法案』を発展させたものだ。これが平成一九年（二〇〇七）七月の参議院選挙を勝利させた〝国民の生活が第一〟の箴言《しんげん》となり、平成二一年（二〇〇九）八月の衆議院選挙で民主党が政権交代を実現した原点なのである。

しかし、菅政権になったとたんに「国民の生活が第一」という箴言は消えた。そして政策も政治手法も「小泉・竹中時代」を連想させ、歴史を逆流させる事態となった。

菅首相は平成二二年六月一一日、国会での「所信表明」で、「九〇年代初頭のバブル崩壊から約二

○年、日本経済が低迷を続けた結果、国民はかつての自信を失い、将来への漠然とした不安に萎縮しています」と発言した。

これが歴史的政権交代を果たした政権トップの歴史認識かと思うと情けなくなる。日本人が自信を失い将来への不安で萎縮している原因を「経済の低迷」とし、聞きようによっては「バブル経済」を評価しているような発言である。党内から批判が出ないのは政党としての理念に混迷があるからだ。

二〇世紀から二一世紀への世界史的激変は、先に指摘したように「東西冷戦の終焉による国際社会の構造変化」と「第三次産業革命による資本主義の変質」である。日本の衰退の根本原因はここにあり、そのため「政治の自己改革」と「国民の意識改革」が実現されなければならないのだ。

菅首相は政権の座に就くや「私は現実主義者だ」と自負した。真の現実主義者なら「理念」と「理想」のつながりの中で、問題解決へ具体的な展開を提示していくものである。「官僚はバカだ」といって、その舌の根の乾かないうちに「官僚の能力を活用する」と言い換え、官僚の手の平に乗ることを「現実主義者」とは言わない。それは「オポチュニスト」(日和見主義者あるいは御都合主義者『大辞泉』『大辞林』)という。

## 小沢一郎が旧体制から排除される理由

このように小沢氏は日本人のあり方として「自立と共生」を提唱し、政治運営や基本政策など、国づくりの基本としてきた。ところがわが国の旧体制の多数は、政治信条を理解しようとはしなかった。

その理由は、日本人の政治文化が、建前と本音を自分に都合よく使い分け、本音(個人的利害)を、理屈でもって建前（倫理や論理）として正当化するものであったからだ。

建前の世界と本音の世界は、本来は峻別《しゅんべつ》されるべきものである。しかし、日本の社会では意図的に混同されている。その結果は矛盾の発生による混乱である。

わが国では戦後の高度経済成長による豊かさがその矛盾を社会的に消化してきた。その方法が「談合政治」や、「馴れ合い政治」として社会に君臨し、率直にいえば国民の多くもそれを容認した。また戦後の長期間にわたって続いている米国に依存している安全保障も、日本人の馴れ合い、甘えの社会心理を増長させている原因であった。

この建前と本音のすり替えによる国家運営のノウハウは、官僚の得意とするところである。もちろん日本の政治家も経営者も、この官僚のノウハウの中で生きているのが実情である。新聞テレビもこの馴れ合いの中で生きている化け物であり、小沢氏の「日本改造」の核心は、これを改革することにあった。米ソ冷戦が終結し、資本主義が変質して高度経済成長が期待できなくなった二一世紀の世界に生きるため、小沢氏の発想は日本にとって、どうしても必要な課題である。

ところが、旧体制はこれを容認できず、自分たちが既得権で生き延びるためには「小沢排除」にどうしてもこだわるのである。

# 小沢一郎の政治的遺伝子

## 父・小沢佐重喜から受け継いだもの

さて、こうして見てくると、小沢氏の「ゆるぎのなさ」と「一貫性」は、信念・信条を超えて、当人の気質も関係しているのではないかと思えてくる。それはどこから得たものか。おそらく父親の小沢佐重喜氏からの政治的遺伝子ではないだろうか。

たまたま私は両者を見知っており、比較をすることができたので、確信をもってそう言うことができる。息子の一郎氏と私の関係はこれまでに述べてきたので改めて言うまでもないが、父親の佐重喜氏とは私の郷土の大先輩であり晩年には謦咳《けいがい》に接した吉田茂元首相の腹心であったことから知己を得ていた。

私の知るかぎり小沢佐重喜氏は小学校もろくに出ていないにもかかわらず、車引きや新聞配達などをしながら弁護士になり、そこから政界に転じたまさに立志伝中の人物であると同時に、ゆるぎなき信念・信条の人でもある。小沢家は明治に入って繁盛したが、佐重喜の父・徳太郎氏の代になって経済的に行き詰まる。佐重喜氏は小学校五年生で奉公に出されるが、学問をしたいため家出して、東京をめざす。宇都宮の公園で衰弱しきった佐重喜氏を救ったのは、陸軍の中村少佐であった。運命の出会いがあって苦学し弁護士となるのである。

小沢佐重喜氏の政治信条は、息子・一郎氏と実によく似通っている。小沢佐重喜氏の人生の節目節目の発言を見ればそれは一目瞭然《りょうぜん》であろう。

「貧しくも能力のある人間が、学校に行ける社会をつくりたい」

これは、大正一四年、東京市下谷区会議員に立候補したときの公約である。わずか七票差で落選の憂き目にあうが、それでもあきらめず、再起を期したところが佐重喜氏の真骨頂であり、それは何度も叩かれ排除され謀殺されかけても、挑戦をし続ける息子・一郎氏の気概に受け継がれてはいないだろうか。

「物質文明に禍せられ、富の偏在、貧富の差が甚しく、良心と理性にもとづく真の自由が生かされる社会は実現していない。自由主義の欠陥を補い高度な社会政策を断行する」

これは、三木武吉に師事して東京市議、府議を五期務めた後、昭和二一年四月、戦後最初の衆院選に吉田自由党から立候補したときの演説である。社会正義の実現を謳《うた》い上げた高邁《こうまい》な理念は今も色あせることなく息子・一郎氏に引き継がれているではないか。

佐重喜氏は見事当選を果たし、第二次吉田内閣の運輸大臣に抜擢《ばってき》され、以後、郵政・電気通信大臣、行政管理庁長官、自由党国会対策委員長などの要職を歴任する。

「民主政治の原点は、公正な選挙制度の整備と金のかからない選挙の実現である。腐敗政治を廃止し、国民のため徹底した審議と多数決原理による健全で公正な国会運営を確立すべきだ」

これは、昭和四三年五月、心不全のため入院した病院での最後の言葉である。最期まで国民のための政治家であり続けようとした姿勢は、これまた息子一郎氏に引き継がれているといえよう。

それは息子・小沢一郎氏も自覚していたようである。

昭和五五年に刊行された『人間小沢佐重喜』に寄せた追想の中で、小沢一郎氏はこう語っている。

「確かに一、二回の選挙では、自民党が絶対多数を占めることになるだろうが、そのままの状態が長く将来にわたって続くとは考えられない。国民的、社会的要請が決してそんなことを許さないだろう。また、国民の要請に応え得るような国民政党が必ず成長して来るだろう。そうなった場合、政権担当意欲が全く見られない現在の野党を相手にする以上に自民党は厳しい状況にたたされるだろうし、実際の選挙で我々も大変難しい選挙戦を覚悟しなければならなくなる。しかし、そうなることこそが、本来の議会制民主主義の本旨に沿い、その目的に達することにつながるのである」

小沢の生半可ではない政治改革論は父親譲りなのである。

## 小沢一郎は吉田元首相の最後の継承者

父親の小沢佐重喜氏は林譲治、益谷秀次とともに吉田茂政権の国会運営や党運営を支えた人物であり、吉田の薫陶をうけて吉田茂を政治人生の糧とした人物である。そこで私の脳裏にひらめくものがあった。小沢一郎氏が父親から譲り受けたものがもう一つあるのではないか。それは父が尊敬してやまなかった吉田茂元首相がワンマンと言われながら果たし得なかった憲政の夢、つまり「政権交代のあるデモクラシー」を日本にもたらすことであった、と。

「負けて　勝つ―戦後をつくった男―」、吉田茂元首相を渡辺謙が演じたNHK連続ドラマが終わった。郷土高知の先人でなにかと縁が深く、学生運動をやっていて、危うく共産党入党寸前のとき、慈愛に満ちた説教をされたこともあり、テレビを見ながら涙が出るほど懐かしかった。そしてまた、愛人の〝小りん〟さんがそっくりなのにも驚いた。「戦争に負けて外交で勝つ」という吉田流政治をドラマは主題にしていたが、吉田元首相は、日本に議会民主政治を定着・発展させることを重要な政治テーマにしていた。

新憲法を制定した後、第二次吉田内閣が成立したとき、「デモクラシーの実現には政権交代が必要で、そのためには社会党を育成しなくてはならない」と発言したことがある。当時の社会党は「よけいなお世話だ」と批判したが、世間はワンマン政治家にして、まともなところもあると話題になった。

吉田氏は政権を退いた後、日本の議会政治についてしばしば発言をしている。私も直接話を聞き大きな影響を受けた。戦前、在英国大使をやっていただけあって、本場の議会政治をしっかり理解していた。わが国が独立した時期も国会がきわめて混乱した。当然、現在の国会の混乱とは状況が違うが、もし吉田氏が現在の日本の議会政治を知ったとしたら、相当に怒ると思う。そこで吉田氏の議会政治論を『大磯随想』と私の記憶から紹介しておきたい。

昭和三二年の「This is Japan」に「政治の貧困」という一文を掲載している。「日本では現在、政治の貧困と言うことが叫ばれている。これを誇張していうようになると、議会政治否定の方向になるので充分に注意する必要がある」と冒頭で語っているが大事なことだ。政治が貧困である原因を「日本のデモクラシーは、戦後になって与えられたものだからだ」とし、「大部分の民衆がその真意を理解していない」ことだと基本認識を示している。「その為に議会政治にも貧困性が現れているが、我々は議会政治より他に日本の向かう道はないので、あらゆる努力をしなくてはならない」と論じ、本格的な議会民主政治の擁護者であった。

日本の議会政治がうまくいかないことについて、「政治家が無能であり、多少有能と思われる人達が戦後に追放され、七、八年後に解放された時は呆けていた。呆けていない者も時代とズレが出来ていた、ということがある」と断じている。さらに「新しく出てきた人が無能だとは思わないが、まだ政治的な訓練と経験を積んでいない為に、国家を背負うだけの力が足りない。これ等が日本の政治を貧困に陥らしめたと思う」と、きわめて冷静に分析している。現在もこれに似ている。

この事態を解決するために、吉田氏は「直ぐに効き目のある薬などはない。気長に民衆にデモクラシーの本当の意味を体得させるよう教育する他にはない。学校の教育、また社会的な教育によって、その目的を達するように、政治家も民間も識者も努力しなければならない」と論じている。そして「私は決して失望していない。人間というものは進歩するのであって、将来は今よりも立派な人間が出てくることを私は信ずる」と結んでいるが、まさに至言であり、いまだ一片たりとも色あせしていないことに気づくべきである。

## 「お任せ民主主義」が小沢一郎を排除

郷土の大先輩ということでいささか前置きが長くなったかもしれない。そろそろ本題である小沢一郎氏と吉田茂氏の関係を述べよう。

吉田氏がこう語ってから五五年という歳月が過ぎた。現在の「政治の貧困」をどう考えるべきであろうか。率直にいって、吉田理論をもっとも継承しているのは小沢一郎氏である。『日本改造計画』で「民主主義の前提が日本人に欠けたままであり、アメリカ式の〝戦後民主主義〟が導入されても、実際は民主主義が根付かないまま現在に至っている」と述べているではないか。

また、これを改革するためには「自分の価値観を持ち、自分の判断で行動できる自立した個人をつくるべきである」とも述べているではないか。小沢一郎氏の政治にあたる基本姿勢は、個々の日本人の自立にあった。そのうえで、共に生き共に幸せになろうという「共生社会」を実現するというものである。戦後民主主義の特色は、高度経済成長に依存した「お任せ民主主義」であった。

これを改革しようという小沢一郎氏の存在は「お任せ民主主義」の談合社会で利権を得ている支配層にとっては許せるものではなかった。吉田元首相の議会政治論を否定する政治を断行したのは、皮肉なことに孫の所属する自民党政権であった。ようやく国民の大多数がデモクラシーに目覚め、政権交代の必要性を肌で感じ始めたとき、小沢氏のまったく違法性のない「政治資金」を政治捜査させたのである。これは民主党・菅政権にも継承され、巨大メディア・官僚・財界などの「お任せ民主主義者」が、小沢氏を政界から排除しようと謀ったのである。

しかし天命は小沢一郎氏を見捨てなかった。まもなく真実は明らかになる。今日の「政治の貧困」や「国会の崩壊」は、民衆のデモクラシーへの理解不足ではない。悪霊化した支配層や政治家のデモクラシーに対する反逆に原因があるといえる。

*

さて、本章をまとめるとしよう。

小沢一郎氏は以下の点において、ゆるぎない政治理念をもった真の改革者である。すなわち、政治信条が一貫している。そのめざすところは「戦後民主主義の誤った内容を正したい」。そして、その政治信条を支えるバックボーンは「個人の自立と共生」を社会の基盤とする考えである。

では、なぜ「個人の自立と共生による真の民主主義の確立」が今、求められなければならないのか。それは時代をどう読むかという「歴史認識」によって裏づけられている。つまり、

①東西冷戦構造の終焉によって、それまでの世界秩序は激変。国際的枠組みの中で平和を維持する必要がある。

②今一つの激変は、資本主義の変質である。右肩上がりの経済成長時代は終わった。世界に例を見ない超少子・高齢化社会の中でいかに経済の活力を維持していくか。そのためにはこれまでの高度成長時代の官主導の利権政治を改革しなければならない。日本は今、前例のない状況に遭遇している、というものである。

さらには、小沢一郎氏の「ゆるぎなさ」「一貫性」は父から政治遺伝子として受け継がれている。とどめは、戦後日本政治の本流・正系である吉田茂元首相が果たし得なかった憲政の夢、政権交代のあるデモクラシーを実現する継承者である。

つまり、小沢一郎氏は、あらゆる角度から見て、これ以上望むべくもない「ゆるぎない政治理念をもった真の改革者」だったのである。

それがなぜ嫌われるのか。嫌われるだけでなく排除されるのか。いや、民主党政権交代前夜からは社会的に謀殺されようとしているのか。

それは自家撞着《じかどうちゃく》のように聞こえるかもしれないが、「ゆるぎない政治理念をもった真の改革者」だからこそ嫌われるのである。

古今東西の違いを越えて、出る杭《くい》は打たれる、あるいは正しいことを言う人は嫌われる。しかし今

なお続く「小沢一郎謀殺劇」はそんな社会通念で説明のつくものではない。それをはるかに超えた尋常ならざる歴史的事件である。なぜそのような「政治パラドックス」の極が起きるのか、続く第二章では、小沢一郎氏が真の改革者であることによっていかに「排除」の憂き目にあってきたかを、歴史を追って、ポイントとなる事件とエピソードを例に挙げる中から、探りあてることにする。

# 第二章

# 自社五五年体制を崩壊させた男

小沢一郎排除・謀殺がマスコミ総がかりの鳴り物入りで、誰の目にもわかる形で始まるのは、民主党による歴史的政権交代の半年前の平成二一年（二〇〇九）三月に起きた「西松事件」からだ。第三、四章で詳述するが、その背景には、いずれ自公政権が倒れるのは時間の問題であり、それをリードする小沢一郎氏を何としても潰したいという自民党政権側からの策謀であったことは明らかである。

しかし、小沢側近といわれた私にも、その時点でははっきりした認識はなかったが、今から振り返ってみると、それよりもはるか以前から、それは着実に仕掛けられていたのである。本書をまとめてみて改めてそう確信するにいたった。

その出発点となったのは、平成元年（一九八九）小沢氏が自民党幹事長に就任、政治改革をみずからの不退転の政治信念としたときからである。

それまでの小沢氏は嫌われるどころか、自民党の中では真面目一途でまったくといっていいほど目立たない地味で「出世」も遅い政治家であった。まずは、小沢一郎氏のいわゆる雑巾がけ時代を足早に追って、その小沢氏がどう「豹変《ひょうへん》」するのかを見ていくとしよう。

# 雑巾がけ時代

## 謙虚でポストを求めない地味な政治家

昭和四四年（一九六九）一二月の第三二回衆院総選挙で初当選以降、昭和五八年（一九八三）一二月に衆議院議院運営委員長に就任するまでの一四年間は小沢氏にとっては雑巾がけの時代といえる。田中派の中で格別に田中角栄氏から可愛がられたが、田中内閣の二年間（昭和四七年七月〜四九年一二月）特別な役職に就かず、もっぱら派閥の雑巾がけをやっていた。これは田中首相の指示で、この時期、小沢氏は真面目な雑巾がけぶりに好感をもたれていた。

田中首相退陣の後、ようやく科学技術政務次官（昭和五〇年）、建設政務次官（昭和五一年）に就任する。小沢一郎氏三三歳と三四歳。政策の勉強に没入し、両省庁の役人の話だと、その熱心な勉強姿勢に評判が良かったようだ。往時の「勉強の成果」として、後年私に「原発は便所のないマンションと同じだ」と核廃棄物の処理に問題があることを指摘、小沢一郎氏の原発への考えを知るうえでは興味ぶかいが、これについては第五章で詳述する。

ロッキード事件で田中前首相が逮捕され（昭和五一年七月）、以後田中派のロッキード事件担当として苦労を続け、そのために役職らしいことに就いたのは、昭和五七年一二月の自民党総務局長で、二階堂幹事長の下で選挙の実務に当たる。昭和五八年の参院選挙に勝利、自民党内から高い評価を受ける。田中元首相の裁判が東京地裁で始まるや以後すべての公判を傍聴したことが話題となる。これについて、マスコミからは、田中角栄の秘蔵っ子だからと言われたが、当人は私に対して「首相までやった政治家が法廷という場にどういう覚悟で臨むのか、見ておきたかった」と語った。このように、この時期までの小沢一郎氏は、二世議員の中でも政策勉強に熱心で、謙虚でポストを求めない地味な政治家と思われていたのである。

# 衆議院議院運営委員長時代

## 田中元首相の起訴対策役として

その後は、党の要職に就くことで、党内から評価を得ていくが、「出世」を求めない謙虚な姿勢は変わらず、嫌われたり、ましてや「排除」されたりすることはなかった。

田中元首相は昭和五一年（一九七六）八月ロッキード事件で起訴され、東京地裁での公判となる。政治倫理のあり方が国民的議論となり、野党は田中元首相の政治責任を国会で追及。田中派では国会運営のイニシアティブを握るため、昭和五五年（一九八〇）、議運委員長に山下元利氏を、議運理事に小沢一郎氏を投入する。

昭和五八年（一九八三）一〇月、東京地裁は田中元首相に「懲役四年等」の実刑判決を下す。田中側はただちに控訴するも、国会では野党が一斉に「田中議員辞職要求」を迫ってきた。これと政治倫理制度の確立が政治問題となる。それに対応するため、田中元首相の意向で、自民党は小沢氏を議院運営委員長に起用した。

この間、小沢氏は昭和六〇年（一九八五）一二月まで、二年二期議運委員長を務めた。議運委員長は一期で入閣するポストで、二期続ける例は少ない。ロッキード事件での田中裁判が、当時、日本政治の重大問題であったことの証明である。当時、私は衆院事務局で議運委員会担当の課長であり、小沢委員長の活動のすべてを見届けていた。

小沢委員長は、就任直後、政治倫理制度をつくる場合、「憲法の限界はどこにあるのか」を論理として説明しろと、私に迫ってきた。もちろん個人の勉強としてである。当時、野党は、田中元首相の議員辞職勧告決議案を衆院に提出し、本会議での上程を強く要求していた。自民党の反田中グループを揺さぶるのがねらいであった。憲法論としては、国民が選んだ国会議員を憲法上の根拠なしに、国会の多数決で辞職を強要することは国民主権に反するとして、反対意見もあった。小沢委員長が私に迫ったのは、辞職勧告決議以外の方法で議員を辞職させる憲法運用論はないかということであった。

私が新憲法制定当初、議員を除名する制度が懲罰しかなく、しかも院内での行為が対象となっていることを説明、院外の行為でも院の秩序を著しく乱すものに適用してはどうかとの議論、すなわち憲法の拡大解釈を話し、その後、この理論は封印されており、口外しないよう頼んだ。

## 恩師・田中角栄の政治家としての死

政治倫理をめぐって、国会運営が混乱する中で、小沢委員長は田中元首相の問題と切り離し、これからの政治倫理のあり方として、院外の行為でも条件をつけて懲罰の対象となる制度とすべきだと考えるようになる。田中問題は事後法禁止の原則で対象にできないとし、野党側に提案することになる。

野党側は小沢委員長の見識と努力を評価して了承。問題は田中元首相の説得になった。小沢委員長は説得に失敗し、叱られたようだ。田中元首相の言い分は「オレを助けるために憲法解釈を変える制度をつくるべきでない」。それでも小沢委員長はこだわったが、その後この論を是とした憲法学者の反省のメモが見つかり、憲法の拡大解釈は実現しなかった。

政治倫理制度は、小沢委員長と野党の信頼関係により、昭和六〇年一〇月に、政治倫理綱領、行為規範、政治倫理審査会などの現行制度が整備された。

小沢議運委員長の二年間は、田中元首相の〝裏支配〟と批判される混乱の政治の中で、恩人・田中氏に言うべきことは主張し、野党と徹底的に議論し、信頼を高め、その後の活動の礎になっていく。もし小沢氏が議運委員長に就任しなければ、その後の政治展開は別の動きとなっていたであろう。

この時期、マスコミ記者との付き合いが多くなるが、おのずから気の合う記者とそうでない記者にわかれてくる。気の合わない記者は、自分の考えをもたないオヤジ記者で、議論好きな記者とは良好な関係だった。率直な小沢発言が悪意の記者から流されることもしばしばあった。「ポスト中曽根は宮沢さんが良い」との小沢オフレコが流され、竹下氏から私に注意してほしいと要請されたこともあった。

田中元首相は、東京高裁の第二審が続くなか、政治的に孤立していく。政治倫理制度創設の作業が進み出した昭和五九年秋に、田中事務所の早坂茂三秘書を通じて、田中元首相の国会発言のすべてを収録した出版をしたいので協力してほしいとの話があった。小沢委員長に相談すると「ぜひ協力してやってくれ」と頼まれ、国会図書館を活用して会議録からコピーし、会期別・問題別に整理したところ一万ページになった。実費に二〇万円を要したが、小沢委員長が自腹を切ってくれた。

年が明けて昭和六〇年一月の終わり頃、田中元首相に届けたところ涙を流して喜んでくれたが、その一ヶ月後脳梗塞《こうそく》で倒れ、これが政治家田中角栄の事実上の死となった。

## 自治大臣から竹下内閣官房副長官へ

ここからは小沢一郎氏が名実ともに実力をつけていく時代に入る。

議運委員長を苦労して二年間務めて自治大臣に就任するが、当人はいたって満足していた。この時期、最高裁の衆院議員定数配分の違憲性があるとの判決で国会は大混乱していた。定数是正問題は自治大臣の所轄であったが、政党間の話し合いにまかせていた。中曽根首相は定数是正して、衆参同日選挙に持ち込み、秋の総裁任期切れを乗り越えようとの狙いがあった。小沢自治相は衆参同日選挙を政治的意図で行うべきでないとの正論を主張し、中曽根首相とは距離があった。自治大臣はわずか六ヶ月の期間であったが、この間、自治体の合併による効率的地方自治のあり方、地方分権、小選挙区制導入の勉強を体系的にやっていた。

### 中曽根内閣の売上税法案廃案へ動く

昭和六一年（一九八六）七月、中曽根首相は世論をあざむいて衆参同日選挙を敢行。後に〝死んだふり解散〟といわれるが、これが効を奏して自民党は圧勝、中曽根首相は党規約を改正して任期を一年延ばして政権を続けることになる。竹下氏が幹事長に就任し、小沢氏は無役で補佐することになる。

中曽根首相は同日選挙で否定した大型間接税の導入を、選挙勝利後に「売上税」として制度化したいとしたため政治問題化する。昭和六二年の第一〇八回通常国会に提出されるが、国民と野党の反対をうけ、原健三郎衆院議長の調停で事実上廃案となり、各党による税制改革協議会で抜本的税制改革を協議することになった。

この原議長の調停案づくりに小沢氏が議運委員長の経験を生かして活躍するが、次の政権への持ち越し課題となる。

## 田中派分裂、経世会結成

昭和六二年（一九八七）一一月、中曽根首相の退陣をうけて竹下内閣が発足。小沢氏は内閣官房副長官として、課題とされた消費税の導入に取り組むことになる。

竹下内閣のアキレス腱は、発足の四ヶ月前、田中派を分裂させ経世会を結成したことによる田中派本隊（その中心は二階堂進、山下元利氏ら）からの反発であった。田中系の記者たちは竹下首相攻撃を始めた。それをめぐって小沢一郎氏という人柄が理解できる興味深いエピソードに私もかかわったので、ここで紹介しておく。

小沢官房副長官は政権発足直後、弥富衆院事務総長と私ほか数人の衆院事務局職員と会食した。竹下内閣のスタートで各紙は官邸担当を異動させ、朝日新聞は池内文雄氏を官邸サブ・キャップにした。池内記者は田中角栄元首相に近く、竹下・小沢の批判者として知られていた。小沢副長官と会わずには仕事にならないので、池内記者から私に小沢副長官と会えるよう説得してほしいと懇請があった。その会食の冒頭、小沢氏から「何か留意することがあれば言ってほしい」と意見を求められたので、「朝日の池内記者に会うよう」提言すると、「あれだけ、われわれを批判しておいて……」と怒ること怒ること。

「何があったとしても、朝日のサブ・キャップと不仲のままでは竹下政権はもちませんよ」と私が重ねて説得すると、小沢氏は本当に怒って会食の途中で帰ってしまった。ところが、翌日の午後、池内記者から「ありがとう、小沢さんから電話があり、今、話してきた」とお礼の電話が入った。

小沢一郎氏という政治家はこっちが腹を固めて明確に進言すると必ず理解してくれる人間である。池内記者はその後、記者の立場を超えて小沢氏のアドバイザーになってくれた。

## リクルート事件で竹下首相退陣へ

竹下内閣は昭和六三年（一九八八）一二月に消費税制度を成立させた。その立役者はこの歴史的課題について前中曽根政権から汗をかいてきた小沢一郎氏である。

消費税制度に批判はあったが、戦後占領体制でつくられた直接税中心の税制を抜本的に改革するもので、高度経済成長したわが国にはぜひとも必要な改革であった。官房副長官として小沢氏による野党対策、マスコミ対策、官僚への説得がなければ成立は無理であった。

順風満帆の安定政権になるかと思われた竹下内閣であったが、リクルート事件が表面化。自民党だけでなく、野党をまき込む形で国民に政治不信を生むことになる。竹下首相にも江副浩正リクルート社長から五〇〇〇万円の借金があったとの情報が流れる中、中曽根前首相との権力闘争に負け、平成元年六月に総辞職。そして、自民党の政治改革推進本部（伊東正義本部長、後藤田正晴本部長代理）が作成した『政治改革大綱』の実現を全自民党国会議員に要請して退陣していく。後継は宇野宗佑氏となるが女性問題が発覚、七月の参院選挙では土井たか子委員長が率いる社会党が消費税に反対する世論を取り込んで勝利、参院は与党自民党が少数となる逆転現象が発生する。次期衆院総選挙で自民党が少数となれば、政権は野党に交代する事態となるのである。

## 母親の薫陶「歴史をつくる人になれ」

「側近」として今から振り返ると、ここで小沢一郎氏は政治家として大きな「節目」を迎える。すなわちこの時期までの小沢氏は政治手腕を評価されこそすれ反感や嫌悪を抱かれることなどほとんどなかった。これから暗転が始まるのだが、その経緯と理由を語る前にぜひとも指摘しておきたいことがある。

およそ現在の小沢一郎観とはかけはなれているので俄《にわ》かには信じてもらえないかもしれないが、小沢氏は「オレがオレが」の人ではない、実はナンバー2以下に甘んじてトップを支えるのを本懐とする男であり、さかんに悪役・悪党として叩かれている現在の小沢一郎の深奥に今も存在しているはずである。

思うに、それは小沢一郎氏の母親の薫陶によるものだ。小沢氏は小学校まで岩手県水沢市で選挙区を守る母親のもとで育てられ、父親の影響をほとんど受けていない。父・佐重喜氏の追悼文に小沢氏は「幼年期、少年期の父親との思い出はほとんどない」と記している。今では序章で述べたように、学習によって父親を認めるようにはなったが、私が小沢氏と付き合うようになった当初は、私が政治家としての小沢佐重喜氏を評価しようものなら、実にいやな顔をしたものだ。小沢氏は母親っ子の典型であり、三つ子の魂というが、その母親によって叩き込まれたのは、「トップをめざすより下積みをしっかりやれ」「偉くなって一番になることはない。政治家になるなら歴史をつくる人になれ。人々と一緒に仕事をして民衆に信頼されないといけない」というものである。

初当選以来一〇年余雑巾がけに徹した小沢一郎氏の政治家人生は、まさに母親の薫陶の実践であった。そして、元号が昭和から平成に変わったとたん、小沢一郎氏は急成長を遂げる。「人々に信頼されるよう下積みをやれ」から同じく母の教えである「歴史をつくる人になれ」へとステップアップするのである。一皮むけるというが、まさにここで現在の小沢一郎氏が誕生したといってもいいかもしれない。それによって周囲の小沢一郎氏に対する評価も大きく変わることになる。では、どこがどう変わったのかを明らかにしていこう。

# 自民党幹事長就任と米ソ冷戦の終結

## 橋本龍太郎氏からのいわれなき逆恨み

「真面目で地道で謙虚で仕事ができる」、こんな小沢評価だけだったのが、「仕事もできるがちょっとやりすぎだ」という反感が一部に生まれる契機としては、一つは平成元年（一九八九）の自民党幹事長就任、もう一つは世界史の大転換、つまり東西冷戦の終焉に対する政治家間の認識の違いがあった。

紙幅の制約があるので詳しく背景まで語る余裕がないので、詳細については拙著『平成政治20年史』（幻冬舎）を参照されたい。

小沢氏への反感、排除の動きは幹事長就任に至るプロセスからすでに生じていた。それは女性スキャンダルで失脚した宇野首相の後継と目された橋本龍太郎氏の女性問題への対応である。竹下内閣の総辞職で小沢氏は経世会（竹下派）の事務総長となり閥務に戻るが、宇野内閣で携帯電話の日米交渉の特使として難交渉を見事に成功させる。米国からはタフ・ネゴシエーターと評価され、日本でも小沢氏の外交手腕が話題となった。おそらく個人として高く評価されたのはこれが初めてだろう。当然に自民党の同僚から妬まれるのが日本の政治だ。

参院選挙に負けた宇野首相と橋本幹事長は退陣するが、ポスト宇野をめぐって自民党内はもめる。経世会としては意欲を示す橋本前幹事長を次期首相に押すことになる。当然、身体検査が必要となり、金丸会長はすべてを小沢事務総長に一任。すると、橋本氏には致命的な女性問題があり、ポスト宇野には決定的に向かない。それを誰が当人に伝えて説得するか。誰もやりたくない汚れ役である。従来の自民党なら年長の奥田敬和氏が説得にあたるところだが、小沢氏は「事務総長の責任だ。悪役は私でよい」と橋本氏に会う。小沢氏の真意を理解する橋本氏ではない。橋本氏は小沢氏が総理総裁への足を引っぱったと思った。片や小沢氏は理解してくれると思っていたが、橋本氏は親しい記者に小沢への恨みを語り〝一・龍戦争〟と報道されるのである。

結果として、自民党は最小派閥の三木派の海部俊樹氏を総理・総裁に担ぎ、幹事長に小沢一郎氏をすえることになる。実際の権力は幹事長の小沢氏にあることから、この新政権は「海部・小沢政権」と呼ばれる。小沢氏が望んだり画策工作したりしたものではないが、これによって小沢氏への妬みが最高潮に達するのである。

幹事長職はそれなりのキャリアの人物を起用するのが「自民党の常識・常道」である。これは金丸信経世会会長の指示によるものだったが、まず竹下前首相が反対。竹下氏は私には「一郎は政調会長か大蔵大臣を経験してから幹事長になるべきだ」と言っていた。一方、金丸会長は「参院が逆転で世界が乱れているとき、一郎が幹事長でなくて海部政権がやれるのか」と親しい記者に語っている。この直感は当たったと思うが、小沢氏にとってはあまりにも副作用がきつかった。しかし本人は田中直伝の「総理より幹事長のほうが政治家としてやりがいがあって面白い」を思い出し、幹事長として自民党の改革に政治生命を懸ける覚悟をするのである。

## 政治改革は小沢が仕掛けた『政治改革大綱』から始まった！

海部首相は竹下元首相が置き土産に提唱した『政治改革大綱』の実現を政権の公約として挙げていた。政権発足直後の八月二四日、自民党本部で海部首相、政治改革推進本部長・伊東正義、同代理・後藤田正晴、そして小沢幹事長が集まり、政治改革の進め方を協議した。このときの小沢幹事長の発言が政治改革のスタートになる。『政治改革大綱』をまとめた伊東本部長に対して「先輩には失礼だが、この改革案はキレイ事ばかり言っていて、いちばん大事な問題を避けている。それは選挙制度の改革を本気でやるかどうかです。派閥解消だけをいくら叫んでも派閥はなくならない。現行の選挙制度を変えなければならない」。

これには伊東・後藤田両氏も驚く。伊東氏はその後四回にわたり小沢幹事長と会談し、派閥を解消するためにも選挙制度を改革しなければならないことを理解した。この時代には自民党にも小沢氏の政治信念を支持する政治家がいた。海部首相、伊東・後藤田氏の理解を得た小沢幹事長は、同志とともに全国研修会を始め、全国行脚で選挙制度の改革の必要性を説いた。

しかし内部から抵抗があり、それは難航をきわめる。そもそも竹下首相はリクルート事件の責任をとって総辞職するにあたり、自民党の政治改革推進本部（本部長・伊東正義）がまとめた『政治改革大綱』の実現を自民党の衆・参両院議員に要請。この中には衆議院に比例代表制を加味した小選挙区を導入し、政権交代を可能とすることなど、重要課題が盛り込まれていた。さらには、国会・地方議員の資産公開、パーティや寄附の規制、政治資金による株の売買の禁止なども。これにより派閥と族議員の弊害を除去し、国民に透明でわかりやすい国会を実現しようという具体的で画期的な提案がされていた。そのために竹下元首相の「申し送り」から一年も経ないうちに内輪から抵抗が起きる。「自民党が政権から下りるような改革は必要ない」と主張するところに、自民党の政治文化、否、日本の政治文化の特徴がある。ここに「改革者小沢一郎」が嫌われる真因が潜んでいるといっていいかもしれない。

思えば、平成時代に始まる「政治改革」をめぐる政治紛糾は、与野党にわたり、真に日本を改革しようとする勢力と、改革の仮面をかぶって、既得権益を守ろうとする勢力との闘いとなる。それは今日でも続いているといえる。これについては今も小沢氏と私は同じ認識である。

後述するように、政権交代を行いやすくする衆議院の選挙制度の改革は、『政治改革大綱』の趣旨を生かして実現されるが、そのときの政権は、自民党ではなく非自民細川連立政権であったことは歴史の皮肉といえる。そして、その主導者のトップが小沢一郎氏という政治家であったことは誰も否定できないだろう。
それがために小沢一郎氏は嫌われ忌諱《きい》されるようになるのである。

## 現状変化を本能的に恐れる「守旧派」

「政治改革」という根源的な政治課題をめぐる立場の違いとともに、小沢一郎氏に強い反感が生まれる重要な契機が、もう一つあった。それは小沢氏が自民党幹事長に就任する平成元年（一九八九）に起きた世界史の大転換、つまり東西冷戦の終焉に対する政治家間の認識の違いである。

昭和六一年（一九八六）にソ連はゴルバチョフ書記長の下でペレストロイカと呼ばれる社会主義改革運動が始まっていた。そして昭和六三年にかけて東欧諸国での自由への運動が盛り上がっていた。ソ連圏の解体の動きは平成元年（一九八九）九月のベルリンの壁崩壊で本格化する。そして同年一二月二日、米ソ冷戦はマルタ島での米ブッシュ大統領とソ連ゴルバチョフ書記長による会議で終局する。

国際情勢の歴史的激動の中で「海部・小沢政権」は苦悩することになる。

第一章で詳しく述べたが、平成元年一二月、米ソ冷戦が終結するや、小沢幹事長は深刻な顔で私にこう語ったものだった。

「日本人のほとんどはこれで資本主義が勝った。これから平和と繁栄の時代となると言っている。僕は冷戦の終結はパンドラの箱が開いたと同じことだと思う。これから資本主義の暴走が始まる。米ソの戦争はないだろうが、富の偏りによる地域紛争や民族や宗教の対立が激化する。戦後政治の惰性で生きてきた日本は、自立して世界の中で活動するため、何をすべきかだ」

これが小沢一郎氏の時代認識である。この発想で日本のあり方をまとめたのが『日本改造計画』（平成五年）であった。時代の転換点を嗅《か》ぎ分けてこうした明確な歴史認識をもつことは、一部の「改革派」たちの間に小沢一郎氏という政治家の評価を高める一方で、現状が変わることを本能的に恐れる「守旧派」からは反感をもたれることになるのである。

## 理念と信念の政治家

小沢幹事長は、米ソ冷戦終結という歴史変化の中で日本の政治改革を提唱。海部政権として取り組むことを国民に約束したが、平成二年八月の湾岸戦争が勃発《ぼっぱつ》、国連決議による米国を中心とする多国籍軍が編成されることになる。これへの対応で日本政治は混迷し、小沢幹事長の公明、民社両党への説得でどうにか対応した。そのため選挙制度改革を中心とする政治改革は、平成三年に持ち越された。ところが同年四月、小沢幹事長は都知事選挙の敗戦の責任をとって辞め、同六月には狭心症で長期入院し、政治改革の実現に支障が出ることになる。

こうして小沢氏は約一年九ヶ月自民党幹事長として激務に当たる間に、現在の「理念と信念の大政治家・小沢一郎」の基盤が確立したと私は考えているが、それを証言するインタヴュー資料がある。少々長くなるが、「小沢一郎の原点」を知るのに大いに示唆に富んでいると思われるので、それが収録されている小田甫『小沢一郎・全人像』（行研出版局・平成四年刊行）から、要点を整理して掲げる。

――どういう政治哲学、時代認識をもっているか？

**小沢**　これまでは、日本は政治家も国家観をもたなくて良かったわけだ。まさにアメリカの懐の中で、自分が食べること、金儲けすることばかり考えていれば良かった。結局、政治の一番大事な場面で政治家の頭の中で、全然考えないで済む習慣ができ上がっちゃった。

――時代認識については、幹事長と党内のギャップはかなりのものがある？

**小沢**　あるある、ものすごくある。だから、僕だけ突出しているみたいに見える。アメリカの人が来て、今回いろんな人と会ったが、あなたのような話をした人はいないと言っていた。俗に言えば天下国家の話は誰もしないんだ。テクニカルな話ばっかりなんだな。具体的政策判断は根本があって、その上で判断することだが、それがないんだな。個別のことばかりあーでもない、こーでもないでね。

――しかし永田町では幹事長の考え、政治手法がなかなか理解されず、批判もある。

**小沢**　わからないということが、僕にはわからないわな。それはね、要するに国家観という意識がなくて、政局観しかないんだな、多分。彼はどうやろうとしているのかとか、個人的な利害損失の中の、政局の中の意識でしかとらえられないから、彼はなにをしようとしているのかという感じになってしまうと思う。直接話していない人は多いけど、いろんな所に僕の考えは載っている。わからないことはないと思う。

――幹事長の悪役イメージが定着するのは如何なものか。

**小沢**　そんなことないさ。全然、関係ないさ。だから、言ってるんだよ、僕が一人悪者になって事が進むのなら、それで本望だと。将来に響くとか考えるのは、やはり政局のレベルなんだ。

リーダーは、時代が求めるもので、国乱れて忠臣あり、家貧しゅうして孝子生まれるということだ。

時代が求める、環境が求める。自分がどうのこうのと思う必要はないんだよ。そういう意味で、僕は何も怖いものはないからずけずけものを言う。次、また、どうしようなんて先のことを考えたら、皆の言うことを聞いて、なるほどなるほどと言っているのが、一番楽だ。日本は壊れても、自分の地位は保たれるんだもの。東京都知事だって、都連が言うことに「あー結構です」ってやっていれば一番いい。しかし、それでは日本は潰れる。

（なお、このインタヴューは平成三年三月頃、湾岸戦争が終わり、東京都知事選挙に入る直前と思われる）

# 自民党を分裂させた政治改革

## 海部・小沢政権から宮沢政権へ

しかし、自民党幹事長を引いたからといって小沢一郎氏への反感、反発は収まらなかった。収まらないどころかさらに増していった。

海部内閣では小沢幹事長時代の選挙制度改革を中心とする政治改革が用意されていた。第八次選挙制度審議会が設けられ、衆院に小選挙区比例代表並立制や政党助成金制度の導入などの答申を受け、政府提出としての法案が準備されていた。平成三年（一九九一）八月、第一二一回臨時国会が政治改革国会となったが、小沢氏の後を襲って幹事長になった小渕恵三氏では自民党内をまとめることはできなかった。政治改革に反対したのは、自民党では梶山静六国対委員長で、社会党と組んで、海部政権を追いこんだ。海部首相は一時は衆院解散を決意したが、総裁任期切れを目前に退陣する。

ポスト海部は、経世会のイニシアティブで宮沢喜一氏が総裁となる。宮沢・渡辺・三塚の三候補を経世会代表代行の小沢一郎氏が個別に面接したことが、竹下派支配と小沢氏の誇示として報道され、悪評が定着していく。この原因としては、一つには金丸経世会会長から後継総裁にといわれて小沢氏が固辞したことで派閥内に妬みが生じたこと、もう一つは、小沢氏は三候補に対して丁寧に応対したにもかかわらず同席した年上の同僚・渡部恒三氏が小沢氏の態度を「傲慢《ごうまん》だ」と批判的に言いふらしたことがあった。

宮沢内閣は「海部・小沢政権」が提起した政治改革の実現を国民に約束。さらに湾岸戦争に関連して自公民で合意した「国連平和協力法」（ＰＫＯ法）の成立を図る。ＰＫＯ法は社会党の過激な反対を抑えて、平成四年（一九九二）の第一二三回通常国会で成立するが、小沢一郎氏が悲願とする政治改革関連の法案については、自民党に反対が多く、宮沢内閣にとっては難題となる。

政治改革については、国民的に必要性が理解され、経済界、連合、有識者などによる〝民間政治臨時調査会〟が結成され世論を盛り上げるようになる。

私事になるが、政治改革をめぐって梶山自民党国対委員長と衝突した私は、事務局での勤務を続けるかどうか悩んだ。小沢氏から「事務局では限界がある。国政に出馬して政治改革を実現しよう」と説得され、平成四年七月の参院選で高知地方区で当選した。

## 竹下派を割り、改革フォーラム21、そして新生党誕生

小沢一郎氏への反感と排除の動きがさらに増幅する出来事が起きる。小沢氏が政治改革に専念する

ために、羽田孜氏らと語らって竹下派を割り、改革フォーラム21を立ち上げたのである。「政局的」な経緯は以下のとおりである。

参院選挙によって各党は、もはや政治改革について消極的姿勢ではいられなくなっていた。海部内閣での政治改革の挫折を国民の多くは批判したからだ。八月になって、社会党のニューウエイブから小沢氏に新しい政治に向け接触が始まった頃、経世会金丸会長の佐川急便からの政治献金問題が発覚し、会長を辞任する。竹下派では後任の会長と金丸問題への対応をめぐって深刻な対立が起こる。金丸問題は、小沢氏は会計責任者の問題だと主張。梶山氏は本人の問題として、罰金二〇万円で済ませるよう検察と話をつけていた。結局、梶山氏の主張で結着するが、国民は「五億円の献金で二〇万円の罰金で済ませるか」と批判。政治資金改革に火がついた。この処理を世論は小沢氏のやり方だと誤解した。結局一二月になって、竹下派は羽田系四四人、小渕系六六人に分裂し、羽田系は羽田氏を代表として改革フォーラム21という派閥を結成する。

マスコミは「猿山のボス争い」と批判したが、実体は足掛け四年にわたる「政治改革」をめぐる竹下派の内部対立があったのである。すなわち、前述したように平成元年四月、リクルート事件の責任をとり退陣を表明した竹下首相は自民党政治改革本部（本部長・伊東正義氏）がまとめた『政治改革大綱』を提示、「政治への信頼回復のため、これを実現してほしい」と自民党に要請するとともに、国民への公約とした。同年八月に発足した「海部・小沢政権」は竹下首相の公約を受けて「政治改革」に着手するが、言い出しっ屁《へ》の竹下首相にブレーキをかけられて頓挫。それはポスト海部の宮沢首相に引き継がれることになる。しかし党内の抵抗勢力を慮って「公約」をさっぱり実行に移さない宮沢首相改革を主張する羽田孜と小沢一郎らが、経世会を離脱し改革フォーラム21を結成。それまで参議院で無所属でいた私もこれに参加する。こうして改革フォーラム21は自民党内で積極的改革論を展開、残った経世会は梶山幹事長を中心に改革に反対する。その裏には『政治改革大綱』の実現を訴えて退陣した竹下元首相がいたのは、無念を通りこして失望を禁じえなかった。

そして、平成五年（一九九三）六月、宮沢内閣は公約した「政治改革」を放棄するにいたって改革フォーラム21に所属する衆議院議員は、野党提出の「宮沢内閣不信任決議案」に賛成、可決となり衆議院は解散となる。そして改革フォーラム21の四〇名の衆参国会議員全員で新生党が結成され、非自民細川連立政権樹立の主役を果たすことになるのである。

小沢一郎氏が仕組んだように言われているが、新生党の結成は偶然であり、実は羽田・小沢両氏には離党の意思はなかった。小沢氏の改革フォーラム21のポストは常任幹事で、幹事長役であった。基本的スタンスは、自民党を改革するということで、意図的に党を分裂させる戦略はなかった。その点、新党さきがけの武村正義氏のように、あらかじめ自民党を離れる準備などはしていなかった。ただし、政治改革を実現するためには、社会党も含めて、公、民とも協力していこうとの方針であった。

平成五年三月、国会議員を辞めていた金丸氏が、脱税で逮捕され、国民の政治改革の要求は高まる。宮沢首相も、その流れに逆らうことはできず、選挙制度改革の審議を進めていく。しかし自民党では梶山幹事長を中心に反対論が根深く、また社会党では村山富市国対委員長が慎重派で、山花貞夫委員長が推進派という複雑な関係であった。五月末には宮沢首相は、テレビ朝日で「今国会中に政治改革を必ず成し遂げる」と発言するに至った。ところが六月に入って、梶山・村山の秘密会談で選挙法正案を継続審議とすることで一致させる。そこで公・民を中心に宮沢内閣不信任決議案を提出することになる。社会党は悩んだが国民の手前同調せざるを得なくなり、六月一八日衆院本会議に上程され、改革フォーラム21の三五人の衆院議員全員が賛成し可決した。衆院は解散となる。改革フォーラム21では「自民党の公約を実現しようとしたのはわれわれだ」として離党をしないことを決めた。ところが内閣不信任案に反対した武村氏のグループ一〇名が離党して新党さきがけを結成した。事前に準備していたとのこと。翌日、改革フォーラム21は議員総会で離党して新生党を結成することになる。昭和三〇年から政権を独占していた自民党が分裂するという激動の中で総選挙は七月一八日と決まった。

## 小沢一郎なくして非自民細川連立政権はなかった

歴史的選挙に向けて小沢一郎氏が最初に着手したのは、野党との選挙協力であった。共産党を除く野党に呼びかけたが、参加したのは、新生、社会、公明、民社、社民連の五党であった。細川護熙代表の日本新党と武村代表の新党さきがけにも声をかけたが、細川代表は協力の意思を示したものの、武村代表に説得されて参加しなかった。

総選挙の結果は、自民二二八、社会七七、新生六〇、公明五二、日本新党三五、新党さきがけ一三、社民連四、共産一五、民社一九、無所属八（特別国会召集日現在）となった。自民は過半数は割ったものの第一党として善戦した。誰もが、過半数を割ったとはいえ第一党の自民党が政権を続けると思っていたが、小沢氏ただ一人が、非自民連立政権が樹立できると考えた。関係者にその趣旨を伝え、開票日翌日の七月一九日から六日間かけて、細川氏を首班とする社会、新生、公明、日本新党、さきがけ、民社、社民連、民主改革連合の八党派による非自民連立政権樹立の合意をとりつけた。これによって昭和三〇年（一九五五）から続いた自社五五年体制は、小沢一郎氏の智恵と政治力でついに崩壊。政治に変化を求めていた国民は小沢氏を高く評価したが、政権から落ちた自民党の反改革派は激しい恨念を小沢氏に持ち、また五五年体制に飼い馴された社会党左派から嫌われるようになるのである。

# 天下の奇策、自社さ連立政権

**細川内閣、八ヶ月で自壊**

平成五年（一九九三）八月の非自民細川連立政権は、戦後日本政治にとって歴史的大事件であったが、これを成就させた小沢一郎氏にとっては、ここからが「評価」と「反発・嫌悪」がそれぞれ増幅する「茨の道」の始まりでもあった。

せっかく非自民細川連立政権が成立したにもかかわらず、その命脈はわずか八ヶ月で絶たれる。国民の七割以上の熱狂的支持を得た細川政権だが、一九九四年二月三日未明、細川首相の唐突な「国民福祉税」の提案と翌朝の撤回、そして佐川急便からの借金疑惑を追及されあっさり自壊する。その急《きゅう》先鋒《せんぽう》は亀井静香氏であった。後に当人に「なぜあれほど細川首相の首とりに執拗だったか」を聞いたところ、兄の郁夫氏が広島知事選に出馬するにあたり連立統一候補とすることで細川氏がいったん了承しておきながら反故《ほご》にしたからだという。要するに私怨《しえん》である。

細川首相が上げた成果は、自民党だけでなく武村氏など内輪からの抵抗をかわしながら、小選挙区制導入によって政権交代可能な政治改革を実現したことだ。これで小沢一郎氏は宿願の一つを果たすことができた。小沢氏としては、ポスト細川に自民党で不遇をかこっていた渡辺美智雄氏を担いで自民の一部も巻き込んだ安定連立政権をつくり、その後羽田孜氏にバトンタッチするという構想を描いていた。しかし、曲折のすえに頓挫、とりあえず羽田氏を後継とすることになるが、そのためには社会党の動向がポイントとなる。しかし、その社会党にとって我慢ならない事態が起きる。「統一会派問題」である。細川連立政権を支えた有力五党のうち、小沢一郎氏の新生党、細川護熙氏の日本新党、大内啓伍氏の民社党が社会党に相談もなく統一会派「改新」をつくったといわれた問題である。「改新」は合計議員数で、それまで単独で相対的多数であった社会党を上回ることになり、これは社会党からすると、同党の影響力を押さえ込もうとする策動にほかならない。

これを仕掛けたのは、小沢一郎氏と公明党の市川雄一氏の一をとって「一一ライン」といわれたが、真実は闇の中である。小沢氏に大内民社党委員長からあった連絡は、「村山社会党委員長は〝改新〟を了承した」ということで、統一会派結成の手続きをとるよう小沢氏から私に指示があった。組閣のため首脳が集まった席で、村山氏が「俺は知らない」と発言して退室し、社会党が政権から離れた。大内氏は翌日、委員長を辞めた。

一一コンビに反発する「武村さきがけ」は、羽田連立政権には初めから参加していなかった。「統一会派問題」は、大内氏と村山氏が非自民政権つぶしに裏でかかわっていたとの情報もあり、小沢氏は大内氏に騙されたのである。

### 工作者は自民・亀井、さきがけ・武村、社会・野坂

一九九四年四月二五日に発足した羽田内閣だが、わずか二ヶ月後の六月二五日、九四年度の予算が成立後に総辞職。次の内閣のために社会党に連立復帰を働きかけるが不調に終わる。自民党とさきがけは前年の暮れから社会党を取り込んで「自・社・さ」政権をつくる工作をしていた。

その行き詰まりと混乱の中で、社会党を自民とさきがけが取り込み、なんと社会党村山富市党首を首相にいただく自社さ政権ができるのである。自民党が社会党の党首を首相に担ぐことも奇策だが、政策協定を結ばずに政権をつくり、政権ができてから政権協定を行うというのも前代未聞。憲政の邪道で筋が悪すぎである。

この「奇策」の工作者は、自民は同党総裁の河野洋平氏の意を体する亀井静香氏とさきがけ代表の武村正義氏、そして社会党は左派の野坂浩賢氏と言われている。

ここで私が今でも忘れられないのは武村氏の動きである。前述したように、武村氏は歴史的選挙に向けて小沢一郎氏が野党に選挙協力を呼びかけたとき、協力の意志のあった日本新党の細川代表を思い止まらせた「前科」がある。

そもそも武村代表の思惑は、自民党が過半数を割った場合に連立を組むというものであった。武村代表の行動を後から見るとしっかり筋書きができていたのである。すなわち、自民党内で新党準備→内閣不信任案反対→自民党離党→自民党と連立を画策→協議不調→首相を目論んで非自民党政権へ参加→非自民政権崩壊を内部で策謀→自社さ政権に参加、というものであった。自己の政治信念がなく権力にかかわることだけに執着する政治家であった。平成になってこのタイプの政治家が増殖し、小

沢氏のような信念の政治家と対峙《たいじ》していくことになる。

細川総理が総辞職後に、私に「武村さんは、私が総理になると同時に倒閣運動を始めていたんですよ」といかにも悔しそうに語ったのが今も忘れられない。

思えば、小選挙区比例代表並立制の政府原案をつくるときも、小選挙区と比例区の議員数について新生党の「三〇〇対二〇〇」に対して、さきがけは社会党と組んで「二五〇対二五〇」を対置、自分たちの案を政府案として決定したかのようにマスコミにリークし、小沢氏を悪者に仕立て上げた。これらもすべて武村氏の老獪《ろうかい》なるシナリオの一環であったのだ。

また、社会党に最終的に「自社さ政権」を選択させたのは、小沢氏が首相候補に担いだ海部俊樹氏を中曽根康弘氏が支持したことが関係していた。つまり、社会党としては、これでは「非自民」といってもリベラルとはいえない。河野氏と組むほうがまだしもリベラルだと思い直したのだ。これで社会党内が割れることなく、自社さ政権容認となった。皮肉なことに、はからずも中曽根氏が自民党と社会党の月下氷人の役を果たしたのである。

村山政権の誕生によって少なくとも日本の政治は五年おくれた。自民党の森喜朗氏が村山引退のパーティで、「村山さん、どうもありがとうございました。自民党を生き返らしてくれて」と挨拶《あいさつ》したのは有名な話だが、それが村山政権の本質を物語っているだろう。そのおかげで森氏は後に民主主義を破壊した密室で総理に選ばれるのだから、なにをかいわんや、である。

# 新進党結成と潰《つい》えた日本版ペコラ委員会構想

## 参院選挙で新進党が野党第一党に躍進

せっかくつくりあげた戦後初の非自民連立政権を自民党が社会党党首を首相に担ぐという憲政の「邪道」でつぶされ、野に下ることになっても、小沢氏はあきらめなかった。これがすごいところだ。政権離脱からまもない一二月、古巣の新生に民社、日本新党に、公明を糾合して新進党を結成。明けて平成七年（一九九五）、阪神淡路大震災、地下鉄サリン事件と歴史的な惨事がうち続く中で行われた七月の参院選挙で新進党は野党第一党に躍進するのである。

比例区では自民党を上回る一二五〇万六三二二票で一八議席、選挙区二二、非改選を合わせ五六議席を得た。社会党は比例区九、選挙区七、計一六という惨敗で選挙前の六三議席を三八議席に減じた。社会党は、基本政策を投げ捨て、自民党と連立政権を組んだことに対する国民の批判を受けたのである。

小沢氏は大躍進の勢いをかって、また国民の輿望《よぼう》を背景に、憲政の常道から外れた自社さ政権へ敢然と挑戦を始める。そのシンボリックな政局案件が「住専問題」であった。

平成八年（一九九六）の第一三六回通常国会は「住専問題国会」といわれた。「住専問題」とは、一九七〇年代の住宅ブームで、都市銀行などを母体行にした、〝住宅ローン専門の金融会社〟（住専）が起こした不祥事件である。バブル時代、市中銀行や農林中央金庫、農協の上部団体である県信連などが、だぶついた巨額の資金を「住専」に湯水のように融資した。特に農協＝県信連から住専へは杜撰《ずさん》な手続きで行われた。一九九〇年代になって、バブルが崩壊するや巨額の不良債権が発生、日本経済の足かせとなり、住専処理は日本の金融システムの最重要問題であった。

村山・自社さ政権は、大蔵省を中心に解決策をつくり、それには六八〇〇億円の不足分があった。これを解決するため、農林族として知られている政治家、加藤紘一自民党幹事長が暗躍、武村正義大蔵大臣を通じて不足分を、平成八年度一般会計から支出するよう圧力をかけた。これは民間金融機関の救済に税金を使うことになり、大蔵省は強く抵抗したが押し切った。これがまぎれもない真相である。

結局、債権回収のために国が五〇億円を出資して「住宅金融債権管理機構」をつくり、合計六八五〇億円が、「緊急金融制度安定化基金」として予算に計上された。これに抵抗して篠沢恭助大蔵事務次官は辞任、問題の拡大を恐れた武村大蔵大臣は村山首相を道づれに、平成八年一月に突然退陣することになる。

当時、野党第一党の新進党は、小沢一郎党首、西岡武夫国会対策委員長、私は党首補佐役で国会運営を担当していた。住専問題という純民間問題に税金を使うことは、憲法違反であると国民の大勢が批判、これを削除する修正要求が国会でも大勢となった。しかし、村山後継の橋本龍太郎首相は、国民の要求に応じなかった。そこで、衆議院の予算委員会で総予算が採決される直前の平成八年三月四日、新進党の国会議員と秘書で予算委員会の開会を阻止するピケを委員室の入り口二ヶ所に張った。

そこで全体の正常化を実現するため参考にしたのが、昭和初期の大恐慌の際、米国議会でつくられた「ペコラ委員会」であった。「日本版ペコラ委員会」を設置しようという構想だった。

この構想は小沢党首が梶山官房長官に説明、西岡国対委員長が宮沢元首相を説得し、竹下元首相が理解を示し、西岡国対委員長を中心に具体案を作成することになった。私が事務方として「日本版ペコラ委員会」によって、バブル崩壊で苦悩する日本の財政と経済の抜本改革を行う準備が進んでいた。

肝心の平成八年度一般会計予算における住専関係六八五〇億円の取り扱いについては協議が難航したが、四月一二日深夜、西岡・村岡両国対委員長が会談して合意した。

① 予算書の総則に第一六条を追加し、緊急金融安定化資金の六八五〇億円については、制度を整備したうえで措置する。

② 現行の金融、税制、財政制度および経済構造全般にわたる改革を行い、併せて金融機関などの諸問題について協議するための特別委員会を設置するなど。

予算総則の修正はわが国の議会史上初めてであった。「日本版ペコラ委員会」の設置を前提として、とりあえず衆議院に特別委員会を設けて活動のテーマを検討しようというものであった。西岡・村岡両国対委員長の合意をうけて総予算は四月一三日に衆議院を通過した。翌一四日には、橋本内閣は政局を一段落させ、米国のクリントン大統領を迎えることができた。

しかし、「日本版ペコラ委員会」設置の与野党合意は、橋本首相と加藤紘一自民党幹事長の裏切りで反故にされるのである。

理由は両氏の私的な疑惑が表面に出ることを避けるためである。本来の目的は、当時問題となっていた金融機関の不良債権問題を一括法的処理をしようというものであり、これが保・保連合につながる恐れがあるとして「小沢排除」の流れとなるのである。もし実現していれば、その後の金融危機は回避されていたであろう。まことに無念でならない。

# 分裂工作に抗し、新進党分党から自由党結成へ

## 船田元がYKKと連携し反小沢を策動

小沢一郎氏は、細川非自民政権を潰され野に下るや、新進党を結党して政治改革を追求し続ける。それはその後二〇年にも及ぶが、思えば、それは反小沢の工作がひっきりなしに仕掛けられた二十年でもあった。裏を返せば小沢氏がそれだけあくなき改革者である証左でもあるのだが、今往時を振り返ってみると、その執拗さと理不尽さは言語を絶している。私自身と小沢氏が体験した中で、思い出深いエピソードを時間をおって紹介してみよう。

平成六年（一九九四）一二月、小沢一郎氏は、持ち前のリーダーシップを発揮し自社さ政権からはじきとばされた反自民勢力を糾合し新進党を結成するが、半年も経たないうちに、羽田グループと海部・小沢執行部との間に抜きがたい内部亀裂を生じていた。

この時期に、反小沢の若手旗手の一人、船田元氏がおかしな動きを見せ始める。自民党のYKKの三人と密談を重ね連携をするよう動き出した。Yとは山崎拓国対委員長、Kとは加藤紘一政調会長、もうひとつのKは無役の小泉純一郎氏である。その中で、船田氏に声をかけたのは加藤氏といわれている。船田氏は若くして宮沢内閣の経済企画庁長官となり世間から注目されていたが、新進党という

新しい政治グループの中ではそれが形だけの評判でしかないと実態が見破られ、自分を見失い、女性問題もあって取り込まれたのである。

ＹＫＫは、自民党で長く続いた「金竹小」（金丸・竹下・小沢）体制に反発して、政治刷新を看板にしていた。小沢氏が自民党を離れ金丸・竹下両氏が政治力を失うにつれて、ＹＫＫは自社さ政権の中枢を牛耳って日本の政治を堕落させる主役となる。特に加藤氏は経世会分裂という中で竹下元首相の影響を受け、政界から小沢排除を企んでいく。

細川元首相と小沢氏との間もぎくしゃくしだす。その発端は、大躍進を果たした七月二三日の参院選挙で当選した候補について、私がこう苦言を呈したことに由来していた。

「細川の根まわしで談合があった。友部（達夫）のような人間をどうして当選圏内に入れるようになったのか。こんなことでは新進党に将来はない」

私の危惧のとおり、友部達夫議員は、後日、「オレンジ共済事件」で逮捕され、新進党が国民から批判される最大問題となる。私は友部議員についてある筋から情報を得ていた。当初自民党の竹下派からの出馬を画策し、元防衛庁長官の某議員を通じて運動資金を上納したが、金だけ取られてしまったという話だ。そこで日本新党の細川代表に近づいたようだ。

やがて内部亀裂と軋轢《あつれき》の中から、新進党の内部で「小沢潰し」が始まった。九月中旬、政治評論家の内田健三氏と懇談をしたおり、いつになく重い口調でこう忠告されたのである。

「熊谷の動きに注意しておくべきだ。実は、八月末軽井沢で、細川元首相と会っているところへ熊谷が顔を出し、『本格的に小沢さんをはずさないと、新進党はうまくいかない』という話をしたんだ」

小沢潰しに細川元首相を動かそうという熊谷氏の動きを教えてくれたのだが、私はあえてこの情報を小沢幹事長に伝えなかった。理由は人間不信を起こす可能性がある、熊谷氏の動きの中で謀略を抑えるしかないと思ったからだった。

一方で、反主流の船田元グループから年末に予定されている党首選挙に「党首公開選挙」（オープンプライマリー）を採用するよう要求があった。一般国民でも一〇〇〇円払えば党首選挙に参加できるという方式である。これは政党政治の否定につながるポピュリズムであり、私は反対であったが、船田グループのねらいを調べてみると、驚くべき謀略が判明した。小沢幹事長の周辺は反ポピュリズムの立場から絶対に反対してオープンプライマリーは党規約委員会で否決される。すると党首選挙は国会議員と県連代表の投票となり、八割が賛成するオープンプライマリーを潰した海部・小沢執行部は少数派となって羽田党首が実現するという作戦であった。

一〇月二三日、佐藤守良党規約委員長と私は、小沢幹事長と事態の対応を相談。私は「この際、オープンプライマリーを採用することにして、反主流派の意表を突きたい」と進言すると、小沢氏は「わかった」の一言で同意してくれた。

本邦初の国民投票すなわちオープンプライマリーで行われることになった新進党党首選は、テレビなどで大々的に取り上げられて大変な人気を呼び、小沢・羽田両候補は全国遊説で国民に理念や政策を直接訴えた。一二月二七日に投票が行われ、結果は小沢一郎一一二万票余、羽田孜五六万票余であった。羽田グループがいい出した党首公選で、羽田候補が大差で敗北。残ったのは党内の巨大なしこりの塊であった。選挙後、二階俊博、山岡賢次、西川太一郎（現東京・荒川区長）、平野貞夫の四人は、「新進党を駄目にした四バカ」と名指しで非難されるようになる。

小沢氏は党首に就任しても機嫌が悪かった。年が明けて私に「党首になって面白くない。男芸者になったようなものだ」と言う。「党首の真のリーダーシップが発揮できる党改革が必要だ」と私が言うと「そうだ！」となり、日本の政党の欠点である「祭り上げ」を避けたため、小沢氏が党内で嫌がられる原因を私がつくることになる。

## 初の小選挙区比例代表並立制による衆院総選挙

明けて平成八年（一九九六）一〇月二〇日、初の小選挙区比例代表並立制による衆院総選挙が行われた。新進党は一五六人を当選させた。改選議席を四つ減らしたが、一万票以内の次点が七〇人いたことは残念であった。過半数を取った政党はいなかった。自民党二三九人、民主党五二人、共産党二六人、社民党一五人、さきがけ二人、その他一〇人という結果をもって橋本自社さ政権は継続していく。小沢一郎氏と新進党は動きを封じられ、自社さ政権を追い込むことに苦戦する。

総選挙が終わると、国会の内外で小沢潰しが活発化した。もっとも陰湿なのは、竹下元首相の指示で、「三宝会」という秘密組織がつくられたことだ。新聞、テレビ、週刊誌などや、小沢氏嫌いの政治家、官僚、経営者が参加して、小沢一郎氏の悪口や欠点を書き立て、国民に誤解を与えるのがねらいであった。現在でもテレビ等で活躍している人物がいて、いまだにその影響が残っている。

そんな中、一二月二六日、羽田元首相が羽田グループの衆・参両議員一三人とともに新進党を離党、「太陽党」を結成。激動の平成八年が暮れた。

平成九年（一九九七）は、小沢新進党党首に対する与野党・マスコミあげての批判と攻撃で明ける。通常国会の論争が本格化し、橋本自社さ政権による国民負担一〇兆円の諸立法の審議が始まった二月、私がからむ問題が発生した。

読売新聞と日本テレビが共同で、新進党について世論調査を行い、「小沢党首は辞任すべきだ」との意見が圧倒的多数だという結果を発表した。私はこれを読売グループによる小沢党首追い落としの謀略と読んだ。議員宿舎での記者懇談会で、酔ったふりをして、読売新聞の記者にこう言ってやった。

「渡辺恒雄社長に伝えておけ。小沢党首を追い落とすつもりなら、自民党の長老議員から聞いた若い頃の問題行動を公表するぞ」

と、これが当人に正確に伝わり、大騒ぎとなり、私を名誉棄損で訴える話となった。小沢氏から呼び出しがあり、「中曽根さんから電話があり、ナベツネが平野君を訴えて何の得があるか。説得してナベツネのところに挨拶に行かせてくれといわれた。保保連合の動きも出てきているので、私の顔を立ててほしい」といわれ、翌日読売新聞社長室に行くと、渡辺氏は大いに喜んでくれ、東京ドームの切符をたくさんもらって一件落着となった。

平成九年に入ると、「自社さ政権」のあり方をめぐって、自民党の中での対立が目立つようになる。「自社さ政権」を継続すべきと主張するのが、加藤紘一幹事長、野中広務幹事長代理、ＹＫＫの山崎拓氏、小泉純一郎氏らである。一方、「保保連合」を推進しようとするのが、梶山静六官房長官、亀井静香氏らであった。

対立の原因は北朝鮮をめぐる東北アジアの安全保障問題だ。沖縄特措法の延長に社民が反対で、普天間基地使用の政治問題となった。橋本首相と小沢党首との会談で特措法は成立した。

保・保連合のグループから小沢氏への働きかけがあり、これが後の「自自連立」につながるのだが、私がその仲介役を務めることになる。この動きに対して、野中幹事長代理は、小沢一郎新進党党首を「悪魔」と呼び、亀井議員に「悪魔と手を握るやつとは、手を洗うまでメシも食わない」と批判して物議をかもした。

この動きもからんだ「反小沢陣営」による工作もあって、その後、細川元首相グループなど新進党からの離脱者が続き、同年一二月、新進党は解党。翌平成一〇年（一九九八）一月、小沢一郎氏とその仲間たちは自由党を結党。かたや羽田グループ、細川グループ、民社系らが民主党へ合流して「新民主党」が生まれ、菅直人氏が代表、羽田孜氏が幹事長に就任する。

## 「自自公連立」とそれからの離脱の真相

こうした野党陣営の政界再編をうけて七月に参院選が行われたが、自民は議席を六一から四四に激減させて惨敗。政権運営が危ぶまれるが、平成一一年（一九九九）一月、かねてから動きがあった小沢自由党党首と梶山官房長官による「保保連合構想」が実を結ぶ。これをまとめたのは、小沢氏を「悪魔」と呼ぶ野中広務官房長官だから政治は皮肉なものである。

まず自民党と自由党の「自自連立」が成立、一〇ヶ月後これに公明も加わって「自自公連立政権」が誕生する。小沢氏は「自自連立」について梶山氏に相談したところ、野中に注意しろと言われ、その後気になっていた。「自自公連立」が発足するや、三党合意が実現できないことがわかり、悩み始盗聴法、国旗国歌法など重要法案を続々と成立させるのである。これによって小渕首相は「真空宰相」と揶揄《ゆや》されながらも、周辺事態法、住民基本台帳法、盗聴法、国旗国歌法など重要法案を続々と成立させるのである。

しかし自民・自由・公明の良好な関係は持続しなかった。「自自公連立」に亀裂が入る。野中氏は参院で自公で多数となるため小沢自由党を利用したわけだ。

小沢氏は自自合意の実現を迫るため、翌平成一二年（二〇〇〇）四月一日に自民・自由・公明の三党首脳会議が開かれることになるが、その間、自民党から自由党に対して行われた分裂工作は、実に卑劣なものであった。小沢氏の腹心といわれ前日まで小沢党首と共に行動をすると公言していた中西啓介氏と二階俊博氏が「連立政権から離脱するなら小沢党首と離れる」と通告してきたのである。党首会議の二週間前であった。自民党野中執行部の小沢潰しは、深く深く浸透していたのである。

この亀裂修復の動きの最中、不測の事態が起きる。小渕首相が脳梗塞で入院。不帰の人となり、日本憲政史上の恥辱ともいうべき密室で総裁選びが行われ、森喜朗氏が第八五代内閣総理大臣となる。その騒動のなか、自由党国会議員のうち二五名が離党して「保守党」を結成、扇千景参院議員が党首に就任。森喜朗自公保連立政権に参加していくのである。そもそも扇千景氏、中西啓介氏、二階俊博氏、野田毅氏らは、前年秋以降、自自公連立維持派で、自民党の幹部と小沢党首からの離反工作を画策していた人たちであった。一方、小沢一郎氏とその同志たちは自由党に残って連立から離脱。勇気ある孤立を選ぶのであるが、私たちが困惑したのは、「小渕首相を病気に追い込んだのは小沢一郎だ」とマスコミを総動員した小沢叩きのキャンペーンであった。

同年六月二五日に第四二回衆院選挙が行われたが、支持率一割をきる森内閣の不人気をそのまま反映して自民党は三八議席減の惨敗。それに対して、わが自由党は二二人の当選者を出し、比例区で六五八万九四九〇票を獲得。片や保守党は七人しか当選者を出せなかった。自民党は公明党・保守党との連立で森政権を続けることになる。そして、平成一三年（二〇〇一）四月、自民総裁選で伏兵の小泉純一郎氏が首相に選ばれるや、自民は七月の参院選で大勝。ここで政界再編の流れは完全にストップ。次なる展望はまったく見えなくなった。

ここでいったん話に区切りをつけるが、小沢一郎氏が「政治改革」の旗を大きく掲げて自民党を離党してわずか二〇年弱の間にこれだけの激動があったとは、今さらながらに驚かされる。われながら、わが小沢一郎氏とその同志たちは激流に流されずによくぞ生き延びたと感慨ひとしおである。

# 世論とメディアからの高い評価

## 五五年体制を終わらせたのは小沢一郎

さて、小沢氏と私に仕掛けられた謀殺工作は、それこそ浜の真砂ほどたねは尽きないのだが、紙幅の制約でこのへんにしておく。本章は「自自公連立の解消と自由党への分裂工作」までとし、その先の出来事は次章にゆずることにする。なぜならば、平成一五年（二〇〇三）民主党と自由党の合併をうけて歴史的な政権交代にはずみがつき、ここから小沢一郎氏に対する排除の風圧もレベルを大きく上げるからである。

話が一区切りしたところで強調しておきたいのは、従来の小沢一郎観にとらわれずに小沢氏の動きを見てほしいということである。これまでは小沢氏は「豪腕」「悪党」「壊し屋」として報じられてきた。たしかに物語としてはわかりやすい。しかし実態は、これまで事実をもって縷々《るる》述べてきたように、仕掛けられたのは小沢氏であり、小沢氏はそれに対して防御行動に出ただけである。姑息《こそく》で卑劣な工作は小沢氏の得意技のような報道ばかりがされ、逆にさまざまな卑劣な工作が仕掛けられてきたことはほとんど報道されない。これまで紹介したのはほんの一例である。これで、小沢氏がいかに理不尽な攻撃を受けてきたのかがお分かりいただけるだろう。

そのうえで、最後に「身内」以外からの例証を付け加えて本章のまとめとしたい。小沢側近の私がいうだけでは、しょせん身内の欲目ではないかと思われ説得力がないかもしれないと思うからだ。小沢一郎氏と私たちに対しては、改革者として評価が高まる一方で、守旧派からは反感が高まるという相克の構図で推移してきた。さらにいえば、この評価と反感の相克は政治の内輪でのことであり、一般国民の間では小沢氏への評価はきわめて高かった。また、マスコミも現在とは違ってむしろ小沢氏を改革派として評価し、さらにその後を期待していた。読者諸賢も、そして多くの国民もそれを忘れているかもしれないので、証拠物件を示そう。

平成一七年（二〇〇五）に朝日新聞社から刊行された『昭和—戦争と天皇と三島由紀夫』の一章「戦後日本を動かした政治家たち」に収録されている、保阪正康氏（ノンフィクション作家）と冨森元朝日新聞編集局長との対談「五五年体制を終焉に導いた男」がそれである。なかなか的を射た「小沢一郎論」なので、以下にポイントとなる箇所を要約して掲げる。一部省略して引用する。

**保坂**　戦後政治の変革として、自・社による五五年体制の終焉期ですが、自民党が政権を失っていく原因のひとつとして、小沢さんたちが自民党を出て行くということがある。それと田中角栄的発想の政治家というのは、相関関係があるんですか。

**冨森**　小沢さんは田中さんのもっとも薫陶を受けた政治家です。だが、当の小沢さんは日本の政治というものをきわめて冷静に見る眼をもっていた。小沢さんの優れているところは、「この田中的政治手法で土建国家体制（談合政治の意）を続けていたら、日本は必ず行き詰まる。これを変えなければいけない」と考えた点です。そのためには派閥中心の中選挙区制から小選挙区制に改めることで、自民党再編を考えた。政・官・財の三角同盟、つまり利益誘導型政治の温床である中選挙区制をまず変える。経済政策では規制緩和をやる。同時に行政改革も進め、国家としての構造改革を断行し、日本を変えていくという筋道を小沢さんは考える。彼の先見性には大変なものがある。小沢さんは土建政治にドップリつかって儲けようという発想はなかった。

**保坂**　八派連合による細川内閣の成立で、五五年体制が終わるわけですが、やはり主役は小沢さんだったんですか。

**冨森**　小沢さんがいなかったら、絶対に細川内閣は成立しなかった。平成五年当時、宮沢首相に政治改革、小選挙区制の導入を迫った。宮沢さんは梶山幹事長を筆頭とする反対勢力を押さえることができない。小沢さんたちが宮沢内閣不信任案に同調した。羽田さんは「いまの五五年体制では自民党の将来はないぞ」と小沢さんに同調し、当時の自民党の多くの若手が共鳴して離党する。選挙で自民党が過半数を割ると、小沢さんは非自民八会派の説得に動いた。みんながどうしてよいか分からない時に小沢さんがまとめあげた。非凡な手腕です。一九八〇年代、中曽根首相は五五年体制が行き詰まっていることがわかり、改革の必要性を感じていた。それは、五五年体制を温存・維持しながら改革していく体制内改革だった。ＪＲ・ＮＴＴ・ＪＴなどの民営化路線だ。もっと先へ進んで行政改革、税財政改革、規制緩和など必要だったが、中曽根さんには限界があった。竹下首相が消費税を導入して税制改革の一部を実行した。小沢さんはこの動きを観察していた。「これではまだ不十分だ。日本の政治の根本を変えるには五五年体制を壊さなきゃいけない。中選挙区をなくさなきゃいけない」と考えた。中曽根康弘と小沢一郎の違いはそこだ。

いまや小沢叩きの急先鋒である朝日新聞の編集トップがこのような「小沢評価」をすることに、多くの読者は奇異を感じられるだろう。しかし、実はこの時期、国民の中には「自社五五年体制」をリストラしてくれる、小沢氏の政治への先見性と非凡な手腕に期待する声が多くあった。そうした世論を背景に、冨森氏のような真っ当な「小沢論」は決して珍しくなかったのである。だからこそ、これまで述べてきたように、旧体制に安住していた政治家の多くは、「自社五五年体制を壊した小沢一郎」に対して執拗に「破壊工作」をしかけてきたのである。

# 第二章

## 政権交代と小沢一郎
## 排除から謀殺へ

# 「民由合併」

## 一瞬、小沢一郎への「撃ち方止め」となったわけ

戦後初の細川非自民政権が誕生したのもつかの間、自社さ政権で振り子がもとに戻って十年余、ようやく政治が再び動き始め、小沢一郎氏に対する「扱い」も明らかに変わりつつあった。

それまでは、前章でも述べたように、小沢氏には反感・反発と排除の動きがある一方で、小沢氏への評価もあり、それぞれがボルテージを上げていくプロセスであった。そして、マスコミも世論もどちらかというと小沢氏に期待感を寄せていた。

しかし、平成二一年（二〇〇九）八月の政権交代をもって様変わりする。小沢氏への反感・反発と排除の動きのほうが評価を圧倒し始め、マスコミと世論もそちらに傾いていくのである。ただし政権交代でいきなりそうなったのではない。政権交代が確実視される準備段階からそれは始まった。その「分水嶺」となったのは平成一五年（二〇〇三）九月の「民由合併」、すなわち小沢自由党の民主党への合流である。

実はこの「合流」からしばらくは、小沢排除の動きが一瞬静まり、小沢氏への期待が高まる気配があった。今から考えると、それは「嵐の前の静けさ」ならぬ「排除の前の一服」であった。なぜそんなことが起きたのか。前章末で紹介したノンフィクション作家の保阪正康氏と冨森朝日新聞編集局長との対談「五五年体制を終焉に導いた男」の続きにヒントが隠されている。

実は冨森氏は「中曽根さんには限界があった。小沢さんは『日本の政治の根本を変えるには五五年体制を壊さなきゃいけない。中選挙区をなくさなきゃいけない』と考えた。中曽根康弘と小沢一郎の違いはそこだ」と小沢氏を高く評価したあと、こう付け加えているのである。

「いま小沢さんは民主党にいてパッとしません。彼は、人への包容力に欠けるところがある。天は二物を与えずということでしょうか。先を見る力は非常に優れているんですが、とても惜しい気がします」

後段の人格評価には大いに異論はあるが、それはさておき、「民主党にいてパッとしない」という評価に注目してほしい。これぞ、私の見るところ、「民由合併」後の大方の小沢評価であり、それまで執拗に小沢氏を叩いてきた反小沢派の気分でもあったと思われる。

前章で詳述したように、小沢一郎氏は自民党を出て（というより出ざるを得えなくなって）、非自民細川政権をつくり上げて自社五五年体制を壊した。その後、新進党を経て自由党を結成すると、今度は自民党と連立を組んで「政権の中からさらなる改革」を進めようとした。それゆえ昔の同僚からは警戒心をもたれ、結局「排除」されて連立離脱を余儀なくされた。その後はしばらく少数政党のままで再起を狙う不気味な存在であったが、平成一五年（二〇〇三）九月、民主党へ合流。それも自由党の名を捨ててである。小沢氏を「悪魔」と呼んで忌み嫌い「排除」しようとした野中広務氏ら仇敵は、「小沢は尾花を打ち枯らして民主党に泣きつき拾ってもらった、もうこれで小沢は終わった」と映り、一安心したのであろう。

そこで一瞬「撃ち方止め」となったのだが、それは彼らのとんだ早とちりであった。

たしかに反小沢派ならずとも、小沢一郎氏は矛をおさめかに見えた。彼が真実そうであったら、古巣である自民党に居座り続ける守旧派たちの「排除策動」もやんでいたかもしれない。しかし、そうはならなかった。この民由合併に小沢氏とともにかかわった当事者として、その経緯と裏事情について解説をしておこう。

## 民主党と自由党合併の真相と苦難の道

時計の針を半年ほど前の平成一四年（二〇〇二）一一月に戻す。民主党と自由党の合併話を持ち込んできたのは、実は当時の鳩山由紀夫代表であった。鳩山氏と議論らしい議論をしたのは、そのときが初めてだった。

鳩山氏とは衆議院事務局時代には面識はなく、初めて会ったのは、平成五年（一九九三）八月に細川連立政権が発足し、武村官房長官の下で官房副長官に就任したときである。参院議員になっていた私のいる参院の連立与党の会合に副長官として説明に来たときだった。鳩山副長官は私が小沢側近として動いていることを知っていて、丁寧な挨拶をしてくれた。そのときの印象は、政治センスのある人物とは感じず、武村長官の電話番的な地味な政治家という印象であった。

平成六年（一九九四）七月、自社さ政権になったときも、鳩山氏には何の印象もない。平成八年（一九九六）九月、第一次民主党が結成されるとき、さきがけ代表の武村氏と決別したことを知るが、その理由が鳩山氏が武村氏の政治理念と行動を批判したことに驚いた。地味な人と思っていたが、やはり鳩山家の政治理念は引き継がれているのかと感じたものだった。武村氏が細川政権を崩した中心人物であることを私は身をもって知っており、将来この人物とともに政治活動をやるときもあるのかと期待した。実は、私が指導を受けた林譲治元衆院議長は鳩山一郎氏（由紀夫・邦夫氏の祖父）の書生、秘書官、政友会衆院議員として弟子であり、当時の話をさんざん聞かされていたので親近感はあった。

さて、時計の針を民由合併が持ち込まれた時点に進めると、この案件はまず、松野頼三氏に口説かれた鳩山氏が非公式に小沢氏に会って、民由合併で政権交代をしようと主張したことに始まる。この提案に対して、小沢氏は「本気なら自分がすべて犠牲となって事を進めてもよい（自由党を解党して、役員、政策すべて民主党のままで合併してよい）。ただし、合併するについては、少なくとも民主党は役員会の了解を得て、話をもってくるよう」と回答。

ところが、鳩山氏は民主党代表に選ばれた直後に、中野寛成氏を幹事長にしたことで党内から批判を受けていた時期であり、役員会の了承はとれる自信がなかったのだろう。前日の一一月二九日に、鳩山氏は独断で民由合併を記者会見、その足で自由党本部に小沢党首を訪ね、合併を提案したのである。小沢氏は驚き「せめて三役ぐらいには了承をとって来てくれ」として、週明けの二〇日に再度話し合いをもつことを約した。

すると、当日早朝、鳩山氏から私に電話があり、「民主党の役員会で小沢氏が非公式会談で言った話（自由党解党、役員、政策すべて民主党のままでの合併論）をそのまま報告をしたいが、よろしいか」との話。それまでろくに話もしたことのない私にこんな重大な相談をするとは、正直私は驚いた。「それは私にする話ではない。本人に了解をとるべき話だ」と私が返すと、「本人に言えないので、貴方の意見に従う」。私は、「非公式の話を丸々全部するものではない。〝あらゆる努力をする〟程度にしたらどうか」と答えておいた。このことでもわかるように、政治の場における言葉の使い方、責任の所在などについて、鳩山氏には政治家としての自覚が薄いようだ。

鳩山氏の合併提案には、「国家と国民のため」という崇高な思想があると自由党の小沢党首はその心意気に感じ、無条件で了承したのだが、鳩山氏は肝心の民主党内をまとめることに失敗、鳩山代表辞任の引き金となった。後継は菅代表となった。

## 菅執行部による姑息な裏工作

その後、菅代表となって合併協議を引き継いだが、議論は進化せず、平成一五年五月に協議の打ち切りとなった。菅代表には、鳩山氏が有していた「思想」の欠落があったからである。

一方の自由党は、六月に入ってから民主党との合併は行わないと決し、秋にも予定されている総選挙と、翌年の参議院選挙を自由党独自で戦うべく、候補者擁立などの準備に入った。ところが同年七月中旬、菅代表が唐突にも自由党との合併話を蒸し返してきたのだ。これには民主党内の複雑な内部抗争がからみ、実は後の民主党の混迷の原点はここにあるのである。

当時、鳩山グループに所属していた合併派の友人から相談を受けたが、菅執行部と鳩山グループとの間に、党のあり方について深刻な意見の対立があったという。合併に消極的な菅執行部を鳩山グループが激しく突き上げ、九月には民主党を離党して、自由党と合流したいとの動きが始まったというのだ。これからは私の推測だが、菅代表はこの鳩山グループの動きを察し、機先を制して唐突に小沢自由党に合併協議を申し込んだのではないか。菅代表と小沢党首の極秘会談は続き、七月二三日深夜、民主党の条件を丸呑みして協議は成立した。

私は、菅代表が党内権力を維持することだけを目的とした合併話であることを知っていたから、この話には反対だった。しかし、小沢党首は「このまま自公政権が続くと国民生活は崩壊する。日本に与えられた時間はもう少ないのだ」と語り、「必ず民主党で政権交代をしてみせる」と宣言し、自由党内をまとめた。

小沢氏がそう判断したのは以下の理由からだった。

小渕首相が平成一二年四月に脳梗塞で倒れた後、自民党の民主政治を冒涜《ぼうとく》するボス政治家の談合で、憲法違反の森政権が生まれた。このことは参議院議員時代に国会質問で採り上げたが真相究明には至らなかった。政権成立の経過から見ても、そしてまた本人の資質からも長く持つはずはなかった。翌年の総予算が成立した直後、自民党はあらゆる国政を犠牲にして森総裁・首相を辞めさせ、総裁選挙を行った。森氏自身が納得してのことだから自民党お得意の〝悪知恵〟といえる。さすがは自民党である。

ところが、総裁選で〝勝つはずはない〟と当時の自民党主流派が考えていた小泉純一郎氏が勝った。数々の自民党のタブーを破ってのことだった。仮に橋本龍太郎氏が勝利していたら、自民党政権は二年ぐらいで終わり、政界再編という形で、政権交代が行われていたと私は思う。小泉総裁・首相は自民党を延命させたが、その内実は対米従属政策のマネーゲーム資本主義で、わが国の市場経済社会を米国化した。その結果が救いようのない地方の経済停滞と、国民生活の残酷な格差社会化であった。

小泉政治の本質は、戦後の復興と経済成長で日本国民が得た富を「市場経済のグローバル化のために改革する」という名目で、米国金融資本主義の傘下に入れることであった。悪魔化したマネーゲーム資本主義は、実体経済を世界規模で崩壊させ悲劇的格差社会をつくった。小沢氏はこうした小泉政治の限界を突破するためにも民主との無条件合併に踏み切ったのである。

# 民主党代表に就任

## 不思議な国の不思議な民主主義

民由合併の時点で、鳩山氏と小沢氏の間には「自公政権を崩壊させ、国民生活を守る政権をつくる」という基本戦略が共有されていた。しかし、当時から、民主党内には小泉政治に同調するネオ・コン派が暗躍しており、菅体制は党内派閥のバランスをとる「弥次郎兵衛」が実情であった。

その後、年金問題や郵政民営化などで党内外は紛糾する。前原誠司代表の就任で「小沢一郎の出番はない」といわれるようになったとき、「偽メール事件」が勃発。この責任をとって前原氏は代表を辞任、平成一八年（二〇〇四）四月、小沢一郎氏が民主党代表に就任、ここから民主党再生に着手するのである。ここで「民主に拾われた小沢は年貢をおさめ矛をおさめた」と早とちりした反小沢一派は大いに後悔したはずである。

実は私としては、自由党が無条件合併してからの民主党の運営にいささか不満があったので、就任にあたって「民主」の語源を説明して党名を変更するよう進言したことがある。理屈はこうである。

日本という国はまことに不思議な国である。「民主主義（デモクラシー）」という言葉が、使う人の判断で勝手に使われているので、社会に害毒が流れている。定義が複雑なせいかもしれないが、原点を考える必要がある。デモクラシーの語源は、ギリシャ語のDemokratiaであり、Demos（人民）とKratia（権力）を結合したものである。したがって、始めから「人民の権力」という意味である。ところが、明治期の日本では、このデモクラシー（原語―デモクラティア）を「民主主義」と訳した。「これは誤訳だ」と主張しているのは、今なお日本人ではただ一人、私だけだと自負している。

デモクラシーを民主主義と訳したのは、たぶん、福沢諭吉先生である。慶大教授・故江藤淳氏が元気なとき、この意見を酒の席で言ったところ大変叱られた思い出がある。理由は「民主」という言葉の語源にある。『広辞苑』を開いてみると、【民主】「中国では古く、民の主すなわち君主の意に用いた」とある。正確を期すためにもう一つ例示しよう。小学館の『国語大辞典』（全一〇巻）には、【民主】「人民の支配者、君主」とあり、これはよりわかりやすい。つまり、語源論でいうと「民主主義＝君主主義」となる。干支の語源を考察した『十二支攷』（思文閣・全六巻）を著し、語源学者としても知られている元衆議院議長前尾繁三郎先生の、不肖の弟子を自任する私には看過できない問題だ。言語には「言霊」がある。ユングの「深層心理学」と、毛沢東の「矛盾論・実践論」で政治を分析・運営してきた私にとって、語源は、物事や事象の本質に影響を与えるものだと確信している。

以上のような理屈をこねて私は「民守党」を薦めたが、小沢氏は「鳩山君が好きな言葉だから……」と遠慮して採用してもらえなかった。

わが国の一二〇年にわたる議会史で「民主党」という名の政党が、日本国のデモクラシーの発展に役立ったことはただの一度もない。むしろ、政治を混乱させる主役が「民主」という名称を使った政党であった、といえば読者諸賢も納得がいくだろう。これは語源・言霊論の考え方、歴史的集合的無意識論からいえば当然の結果である。政権交代した民主党政権が、だんだん狂っていくのは語源論的必然性があると言っておきたい。

## 〝逆転の夏〟と銘打った参議院選挙に圧勝

小沢一郎氏が民主党代表になるや、民主党は変貌、小沢―鳩山―菅のトロイカ体制が組まれる。そして、千葉県七区の衆議院補欠選挙の奇跡的勝利を皮切りにはずみをつけ、平成一九年（二〇〇七）七月の〝逆転の夏〟と銘打った参議院選挙に圧勝、野党が多数という逆転現象をつくる。「政治は生活・国民の生活が第一」の小沢ドクトリンが有権者の心を掴み、次期総選挙での政権交代が確実視されるようになる。

一方、自民党は平成一八年（二〇〇六）九月に、小泉首相が辞め安倍晋三氏が後継となる。安倍首相は参議院選挙後も居座ったが、健康上の理由で辞め、福田康夫首相に代わる。福田首相も「ねじれ国会」に対応できず政権を放棄し、麻生太郎首相に代わる。自民党は二年の間に三人の首相のたらい回しを行い、国民から批判を受ける。自民党政権は「政権交代の阻止」が最大の目的であり、月刊誌でいったんは宣言した解散の時期に苦慮する。衆議院議員の任期が半年余りの平成二一年（二〇〇九）九月に迫った三月三日、東京地検特捜部は証拠もなく大久保隆規秘書を政治資金規正法の虚偽記載で逮捕した。小沢民主党代表をめぐる政治資金問題の捜査に着手したのだ。捜査が始まるや巨大メディアは一斉に、小沢代表を犯罪者扱いして報道した。残念なことに、議会民主政治の崩壊に気づく議員はごく少数であった。

## 政権交代と鳩山政権

### 最後の話に影響を受ける鳩山由紀夫

平成二一年（二〇〇九）八月の歴史的な政権交代選挙によって、民主党は政権の座に就き、代表の鳩山由紀夫氏が第九三代内閣総理大臣に就任した。この歴史的事件の陰の功労者が選挙を仕切った小沢一郎氏であることは、反小沢派もふくめて誰もが認めるところであった。

政権交代当初、小沢・鳩山の関係は良好であった。しかし、私は、鳩山由紀夫という人物について大いなる懸念があった。それは小沢氏が民主党代表であった平成一九年五月、参院選に挑戦する前参院議員広野ただし氏を励ます会に顔を出したときのことだ。党幹事長であった鳩山氏にバッタリ顔を合わせると、周囲に財界人がいる前で、引退していた私に「これから民主党はどうなるのでしょうか」と大真面目に大声で尋ねてきたのである。周りの出席者はこれが政権交代が見えてきた公党の幹事長かと驚きを通り過ごして失望したことだろう。鳩山氏としては、小沢氏が戦略的な話をしないので側近の私に聞きたかったようだった。

これ以降、鳩山氏と話したことはないが、小沢氏とは鳩山氏について論じ合ったことがある。

小沢民主党代表は麻生政権がダッチロールを続ける平成二〇年（二〇〇八）秋口頃までは、政権交代にしても、自分が首相に就任するつもりはなかったようだ。というのも、その頃、「政権交代になれば、総理は鳩山氏か菅氏ということになるが、どう思うか」と意見を求められたのである。私はこう返した。「それはない。自民党にさんざんタライ廻しは駄目といっておいて、総理になる前にタライ廻しはないでしょう。国民は小沢民主党で投票するんですよ。それだけで政権は倒れますよ」

小沢氏は私にさんざんいわれてようやく了解した後、鳩山由紀夫論になり、私はこう断じた。

「小沢氏は最初に頭に入れたことを採用して、それを実行しようとするから、わかりやすい。片や鳩山氏は最後の話に影響を受ける。その間、いろんなことを思いつきしゃべるので周りが迷惑する。意図的にやるのではないので、人間が悪いわけではないが、事と次第では、結果的にそれにより混乱する場合がある。しっかりした側近をつけて常に相談をさせるようにしないと……。一方、菅氏はこざかしいシナリオをつくって政略的行動をとるが、大したことはない」

小沢氏は笑いながら聴いていた。

## 小沢一郎秘書逮捕、検察ファッショの始まり

政権交代の半年前の平成二一年三月、小沢氏の大久保秘書逮捕で小沢問題が発生する。これはすでに述べたように「発生」というより、権力によって「仕掛けられた」ものだった。私が翌朝のテレビ朝日で「検察ファッショ」と批判。小沢氏も同様の論で記者会見するなか、民主党内で小沢氏と私への批判が高まる。鳩山幹事長は検察批判をしたのに、菅代表代行は小沢代表の辞任を示唆。そのとき、私は小沢氏に「鳩山氏はあなたの下で苦労したので政治家としての見方が深くなり成長した」というと、「そうだな……」と肯定的に反応していた。

その後、外からだけでなく身内からの「小沢叩き」のなかで、連休過ぎに代表を辞任、後継を鳩山氏に託し、みずからは選挙対策委員長として総指揮をとる。これが平成二一年八月三〇日総選挙で民主党の地すべり的勝利をもたらしたことは議論の余地はないだろう。小沢氏の西松事件の検察による捜査の政治謀略性については、国民の大勢は理解していた。問題は、政権交代した民主党にあった。「小沢排除」に鳩山首相がストップをかけることができなかったことである。それだけではない。アルコール依存症で認知症の初期症状と疑われた藤井裕久氏を財務大臣に入閣させる。その藤井氏からさっそく「円高容認発言」が飛び出て、それがその後の政策ミスの原因となるのである。

民主党の政権公約の第一は、党の主要役員を入閣させて、内閣に政策の協議と決定を一元化することであったはずだ。それなのに鳩山代表は「小沢排除」の党内外の暴論を抑えることができない。ここに民主党の最大の問題があった。政治を読める小沢氏を排除して、政権交代後の政治運営ができるはずがないのは自明の理である。閣僚の経験のあるのは藤井財相だけだが、この藤井氏が政治について無知であり、政治の事務しか知らないことを当の鳩山代表が知らなかったことに最大の問題があったのである。

最初、鳩山代表は、小沢氏を政策の協議と決定にかかわらない幹事長に就任させ、選挙対策だけをさせ、国会運営も内閣でやろうと考えたようだ。そしてついに党の政調会長に菅副総理を当てるという構想をつくったが、さすがに小沢氏はそんな公約無視は許さなかった。

そうして政権づくりが遅れ、鳩山代表は小沢氏に国会運営と選挙対策担当の幹事長を引き受けてくれと泣き込む。こういうときに頼まれればノーといえないのが小沢一郎氏である。特別国会が召集され内閣構成では、公約どおり「幹事長で入閣」という合意を鳩山代表とアウンの呼吸で交わしながら、まずは政権づくりをすることが前提と考えて、小沢氏は鳩山代表の提案を了承する。

翌九月五日、私は長野県茅野市で開かれていた縄文文化シンポジウムで発言中であったが、小沢氏から携帯に電話があり、中座して受けると、「特別国会を最小限日程でやる場合の憲法上の要件は何か、これから鳩山に説明して腹を決めさせる」とのこと。そこで私はこう返した。「そんなことより、政策の協議や決定にかかわれない幹事長になって、議院内閣制が運営できると思っているんですか。これでは鳩山政権は一年間も持ちませんよ」と。

すると小沢氏は怒って「そんなことはわかっている。その前に与党人事をつくらないと政権がつくれないんだ」。要するに、鳩山氏には進言する有能なブレーンがいない。と同時に民主党内には、ころがりこんだ権力にしがみつこうという意識だけで、とにかく「小沢排除」さえすれば、政権は安定するという、武村正義氏らに同調する連中が、マスコミと協力関係にあった。その中で鳩山代表が右往左往していたのである。これが民主党政権スタート時からの根本的問題であった。

小沢氏は鳩山氏との暗黙の了解と思っていたが、それは裏切られ、特別国会で鳩山政権が成立しても、小沢氏が予定していた「幹事長での入閣」はなかった。そして、私が予想したとおり、鳩山政権は一年ももたず、一〇ヶ月足らずで、菅政権に交代する。もし小沢氏が入閣していたなら、藤井財務相を窓口にする民主党閣僚の官僚支配下も起こらなかったし、普天間問題に見る政策の破綻もなかった。何よりも小沢氏の陸山会問題を検察も起こしようがなかったと思う。元来、犯罪でないものを偽装し、検察審議会を悪用してまで、閣僚を政治的に葬ることはできないはずだ。鳩山内閣に破綻がなければ菅政権もない。繰り返すが、すべてのつまずきの基は鳩山政権スタートにあったのである。民主党政権があえなく潰えた今から思うと、鳩山由紀夫氏は学者のままでいてほしかった。

平成二四年一一月一六日、衆院解散の本会議のTV中継を私の義弟の樋高剛議員の会館事務所で見ていたところ、解散直後、小沢氏が入室してきた。時間の調整ということで、三〇分ほど懇談した。話題は〝民主党はなぜこうなったか〟ということであった。野田首相の批判、菅前首相への批判は当然のこととして、大方は鳩山元首相論であった。私が次のような鳩山由紀夫論をぶつと、小沢氏は肯定も否定もせずうなずいていた。

「小沢一郎は信念にこだわる政治家で、鳩山さんは感情にこだわる政治家だ。信念は理由もなく変えるわけにはいかない。また小沢さんは変えない。ものごとの中心となる北極星のような存在だった。鳩山さんはいつ変わるかわからない感情を中心に発想するので、〝流れ星〟のような存在。政治はこれでは混乱する。

菅さん、野田さんの考えていること、やったことは、良いことでも悪いことでも、想定できる範囲の政治家だ。それに比べて鳩山さんは軸がないので思いつきにこだわる。人間が菅や野田に比べて悪くはないが、性格からいえば、繰り返すが学者でいたほうがよかったのではないか。政治の世界では人間の善悪ではないでしょう。鳩山さんは民主党の結成や資金面で貢献した人物でしょうが、民主党の軸になれなかった責任はあるのではないか」

## 鳩山内閣瓦解の罠

いつも小沢氏に「あなたはねじを巻きすぎる」といわれるが、私は批判をしだすととことんやってしまう癖がある。前述の鳩山論もそうかもしれない。鳩山氏には問題もあるがいいところもある。達増拓也岩手県知事から次のような寄稿をいただいて、こういう鳩山由紀夫評価論もあるのだと思って感心したので、以下に掲げる。

鳩山内閣瓦解の罠

民主党による政権交代の失敗は、鳩山内閣の瓦解から始まる。鳩山総理が辞任しなければならなかった決め手は、普天間問題で社民党を連立内閣から追い出してしまったので、参議院で首相問責決議案が可決される状況になったことだった。参院選直前に総理問責を受けるくらいなら、潔く辞任するほうがよいと小沢一郎幹事長が判断し、総理、幹事長、そろって辞任となったのである。

その後、菅総理の下、民主党は参院選に大敗し、衆参のねじれ国会となるのだが、普天間問題で社民党を切り捨てた時から、ねじれは始まっていたと言える。そこまでする必要はあったのか。当時、普天間米軍基地の県外、国外への移設はまるっきり非現実的な無理筋で、鳩山総理の主張は無知に基づく愚かなものであるとみなされ、今もそのような否定的評価が支配的だが、本当にそうだったのか。

鳩山総理退陣の年、米国の国際関係論文誌『フォーリン・アフェアーズ』二〇一〇年三・四月号で、米日財団の会長である知日派、ジョージ・パッカード氏は、政権交代直後の一〇月に訪日したゲイツ国防長官が、辺野古移転合意の実行を求めたことを批判した。パッカード氏は、大統領府と国務省が対日政策について大局的な調整をすべきだった、国防省が発足1ヶ月後の鳩山内閣にごり押しをしたのは愚かだった（foolish）、と述べている。米国政府と日本政府は、普天間問題の話からではなく、日米安保全体についての丁寧な再検討から始めていればよかった、とパッカード氏は言う。

その翌号、五・六月号の『フォーリン・アフェアーズ』では、安全保障関係の著作が多い米国のジャーナリスト、ロバート・カプラン氏が、中国封じ込めの戦略を主題とする中で、鳩山政権の問題提起は何年も前にあってもおかしくなかった、と述べている。カプラン氏は、中国封じ込めは米国と同盟国や民主主義国の海軍力をもってすべきで、そのための米軍基地はグアム、カロリン、マーシャル、北マリアナ、ソロモンのラインに置くべきとする。そしてカプラン氏は、日本、韓国、フィリピンの過剰な米軍基地は第二次大戦や朝鮮戦争という過去の遺産であり、永続させるべきものではない、と述べる。

日本国内で鳩山内閣が普天間問題で行き詰まっていく頃に、米国を中心とする国際関係の論壇では、米国の有識者たちが鳩山総理の主張に耳を傾け、対話の姿勢や、賛意を示していたのである。私は、日米の政府間協議に加え、賢人会議のような有識者同士の対話の場も活用し、日米双方の国民的な合意の下で、普天間基地をはじめ沖縄の米軍基地を移転・縮小していくことは、可能だと思う。鳩山総理の主張は、決して非現実的なものではなく、まして愚かなものではなかったのだ。

日本国内で、普天間問題について鳩山包囲網がつくられ、鳩山総理自身が県外・国外移転をあきらめ、福島みずほ大臣を更迭することになってしまったのは、鳩山内閣瓦解の罠にはまってしまったのだと言えよう。

アメリカについて言えば、米国政府には、およそ政府というものにつきものであるタテ割りの弊害とか、組織間の不毛な権限争いとか、そういうものが普通にあると思う。政府が巨大で力も大きいので、質が普通でも量は普通以上になる。気をつけなければならない。

一方、さまざまなイシューについて広く議論が行われ、質の高い意見が存在するので、そこを味方にしていくのが大事だ。こちらから高邁な意見を発信していくと、受け止めてくれる人は出てくる。鳩山総理の普天間基地県外・国外移設についても、受け止められていたのである。

アメリカ相手には、高邁な意見を発信していくことが大事だと思う。一定の合理性や利益追求のタフさは普通にあったほうがいいと思うが、アメリカ相手に決め手になるのは、志の高さではないか、と私は考えている。ちなみに、去年の今頃、日本に来ている米国政府関係者から、東日本大震災からの復興支援には何がいいか、と尋ねられた。私は、米国が日本にできる最高のことは米国での教育や交流の機会を提供することで、子供や若者を対象にしたホームステイや留学をやってもらうといいと思う、と答えた。今年に入って、それがトモダチ・イニシアティブとなって実現しているのは、喜ばしい。

# 政権交代の民意を裏切り続けた菅政権

鳩が蒔き　小沢が育てし民主党　ただやすやすと壊すは菅なり　貞夫

今となっては、菅直人という政治家の正体は国民のあまねく知るところとなり、まともに相手をする人は少ない。だが、過去の人としてただ無視するには、彼の罪状は、小沢排除も含めて、あまりにも深い。その傷跡はまだ癒えていない。

## 鳩山内閣から亡国の菅内閣へ

これまで述べたように、鳩山政権にも多々問題点はあった。しかし、これも指摘をしたが、国民が政権交代に寄せた期待にこたえるべく高く旗をかかげて歩み出した鳩山氏の志と信念は私も高く評価したい。また小沢一郎氏も幹事長としてそれをしっかりと支えるべく党内をまとめてきた。

しかし、官僚となんと身内の中からの抵抗があって、鳩山政権はなかなか所期の目的を果たせず、時間ばかりが浪費されていった。そこへ起こったのが鳩山総理の辞任騒ぎである。

鳩山総理が辞任しなければならなかった決め手は、普天間問題で社民党を連立内閣から追い出してしまったので、参議院で首相問責決議案が可決される状況になったことだった。参院選直前に総理問責を受けるくらいなら、潔く辞任するほうがよいと小沢一郎幹事長が判断し、総理と幹事長がそろって辞任となったことは前に述べた。この小沢氏の政治判断は正しかったと思っている。国民の意向にもそっていた。しかし、それを受けて実施された平成二二年六月四日の代表選の選択が間違っていた。代表選は菅直人氏と樽床伸二氏の対決となった。小沢氏は代表選について、菅で党が結集すれば、参院選挙は勝てると読んだ。ところが菅代表が小沢を政界から追放する発言をした。

そして菅直人氏が民主党二人目の首相となる。思えば、これが民主党による政権交代の瓦解が始まる第一歩であった。

以下、鳩山政権への言及に比べると多くの紙幅をさくが、それは菅直人政権が小沢一郎排除策謀をもって歴史的な政権交代を水泡に帰したA級戦犯だからである。そして、問題なのはマスコミが操作した世論である。小沢一郎氏が菅民主党を駄目にしたとする説が平然とまかりとおった。それは逆である。小沢氏は菅直人氏を支えようとしたのであり、むしろそれに仇で報いた人物こそ菅直人氏である。

## 政権担当能力とは？

平成一九年（二〇〇七）元旦の小沢邸の新年宴会で、私は当時の菅民主党代表代行に「国会対策のキーポイントは何か」と、突然に質問を受けた。「理屈は後で考えろ。最後にババを持つな。国会対策はトランプのババ抜きだ」と、酒も入っていたのでわかりやすく説明した。

これを機会に小沢代表（当時）からも頼まれ、菅氏の国会運営の諮問役を相務めることになった。自公政権の国会運営への対応だけでなく、政権交代したときの心構えなどについて、徹底的に議論した。当然「民主党の政権担当基本方針」についても話題になり、「ガバナビリティーとは権力の自己抑制力のことだ」という話もしたが、理解してくれたか否か、いささか不安をおぼえた。

平成二一年三月、西松問題で大久保秘書の逮捕があってから、菅氏からは連絡も相談もいっさいなくなった。私はこの事件について「自民党政権の政治捜査であり、政権交代を阻止するための謀略」と論じてきたが、菅政権成立と時を同じくして「小沢切り」を本格化させたことを考えてみると、西松問題以後、「小沢切り」を構想していたのかもしれない。

安倍・福田・麻生と続いた自公政権トップの「政権担当能力」にもたしかに問題はあった。それにしても、マニフェストの修正に適切な説明もなく、党内論議を経ていない消費税アップの具体論を政権トップが思いつきで唐突に発言する、これらは私の政治体験にない新事態であった。

菅新政権で政治手法が異常に変化し、一二〇年続いた日本の議会政治とはまったく異質の政権運営がなされているのを目の当たりにすると、議会に永年携わってきたわが身には、忸怩《じくじ》たる思いがあった。

## 菅首相と枝野幹事長は政治家にふさわしいのか

平成二二年（二〇一〇）七月の参議院選挙で民主党は政権にありながら惨敗した。敗北の理由はさまざまな立場から論じられたが、その最大の理由として「消費税増税」を、民主主義の一丁目一番地である党内論議も経ずに唐突に提起し、その説明不足が原因として、菅首相の責任が問われた。それもそうだが、私はもっと本質・根源的な問題があると考えた。

それは菅首相と枝野幹事長は、一人の人間として、また、社会の指導者たるべき政治家に相応しいかどうか、ということだ。これは政治以前の問題である。

菅首相も枝野幹事長も、屁理屈で相手をやり込めることにこだわり、野党の主張に耳を傾けるとか、相手の意見を受け止めるという度量を見せなかったし、論戦で追い込まれると、相手の古傷を暴き立てるような態度が再々見られた。苦々しく見ておられた方も多かったと推測する。

一人区の自公関係者からは、「菅首相や枝野幹事長の口舌は、議論でなく《他人の心を刺す武器》に感じた」ということを聞かされた。私も、テレビを見ながら両人の言霊に相手の人間性を無視した異質の文化を感じたし、映像を通じて平均的日本人の深層心理に、彼らとは議会民主政治を共有できないことが伝わり、強烈な拒否反応を生じたのが、民主党惨敗の真の要因だったのではないか。

選挙に先立つ六月三日、菅氏が民主党代表選立候補の記者会見で、小沢幹事長（当時）に対して「党のためにも自分のためにも、日本のためにも静かにするよう」と、人間冒涜であり、憲法違反である発言をしたのも、その根は同じである。

となると、菅首相や枝野幹事長の人間としての感性を問題としなければならない。これは民主主義の要諦であり、わが国の議会政治を崩壊させかねない深刻な問題でもあった。

前尾先生の「政治家である前に人間であれ」という遺言を待つまでもなく、半世紀前のわが国の議会政治は、常識として人間のあり方を理解していることが、国会議員となる前提条件であった。二一世紀も一〇年を過ぎた今日、政権のトップや与党幹事長の人格・人間的感性を問題にしなければならないことに、わが国の議会政治の危機を感じたのは私一人ではないだろう。

参議院選挙における民主党惨敗の原因が「菅首相の唐突な消費税発言にある」とは、本人も含め日本の有識者多数の見方である。しかし、ちょっとどころか大いに違うというのが私の意見である。正確にいえば、菅首相は税制度、すなわち国政の根幹ともいうべき税金の本質について、まったく無知であることが、あのような無様な発言を繰り返したのだと私は思う。

政治家の政治的症状を診断するのが私の仕事の一つだが、菅首相の病状は『似非市民運動型無思想性免疫不全症候群』とでもしておこう。

政権交代の大義を放棄した菅首相の言動は極限に達していた。この人物を首相として継続させるかどうかは、九月の民主党代表選にかかっていた。

この時点までの菅政権の悪政をまとめると次のようになる。

一、鳩山首相が交代した直後の、「クーデター」を想起させる唐突な「小沢切り」
二、菅政権発足後の会期末、議会政治の崩壊を招いた稚拙な国会運営
三、消費税増税論に象徴される、民主党基本方針の独裁的変更
四、選挙中の、議会政治にあるまじき独善的言動
五、選挙惨敗後の無責任体制と無気力政治

## 本流に生きる人と、亜流に生きる人

九月一日、民主党の菅代表と小沢前幹事長は、共同記者会見に臨み、代表選挙に立候補する政見を発表した。また、菅代表は同夜のＮＨＫニュース番組に出演して所信を述べた。二人の政見表明と記

者団との応答ぶりは、その人間性と政治力を見事なまでに対比させる結果となり、興味深かった。TV中継を見て、常識ある人なら、国家の危機を回避するにはどちらが適任か、はっきり理解したはずである。

共同記者会見などを聴いて思い出したことがあった。それは、土佐清水高校時代の恩師の言葉である。

「人間社会には、本流に生きる人と、亜流に生きる人がいる。何か問題が起き、自分が不利になったとき、本流の人は他人のせいにせず、自分の責任とする。亜流の人は、詭弁を弄《ろう》して責任を他に転嫁する。くれぐれも亜流の人間にはなるな」という教えであり、私はこれを人生の指針として生きてきた。

社会に出てすぐに衆議院事務局に勤務し、実に多くの政治家に接してきたが、この教えを片時も忘れず、その人となりを判断する基準にもしてきた。一般的にいって、保守系ではバルカン政治家と評される人が亜流であり、革新系ではトロツキー派の政治家が亜流と感じたが、この亜流に属する人の共通点は、言葉が巧みで上手に嘘をいい、論点をそらして相手を攻撃することだ。さらに加えて、自分の権力や地位に病的なまでにこだわる癖をもっている。

菅代表の一連の発言を聴いて、同じ代表職であっても「亜流党代表」を冠することでよりリアリティーを感じたが、代表的な例を二つだけ紹介しておこう。

## 一　普天間基地問題

小沢氏の「沖縄県民と米国政府がともに納得する解決策を目指して、改めて話し合う」との方針に対して、菅代表は「日米合意を白紙にすることは大混乱となる。小沢さんは当時幹事長でこの合意に責任がある」と批判した。小沢氏はすぐ反論したが、「改めて話し合う」を「白紙にする」と、論点をすり替え相手の責任にする。さらに「私は内政や財政をやっていた」と、沖縄問題は所管ではなかったとの逃げ口上。

ならば、国家権力である内閣のナンバー2である副総理とは、政党のナンバー2よりも責任が軽いとでもいうのか。そしてまた、鳩山政権発足時、小沢幹事長を「入閣させずに、政策の協議決定に参加させなかった」のは、菅氏のやったことだ。

## 二　小沢は総理に向かないとの発言

「小沢さんがどんな総理になるのか、予算委員会に堪えられるのかどうか、総理になりたいなら政治と金について説明しろ」と、菅代表は意味不明のことを発言した。二〇年前の病気のことを言っているらしいが、根拠のないことを公の場に出し、相手を誹謗するのは人権問題だ。

「小沢総理は想像できない」とも放言したが、品性を疑う発言だ。幾度も述べてきたが「政治と金」の問題は、自民党政権と検察の「虚構」を、メディアと民主党の反小沢派が政治的に利用しているに過ぎない。検察ファッショのお先棒を担ぐのかと、背筋の凍る思いであった。

この夜のNHKテレビ発言も醜いものだった。「代表選挙になったのは申し訳ない」と言っていたが、小沢氏には、「騙してでも下りてほしい」とする本音が丸見えだった。

また、「参議院のねじれ」を「天の配剤」とも言っていたが、「参議院の惨敗は結果としてよかった」という意味であるとするならば、無責任きわまりない発想であり、民主党は国会議員のみならず、全党員こぞって罷免を要求するのが常套《じょうとう》ではないか。こんな人物が、日本国の総理としてやっていけるのか、危惧したのは私だけではなかったと思う。

「菅首相を見ていると反吐が出る」と、某紙で指摘した作家がいたが、その気持ちは痛いほどよくわかる。

## 小沢氏敗北をつくった守旧派政治家たち

菅首相続投、小沢前幹事長の敗北という民主党代表選挙の開票結果を知ったのは、JR土讃線の高知駅付近を走る汽車の中だった。菅七二一ポイント、小沢四九一ポイントと聞いて、持病の血圧が急上昇しショックを起こしかけた。さっそく開票資料を手に入れ、詳細に検討をしたところ、最悪の条件下でよく健闘したことがわかり安堵した。

代表選敗北の根本原因は、これまで述べたとおり小沢氏の「政治と金」に関する大衆的洗脳が、民主党内に残っていたことである。それでも「党員・サポーター」で約一三万票対約九万票（六対四）、「地方議員」でも六対四の敗北である。特種な選挙の仕組みで、見かけの上では大差のように思えるが、その内容は以上のとおりであり、厳しい条件下ではよく健闘したといえた。問題は国会議員で、二〇〇人が小沢一郎氏に投票している。この票には大きな価値があり、以後の小沢氏の政治活動の原動力ともなると思われた。

菅政権が、日本という国家の機能を崩壊させている原因はいろいろある。ひと言でいえば、民主党として真の挙党体制をとっていないことにあった。小沢一郎氏という政権交代の最大功労者を理解できず、反小沢グループの謀略に乗った。

菅直人首相はなぜ、これほどまでに「小沢排除」の政治を続けたのか。私に言わせれば前年の政権交代のときから事実上「小沢排除」が始まっている。「政策の協議と決定にかかわらない与党幹事長」で議院内閣制が運営できるはずはない。

二〇〇九年三月から自民党政権が仕掛けた「小沢の政治と金」は、政治捜査で政権交代を阻止し、小沢氏を政権から排除する政治謀略であった。鳩山氏はそれを理解していたが、菅氏は民主党内の反小沢グループに同調し、「小沢はずし」を工作していたと思える。前年八月の政権交代の前後、「旧さきがけ」関係者の小沢批判と小沢下ろしは異常であった。それは自民党政権と検察の方針を事実上継承するものであった。

鳩山民主党政権が発足した時期、細川元首相は私に「細川政権を潰したのは小沢さんではない。さきがけに問題があったのだ。日本新党からさきがけに移った人たちは、人間として性格が悪く、誠実さがない」と民主党政権の行方を危惧していた。

菅政権が発足して、民主党政治が政権交代の原点から離れ、自民党政治より悪質になった状況を心配した鳩山元首相は、小沢氏を参加させた挙党体制を再生させようと努力した。しかし、菅首相は拒否して九月の代表選となる。代表選での菅首相の言動から本性を知った国民の中には、その能力に疑問をもち、今日の状況を予期した人たちは少なくなかったと思う。

悲劇的ともいえる菅政権の政治劣化の責任は、筋論からいえば「代表選で菅代表に投票した人たち」にある。党員・サポーターはマスコミの俗論に影響されてのことであろう。国会議員の中には政治体験の浅い人たちもいたので強く責めるつもりはない。

一方、自民党時代から小沢氏と政治行動を共にしてきた「渡部恒三、藤井裕久、石井一」らの責任は論じておかなければならない。彼らはマスコミなどを通じて小沢氏を誹謗し、時代背景も読めずに「代表選に出馬すべきでない」と論じた。彼らは何のために、何年政治家をやっていたのか。渡部・石井の二人に関しては自民党時代からの行状はいやというほど知っているので何も期待はしない。しかし、藤井氏は、私が衆議院事務局時代からの知り合いで、政治家としては同志であった。積年の課題であった政権交代をなし得た時点以降の小沢排除、その結果として日本政治を劣化させた氏の責任は重大である。

## 小沢氏に議員辞職を迫る菅首相

平成二二年（二〇一〇）一二月二〇日、菅首相と小沢氏が話し合った。会談は一時間半の長きにわたった。

菅氏は小沢氏に「みずから政治倫理審査会に出て疑惑を説明しろ」と、規程第二条の二にもとづく対応を強要した。しかしこれは、小沢氏本人がどう考えるかが前提になる。個人の倫理観にもとづく人権として設けられたのが倫理規定だからだ。したがって、国会とか党といった組織が強要すべきものではない。ましてや、政治倫理制度は国会対策や政治抗争などに利用しないためにつくられたものなのである。岡田幹事長の「国会対策のため、小沢さんにみずから政治倫理審査会に出てもらう」という発言には問題があるのであり、それを行政の長である菅氏が感情的に恐喝的強要を行うという大きな問題だった。小沢氏の人権を侵害していると同時に、国会に対する重大な干渉だった。

小沢氏は、広中惇一郎弁護団長の記者会見の要旨を説明し、「司法手続きに入った段階で出席することは避けたい」と断る。菅氏は「小沢さんは拒否した」とマスコミにコメントして、「小沢悪人」を強く印象づけようとした。

応じない小沢氏に対し、執行部は役員会で野党と同じ要求「国会招致」を口にする始末だった。もしこれを強行すれば国会の自殺行為となる。小沢氏が応ずるわけもなかった。

平成二三年（二〇一一）が明けて菅首相は年頭の記者会見で、わざわざ「不条理を正す政治」を目指すと宣言した。小沢氏の「政治と金」のことだ。菅首相は「不条理」の意味を知らないようだ。簡単に言えば「道理に反すること。不合理なこと」をいうわけだが、それは「政治＝権力」で正せることではない。あえていえば、政治＝権力そのものが不条理な存在なのだ。そう認識することによって、政治の浄化は、はじめて可能になる。

「不条理」なことをやってきたのは小沢氏ではなく、自民党政権と、それを継承した菅政権であることは、この頃ネット社会では常識となっていた。

さらに菅首相は、この年頭会見で、小沢一郎という政治家に議員辞職を迫った。国民有権者から選ばれた国会議員に辞職を迫ることは、国民主権という憲法の基本原理に反する。国会決議ですら、憲法に違反するといわれている。しかも、起訴されていない段階での言動であり、内閣総理大臣としての資質どころか、普通の人間として信用できない病的な言動であった。

ところが一条の光が差し込んできた。それは、月刊『文藝春秋』（二〇一一年二月号）に寄せた西岡武夫参議院議長の手記である。菅首相について「国家観、政治哲学を欠いたままでは、国を担う資格なし」と断じ、「そもそも国家に対する『哲学』すらないのではないか」と切り捨てていた。

一月一三日の党大会後、菅政権は政権の浮揚を賭けて内閣を改造した。精神科医香山リカ氏が「葬式躁病」（「AERA」・一月一七日号）と診断したとおり、政治上あってはならない『葬式躁病内閣』が成立する。

人間には「躁的防衛、俗に葬式躁病といわれる心のメカニズムがあって、たいていの人は葬式みたいな状況になると落ち込むが、神経が高ぶっていると逆にはしゃいだり、強気になったりする人がまれにいる。（中略）『仲間』である仙谷官房長官自体が批判の矢面に立たされている。このままだと最後が近いんじゃないかと動揺して気持ちが不安定になり、孤独にもなっている。だから防衛的に自分の弱みを見せないように『権力』とか突拍子もない強気の発言をする。そんな憶測ができます」（同誌）

これは一月四日の菅首相の年頭記者会見に対するコメントである。さすがの卓見である。その「葬式躁病」と診断された菅首相のやった内閣改造が、政治史上まれに見る噴飯ものであった。

主要な問題点を指摘しておく。

与謝野馨氏を入閣させた。彼は自民党の政策的首脳で、安倍・福田・麻生自公政権の中心人物であった。それを「増税のための財政再建」ということで入閣させた。まず、政権交代の歴史的意義を完全に菅首相は否定した。与謝野氏入閣は、ポストを変えられた海江田氏が「人生の不条理」と言ったが、英国の保守党の政策首脳が労働党で入閣したと同じこと。この世でやることではない。それこそ「葬式」の後の、悪霊の世界の話だ。

次は枝野幹事長代理を仙谷氏の後任に抜擢したことだ。幹事長で参議院選挙に大失敗した人物が、まっとうに官房長官が務まるわけがない。そもそも弁護士の感性は官房長官という職務に適しないのが、憲政の常識である。私の記憶では官房長官に就いた弁護士政治家は、かの有名な問責決議で交代した仙谷氏だけである。

三番目は藤井裕久元財務大臣の官房副長官就任。これも噴飯ものの最たるものだ。自社五五年体制の政策には詳しいが、政治判断や政治仕種についてはほとんど感性のない人物だ。官房副長官といえば、政治の根回し役である。菅首相は官僚との調整役として活躍してもらうとのことだが、結果は財務官僚らの振り付けで踊る「老猿」である。

この組閣は徹底した「増税・小沢排除」の改造劇であった。菅首相の政治手法は、だんだん独裁者ヒトラーに似てきたのである。

## 菅首相の違法献金と3・11巨大地震の発生

朝日新聞の三月一一日朝刊（都内版）は、「菅首相に違法献金の疑い、在日韓国人から」と、衝撃的な特ダネ報道を行った。これで来週にも退陣かと、NHKの参議院決算委員会の中継を見ていたら、午後二時四六分頃、巨大地震が発生した。私の書斎は二階にあり、本棚から一斉に本が飛び出し、部屋中が書物や資料であふれてしまった。

時間が経つにつれ、観測史上最大の巨大地震で東北地方は想像を絶する被害となった。すべてのテレビ局は巨大地震報道で埋め尽くされている。画面が伝えるその惨状を見るにつけ、この後処理こそ真っ当な政治の出番であると強く思ったものである。

ところが三月一七日午後二時頃、私の手元に一通のファックスが届いた。

「民主党本部から節電や募金呼び掛け用ののぼりやチラシ、ポスター、リストバンドを送ってくるとの連絡あり、本部は狂っているとしか思えない。そんなことをするおカネと労力があるなら、もっとすべきことがあるはずだ。高知県連からは強い抗議の申し入れをした」

これは、民主党高知県連・大石宗幹事長のツイッターからの発信である。

何ということか。菅首相や岡田幹事長ら政治指導者の国家危機に対する基本認識を疑った。

そういえば、こんな情報も入ってきた。菅首相は一六日夕刻、官邸を訪ねた内閣府特別顧問の笹森清元連合会長に「ボクはものすごく原子力に強いんだ」と、東工大応用物理学卒の経歴を誇るように言ったというものだ。私はこれを聞いて、よくも言えたものだと驚き、平成一九年七月の参議院通常選挙のことを思い出した。当時、私は民主党高知県連代表を務めていた。東電のプルトニウム汚染物を高知県東洋町に埋める話があり、反対運動をやっていた。民主党高知県連は、エネルギー対策の中長期構想として、「プルトニウムという核兵器になり、有害物質を発生させる現在のウラニウム原発政策を順次変更すべきだ。そのため、プルトニウムを焼却でき、かつより安全性が高い〝トリウム溶融塩原子炉〟の研究開発を復活すべきである」ということをまとめあげた。

私は当時の小沢代表の了解をもらい、当時代表代行の菅首相に話したところ、実に素っ気なく、驚いたのは「トリウム溶融塩炉による原子力発電なんか知らない」という言葉であった。この人は政治家として、ウラニウムによる原子力発電の危険性について認識していない。これ以上、民主党内でこの説明をしても無駄だと思い、その後に予定していた鳩山幹事長への説明をやめた。そんないきさつがあったのだ。何が、「原子力に強い」ものか。

## 「なぜ、菅首相を辞めさせられないのか」という怒り

「裏切られ騙されたとはいえ、菅政権成立の切っ掛けは私がつくった。今のままでは大災害や戦争が起こったら国政を統治できない。これは私の責任だ」。震災前の二月七日の夕刻、小沢一郎元民主党代表が絞り出すように語った言葉だ。今思うと、東日本大震災を予感していたようだった。

五月一〇日、日野原重明先生が主催する「ホイットフィールド・万次郎友好記念会館協力会」の理事・評議員会に出席し、久しぶりに、皇室に関係する著名人と会った。私の顔を見るなり、「大震災という国難に政治が適切に機能していません。そんなときに首相を変えようという意見が大勢とならず、変えるべきでないとの意見が与野党の中で多いという事態を理解できません。メディアがそれを後押ししています。日本は不思議な国になりましたね」と話しかけられた。

「当分は菅政権のままでも、日本人のすべての力を結集して対応する政治体制をつくるべく、各方面に働きかけましたが、すべて失敗に終わりました。多くの良識ある人々から、『こうなったら天皇陛下からお声をかけてもらったら』という提案もあり悩みましたが、さすがに私もそれはできませんでした」と答えた。

「しかし、すぐれないご体調で七週も続けて、両陛下が心を込めて被災者や被災地を見舞われているお姿を、テレビで拝見して感動しています。また、被災者に対するお言葉やご丁重なお振る舞いの中に、日本の政治に対する陛下の思いを私は感じました。日本国と国民統合の象徴としての役割がこれでしょうか。それに比べ、政治の本質を忘れた政治家が多く、菅首相をはじめ与野党の政治指導者が日本全体のことを考えず、自己を捨てて復旧復興に取り組もうとしません」と言うと、その著名人は、「陛下の周りには、しっかりした人物が何人かいます。同じような思いをしている人たちもいます」と、私にそっとささやいてくれた。

## 菅内閣不信任決議案提出へ

それにしても、東日本大震災直後からの菅首相の対応はすべて失敗だった。特に福島第一原発の人災については、初動から「嘘とペテン」のオンパレードだ。「原発は安全だ」「炉心に障害はない」「放射能は心配ない」。全部意図的に国民、国会、国際社会を騙していたわけである。その結果が八〇日過ぎても収拾の見通しをつけることができず、被災を拡大させた。情報の隠蔽《いんぺい》と工作は「嘘」を前提としている。

当初、きわめて深刻な原発の状態をわかったうえで、レベル四としたこと。言い逃れができなくなってレベル七に変更したやり方などは、「嘘」を通り越して犯罪的なことだ。こんな政権で、一〇〇〇年に一度の大災害の復興ができるはずはない。世の中を真っ当に見る人間ならわかるはずだが、政治家の中には「急流を渡る途中に馬を乗り換えることはできない」といって、菅首相の延命を支持する輩がいる。朝日新聞の論説も同じだが、どうしてこうも政権に弱いのか。馬は乗り換えることができても、国民は国を乗り換えることはできないのだ。

ここでようやく自民党と公明党は「菅内閣不信任決議案」提出を決めた。谷垣自民党総裁によれば、「菅首相では東日本大震災の復興を進めるには無理だ」という理由だ。東日本大震災や津波による被災地対策の著しい遅れに加えて、福島第一原発災害の情報隠蔽で放射能被害が日本中に拡大し、菅政権が立ち往生する中で、野党としては当然のことだった。それに、尖閣列島の中国漁船船長釈放問題での責任逃れや、在日韓国人からの違法献金など、不信任決議案提出の理由にはこと欠かない。

しかし、ここで想定外のことが起きた。菅内閣不信任決議案が可決確実といわれた本会議の三時間前に、菅首相と鳩山氏が「確認事項」に合意した内容だ。政治家同士だから何を合意しようと干渉をするつもりはないが、政治の原点や議会民主政治の条理を否定するものがあれば、見逃すことはできない。

まず、茶番といわれた確認書の第一項の問題だ。「民主党を壊さない」という文言で、これは政治の根幹にかかわることだ。政治は何のためにあるのか。それは「国民の生命と財産を守るため」に存在するのだ。この基本をわかっていない。極論すれば、国民の生命を守ることを最優先にできない政権や政党は存在を許されない。政党とは国民の生命と幸福を守る道具である。

次に、第二項の問題だ。「自民党政権に逆戻りさせない」とは、議会政治の根本原理をまったく知らない政治家たちだとあきれるばかりだった。政権を交代させる権限をもつのは国民有権者である。民主党政権を続けたいならば、その努力を尽くすと表現すべきで、現職と前職の首相二人が政権交代を否定するかのような文意は、民主政治に無知な独裁主義者となる。さらに、東日本大震災の非常事態が続くなかで挙国体制で対応しなければならないとき、野党第一党の自民党の協力が必要である。その自民党への暴言となる合意をするとは、政治の現実を知らなさすぎた。

鳩山氏の最大のミスは、この確認書のペテンを見抜けず、信じたことである。政治家としてやってはいけない見本として、これからも語り継がれるだろう。

菅内閣は大震災対策のため解散は不可能で、総辞職に追い込まれる崖っぷちにあった。しかし、不信任案上程当日、鳩山氏は連合の会長の説得で、菅首相と辞任の時期が約束できたとして、不信任案に反対することに態度を急変させたのだ。これが後で菅首相と岡田幹事長側から約束してないとして、鳩山氏が騙されたことがわかり、鳩山氏の責任問題となった。この前夜、小沢氏との会食で懇談したのだが、二人で一致したのは鳩山氏の変身を予想したことだった。

## 内閣不信任決議案否決で首相辞任の大珍事

そもそも、憲法上最大事項の内閣不信任決議案を上程する衆議院本会議開会の三時間前、現・前職の首相が、密室で談合して民主党所属議員の表決権に影響を与え、可決が予定された議案を否決するという国会運営は化け物の世界の話である。菅首相は直前の代議士会で退陣を匂わせ、賛成の意志を固めていた議員は、猫騙しにあった形で大多数が反対投票し、否決となる。騙されたことがわかったのは、その夜の菅首相の記者会見だ。

菅首相は「一定のメドがついたら退任」を鳩山氏に約束した。ところが菅首相の記者会見での発言は聞きようによっては任期まで続けるともとれた。この茶番とペテンが政治家・菅直人氏にとって、最悪の選択であったと私は思う。菅内閣不信任決議案が否決された直後、「菅直人の勝利」との見方が流れた。夜の続投・延命宣言記者会見から翌日にかけての菅首相の笑顔は、災害時に不謹慎と指摘されるほど目立っていた。

政治的パラドックスという言葉がある。してやったりと策略に成功したと思った瞬間、闇の中に突き落とされることだ。菅首相は地位にこだわり居座るほど、地獄の苦しみとなる。政治の世界で策略は日常茶飯事ではあるが、正義のない策略は天命が許さないことを知らなかったようだ。あの菅内閣不信任決議案は、菅首相のペテンがあってもなくても、退陣しなければならないお天道様の仕掛けであったといえる。政治の深層にあるのは天命である。

菅首相と鳩山前首相の茶番とペテン劇で、政治不信が原発放射能のごとく、瞬く間に全国に拡散した。しかし、よく考えてみると古代から続く、わが国の政治文化の断層が東日本大震災によって露呈したといえる。多くの国民がこれを理解すると、これからの政治の健全化に役立つと思う。六月五日午後九時からNHKで放映された「原発危機・事故はなぜ深刻化したのか」を見た人は理解されたと思う。菅政権、ことに菅首相が、人間・政治家として真っ当でなかったことを証明するものであった。大事なことは、菅首相を個人として批判して済まされるものではないことだ。彼を、内閣総理大臣まで押し上げた日本の政治文化を検証しなければならない。

八月二六日、菅首相はようやく退陣を表明した。菅首相が退陣しても、菅政治を支えた政治文化はしつこく残ろうとするだろう。大新聞とテレビも、所詮は「虚の世界」の存在である。「真実を拠りどころ」にする政治の実現にはまだまだ妨害がある。菅首相とその周辺が仕掛けた「茶番とペテン」が、政治不信となるだけではあまりにも悲劇だ。せめて日本の政治文化の欠点を知る機会となってほしいと思ったものだ。

この稿を起こしている平成二五年（二〇一三）五月一一日夜、民主党を崩壊させた戦犯、菅氏と枝野氏、それと長妻昭元厚労大臣が出席した民主党の「大反省会」が行われたというニュースが流れてきた。

そこで、菅氏はこう述べた。「民主党がうまくいかなかったのは、政府と党の意思疎通がうまくいかなかったことによる。それは、小沢さんが政策調査会を廃止したからだ」。

私は聞いていて二の句がつげなかった。この期に及んでまだ政権崩壊の責任を小沢氏に押し付けようとしている。

あえて、言いたい。議員辞職すべきは、菅さんあなただろう。

菅政権の罪をいっそう深くしたのは、三・一一東日本大震災、とりわけ原発事故への対応であった。その問題点は縷々示してきたし、後半でも再度述べる。もちろん批判だけなら誰でもできる。小沢一郎氏と私は菅政権の誤りを乗り越えることができる原発・エネルギー政策をもっており、これについても別項で述べる。

とりあえず菅首相は降りた。いったいどれだけの国民が、この日喝采を叫んだことだろう。

## 野田首相が指揮した「民主党葬送行進曲」

言っては悪いが陣笠に毛の生えた程度の無名の代議士が、突如〝彗星《すいせい》〟のように頭角を現し、あれよあれよという間に最高権力者の地位に就いた。野田佳彦氏である。このシンデレラストーリーが、実は民主党没落の序曲になることを予感したのは、私だけだったろうか。朴訥《ぼくとつ》な雰囲気を漂わせ、菅氏と違って好感度もある野田氏は、どんな裏の勢力から祭り上げられ、どんな芝居を踊らされたのか。民主党政権の最後の一年余、この国難の時期に繰り広げられた奇妙な最終幕を観ていくことにしよう。

### 雨月物語に終始した民主党代表選挙

八月二七日、テレビ東京の「週刊ニュース新書」に出演した。ベテランジャーナリストの田原総一朗氏と田勢康弘氏に挟まれて、いささか緊張した。話題は当然「民主党代表選挙」だった。田原、田勢両氏とも、小沢一郎氏が支持を決めた海江田候補が優勢とする雰囲気の中で、私は「厳しい状況だ。選挙とはなんであれ、やってみないとわからない。政界は雨月物語だから……」と言っておいた。

最後にこれからの政治にとっていちばん大事なことをボードに書くよう指示されたが、田原氏は「政界再編」、私は「民主党と自民党の建設的解体」と書いた。二人で事前調整をしたわけではない。私は直感的に、この代表選が、民主党解体の引き金になると思ったからだった。

憲政の常道からいえばこの代表選は無効といえる。なぜ、菅首相が辞めるのか、政権運営と政策の行き詰まり、何より大震災・原発問題の破綻責任は重大だ。したがって代表選の前に菅内閣の総括を行うべきであり、これが代表選の前提条件である。もっとも、本来なら政権を第二党たる自民党に渡すというのが「憲政の常道」だが、これを迫らない自民党も「ネズミを捕らない猫」になったらしい。理屈はさておき、この代表選挙がどんな実態であったか総括してみる。

## 財務官僚が野田首相実現に政治干渉

代表選の三日前、某出版社の編集者から電話があり「財務省の役人が、野田候補の支援で動いている話がある。現職官僚の政治干渉を許してよいのか」とのこと。私は「そんなことは明治以来絶対にない」と反論しておいた。ところが、代表選当日の夕刊紙に驚くべき記事が出た。

ジリ貧だった野田候補が投票直前に盛り返した。何かあったのかと思ったら、やっぱり、ウラで財務官僚が動いていた。小沢グループの若手議員が言うには、「たしか菅首相が退陣表明した当日でしたが、旧知の財務官僚がふらりと事務所に来て、『先生がご執心のあの案件、予算がつけられる方向でやりたい』なんていうんです。『野田さんなら、この予算の必要性がわかる』とか、『そのためにはマニフェストの見直しはやむを得ないところも……』とか、暗に野田支持を呼びかけてきた。他の議員のところにも、同じような誘いがあったと聞いています」。何としても増税派の野田候補に勝ってもらいたい財務省が、予算を人質に他陣営の切り崩しにかかっていたのだ。税金で釣るとは、絶句である。

という内容だが、ここまで具体的な話なら真実であろう。財務官僚も、いよいよ憲法政治からはみ出し、化け物になったのだ。ここまで財務官僚をのぼせ上がらせた民主党政治家の責任は重大だ。この問題は、国会はもちろんのこと、社会的にも徹底的に究明されなければならない。

財務省がつくった野田首相となれば、マニフェスト違反どころでない。議会民主政治を崩壊させるものだ。国民に多大な犠牲を強いて、未曽有の国難をつくりだした戦前の陸軍と同じといえた。

## 財務省傀儡政権「野田内閣」発足

決選投票が終わり、野田氏勝利のテレビ映像があふれ出した。おやっ、と思ったのは菅首相の喜びにあふれた顔だった。まるで自分が当選したように嬉しそうであった。あの表情には何かある。もしかして「官房機密費」を使ったのでは？　というのが議会事務局歴三三年、参議院議員歴一二年の直感だった。

同日夜、鹿野陣営の関係者から電話があった。冷やかしに「菅首相の嬉しそうな顔を見ていると、機密費を使った感じだが？」と聞いてみた。すると、相手は笑いながら「官邸関係議員が、二〇万円入った封筒を配ったという話ですよ。それにしても民主党国会議員はずいぶん安く見られたものですね」と、いかにも現場を見たような話が返ってきた。仮に噂話でも、ここまで具体的なら検証しなくてはならない。退陣表明後の機密費の使い方については、麻生政権のときも問題となった。

首相となった野田氏は、未曽有の東日本大震災と、福島第一原発災害の復興対策に増税をもって対応する財務省の傀儡《かいらい》候補であり、野田大連立構想は民主党の自民党化だ。菅政治の継承と発展を声高に叫ぶ候補に投票した二一五人は、日本を滅ぼす新ファシズムの妖怪かもしれない。

この時点で私は、民主党代表選挙を次のように総括しておいた。

まず第一は、国民的人気トップの前原誠司氏が代表選に敗北したが、原因は京都の闇の世界にかかわる疑惑にあった。彼には選挙区の京都にまだまだ深刻な問題が残っているようだ。これからの展開は神のみぞ知るといえる。

第二は、新しい民主党執行部の特徴は、労働組合的組織防衛のリアリズムといえる。学級崩壊の収拾役にふさわしい。これでは新しい日本の国づくりはできない。民主党は新たな漂流を始めたといえる。第一回選挙で、悩みながら海江田と書いた一七七人が、これからの日本をどうつくり変えるか、敗北したとはいえ、この一七七人の覚悟に期待したが、残念ながらその期待は果たされなかった。

六月二日の内閣不信任決議案騒ぎから、菅首相の退陣、そして代表選挙をひと言で言えば、雨月物語の世界であった。とてもこの世の動きとは思われない事態が続発した。「財務官僚の政治干渉」「一人当たり、二〇万円の官房機密費」「前原氏の京都問題によるドロップアウト」などなど、雨月物語の作者上田秋成もさぞかし驚いているだろう。

秋成は「人間の性は神にも近づけば、獣にも堕する」と喝破している。多くの民主党国会議員が、巨大メディアの妖怪性に気がつかず、その奴隷に成り果てたのが、この民主党代表選挙であった。

## TPPにのめりこむ野田政権

不気味なのは、野田政権に対して熱狂的支持もないかわりに、感情的な排除もないことだった。菅政権の非情さに反発した人たちが、低姿勢の野田首相に安堵と不安を感じながらも静かに見つめている。このことを熟知している巨大メディアが、さまざまな仕掛けを始めた。朝日新聞が連載した「細川元首相インタビュー」（二〇一一年九月一七日付）や、読売新聞の北岡伸一東大教授の論文「地球を読む　野田政権」（二〇一一年九月一八日付）がその代表的なものである。細川元首相の話は知名度の低い野田首相を政治的に人物保証したものだ。担保が「日本新党」という古証文といえよう。

北岡東大教授の論文はあきれたものだ。小泉流を継承したのが菅政治でそれを野田政治で発展させるようにと、私には読めた。「国民の生活が第一」のマニフェストは誤りであり、財政規律のための増税とTTP参加の実現を新自由主義でやれといっていた。そのためには小沢グループを人事で釣って取り込んでしまえと。

どうも北岡教授は政治学者にしては歴史観に欠落があるようだ。小沢問題は、「菅政権と検察と巨大メディア」が策謀した、二一世紀型の「新しいファシズム」という理解ができないようだ。「野田政権で小沢処分見直しは禁物」と読売論文で言明しているのを読むと、東大教授陣のレベルの劣化に驚くばかりだった。

一一月一一日、野田首相が記者会見で「TPP交渉参加に向けて関係国との協議に入る」と述べた。民主党内の慎重派は、「事前協議」と解釈して一応は矛を収めた。みんなの党を除く野党は野田首相の記者会見発言を「ごまかし」として厳しく批判した。野田首相は、ハワイで開かれたAPEC首脳会議でＴＰＰへの交渉参加の方針を伝え、事実上の参加交渉が始まった。

野田首相は一一日の記者会見で、「世界に誇る日本の医療制度、日本の伝統文化、うつくしい農村、そうしたものは断固として守り抜き、分厚い中間層によって支えられる安定した社会の再構築を実現する決意だ」と語る一方で、「活力ある社会を発展させていくためには、アジア太平洋地域の成長力を取り入れていかねばならない」とも強調した。

一見、耳あたりの良いもっともらしい意見である。これが二〇世紀時代の、まだ資本主義に健全さが残っていて、右肩上がりの経済成長が期待されている頃なら、私にもまったく異論はない。二〇世紀型の資本主義が崩壊して、米国投機資本主義の破綻、ギリシャ、イタリアをはじめ、ＥＵ諸国の経済状況はすでに「世界恐慌」に入っているといっても過言ではない。野田首相の見解が通用する事態ではないことは明らかである。

野田首相はじめ、ＴＰＰ交渉参加の推進派も、慎重派も、そして反対派も、二一世紀になって資本主義がどんな事態となり、米国なり日本なり、あるいは欧州でどんな矛盾をもち、途上国でどのような問題を抱えているのか、進行中の実態を理解していない。

率直に言って、二〇世紀に役割を果たしていた「分厚い中間層が存在した福祉社会」という資本主義社会は、北欧の一部を除いて存在していない。ほとんどの先進資本主義国で、二〇世紀に機能した資本主義という「国の形」は破綻したと考えるべきである。したがって、二一世紀という情報社会にふさわしい資本主義のあり方を創造するのが、今を生きる私たちの責務である。まったく歴史観というか、時代の大変化を自覚していないことが混迷の原因である。

これまでの二〇世紀型資本主義の時代では、排他的競争をしても敗者はそれを挽回する余裕があった。それが二一世紀も二十数年を経て、米国はマネーゲーム資本主義の悲劇を繰り返している。野田首相が「断固として守り抜く」と発言した事柄を崩壊させて、米国のマネーゲーム資本主義で日本を支配しようというのが、TPPの本質だ。

おそらく、日米間の交渉ごとを仕切っている中心人物は「ポスト・コロニアリズム（潜在的占領植民地感情）」に呪縛されている官僚・知識人であろう。彼らの振り付けで踊らされていたのが野田首相の実像だと思う。各種世論調査を見ても、民主党の支持率が急速に下がった。その原因は「国民の生活が第一」の理念を踏みにじった政治を民主党政権が続けているからだ。

APEC首脳会議後の野田首相の二股膏薬《ふたまたこうやく》発言を、TPPが一気に拡大するきっかけになったと評価する雰囲気もつくりだされた。とんでもないことだ。米国にとって、「飛んで火に入る夏の虫」となった日本に対して、絶対に日本が了承できない要求が突き付けられた。対日要求文書の中に「KANPO（簡保）」と「KYOSAI（共済）」という文字が入っていると、この時点で早くも報じられていたのだ。

## 「消費税増税」のために飼われた野田ドジョウ

野田首相と菅前首相の違いは、菅氏が財務省に洗脳されたのに対して、野田氏は財務省の汚泥で育成された「ドジョウ」だ。どちらも「民意」を冒涜したことは同じだが、野田首相のほうが質が悪い。

野田首相は「平成二四年に消費税増税法案を国会で成立させた後、衆議院を解散して民意に問う」

という趣旨の国際公約をした。この発言は議会民主政治の本旨を冒涜するものだ。政権交代の総選挙で「消費税増税を四年間やらない」と公約したが、前年七月の参議院選挙で、菅首相はその公約を反故にして一〇％にすることを提示した。国民はこれを拒否し民主党は惨敗した。二回の国政選挙で、民意は明確に示されているのだ。野田首相がこの事実を何とも感じないなら〝政治的精神鑑定〟の必要がある。国民は早急な消費税増税を拒否しており、憲法原理からいっても、国会で決めてから総選挙で民意に問うというやり方は許されなかった。野田首相は、この発言だけをとらえても、政治家である前に、人間としての資質が問われる。「蚤《のみ》の心臓・鮫の脳味噌」というが「泥鰌の脳味噌」を追加しなくてはいけないようだ。

一二月二日、野田首相は記者会見で消費税増税について、「素案を野党に示し大綱をまとめる。大綱を踏まえて法案提出の準備に入る。増税の時期、税率などを含め、なるべく素案や大綱の段階で具体的に明示したいと思う。あくまで年内をめどに素案や大綱づくりに進んでいきたい」と述べ、「消費税増税の捨て石になる」とまで言い切った。

なぜ、こうまでして急ぐのか。消費税増税を急げば亡国の道になる。その理由の一部を述べておく。平成九年に消費税を五％に上げたときの歴史を学んでほしい。金融危機と重なり、国民生活を苦しめて自殺者を増しただけではない。期待した総税収を減らしたうえに、橋本政権は参議院選挙中に減税に言及し、自己破綻した。

東日本大震災や、福島原発事故の被災者の生活がもとに戻る目途もない。世界の金融危機が、日本のデフレをさらに深刻にさせている状況は平成九年の比ではない。日本経済をどん底に追い込むのは必至だ。消費税を払わない新聞社や、いったんは払ってもいろいろな制度で還付を受けられる大企業だけが影響を受けない仕組みを放置してよいのか。

赤字財政を放置できないという論はそのとおりだ。財政再建は大事なことと私も思う。しかし、よく考えてほしい。財政赤字を解消するための消費税増税なら、財政が恒常的に正常化することは絶対にない。財政赤字の解消は「その原因を改革することが必要」だ。テレビタレント出身の女性大臣がやっている事業仕分けなど、どんな言辞を弄しようとも、財務省作のシナリオを読んでいるにすぎない。政権交代の総選挙で公約した「総予算の組み替え」をどうしてやらないのか。予算編成権を手離したくない財務省の振り付けで踊っているのが野田政権だった。

世界規模の金融パニックが起きて国債の金利が上がったら日本も財政破綻だ。だから消費税増税で財源を確保しておく。バカも休み休み言え。財務省や日銀の責任回避のために消費税増税をするというのか。財源は「総予算の組み替え」と節約で捻出可能だ。それに民間の埋蔵金「休眠口座」も立法措置で活用できる。

結論として言いたいことは、二〇世紀の福祉社会を前提とした消費税増税はやめるべきだ。社会保障に経費が掛かるから増税という論は、財政赤字のための増税論と同じである。二一世紀の資本主義をどういう形にするか、その原点をなぜ論じないのか。そのうえで、公正・公平な総合的税制改革を断行すべきだ。米国マネーゲーム資本主義をモデルにする野田政権では、日本国民を亡国の道に誘うことになる。「国民の生活が第一」の、共生資本主義社会をつくることが急務だ。

## 野田政権が消費税増税に走った根源的背景

平成二四年（二〇一二）が明け、なにやら行く手に暗雲が漂っていた。二月五日、私が相談役を務めている「真言宗豊山派　紅龍山布施弁天東海寺」で節分の豆まきに行ってきた。布施弁天という名で、古くから関東の民衆に親しまれているお寺である。弘仁一四年（八二三）に嵯峨天皇が国家安寧の勅願所として、空海に建立を命じた名刹《めいさつ》である。その後、平将門がこの寺の妙見菩薩を信仰し、腐敗した平安貴族政治の改革を目指した場所でもある。住職はじめ、近隣の市長さんやお寺の総代さんたちと、一二〇〇年にわたる〝時の流れ〟を語り合った。

午後七時過ぎに自宅に帰り、妻と夕食をとりながらBSテレビをつけると、ハンフリー・ボガート主演の名画『カサブランカ』を放映していた。ナチスの独裁主義に抵抗するさまざまな人間の心の葛藤を見事に映画化した作品だ。はるか遠い昔の青春時代に感動して観たものだが、何十年を経ても新鮮に感じる不思議な魅力があった。一人ひとりの人間が、人間としての思想と愛にこだわった生き方を大事にしていた。それは、〝自由を阻害する形〟が見えていたからだと思う。現代は、人間の自由を阻む正体は見えにくい。そしてまた、正体を知ろうとする人間も少なくなった。『カサブランカ』の主題歌「時間のゆくまま」がピアノで流れるのをなつかしい思いで聴いていると、続けざまに三人の記者から携帯に掛かってきた。

用件は小沢元民主党代表の共同通信インタビューで「造反宣言」をしたとのこと。よく聞くと「革命的改革をしないで消費税増税をするのは、国民を愚弄するもので背信行為だ」などと発言したとのこと。（小沢さんは）すぐにでも離党するのではないか、との問い合わせだった。

「小沢さんがいつもいっていることだ。民主党の理念に造反しているのは野田首相や民主党執行部ではないか。ものごとの筋道を考えて報道しろよ！」と注意しておいた。ところが翌六日、報道された新聞やテレビでは「小沢氏造反」であふれていた。どう考えても、野田首相の二〇一五年に一〇％という消費税増税論は、政権交代した民主党を正当づけることにはならない。それどころか暴論といえた。

消費税増税のために副総理となった岡田克也氏はマニフェストで「任期の四年間、消費税増税はしない」と公約したことを「増税の法律を制定しないとは言っていない」との言葉遊びで、マニフェストには違反しないと国民を愚弄した。かの中曽根元首相でさえもこんな手法は使わなかった。野田・岡田という政治家はどこまで卑劣な人間なのか。わが国が危機的事態で、絶対的に消費税増税が必要と思うなら、マニフェストを堂々と変更して増税の理由を具体的に明確に説明すべきだ。野田首相は国民を納得させる説明をまったくしてはいない。

彼らが、なぜこうも狂気の政治をやっているのか。それは歴史という時の流れに対する感性を持ち合わせていないからだ。映画『カサブランカ』の時代には、人々は難事があっても「時間が解決してくれる」という思想があった。ファシズムが荒れ狂っても、デモクラシーが勝利するという楽観主義があった。ところが二一世紀も一〇年を経た現在、この楽観論が通用しなくなっている。「時間のゆくまま」を放置していたなら、独裁主義やファシズムに支配される国家社会となる。

野田首相は就任早々の国際会議で唐突に「財政再建のための増税」を言い出した。マネーゲーム屋の仕掛けがあったとしか考えられない。かくして「消費税増税ファシズム」に日本国民は攻撃されているのである。こうなれば彼らの悪業を追及しその企みを阻止せねばならない。

## 「嘘は泥棒の始まり」野田・谷垣会談

二月二九日、愛媛県松山市で愛媛新聞社・政経懇話会での講演を終え帰宅すると、「野田首相と谷垣自民党総裁が極秘会談」というニュースが飛び込んできた。

公式でも、非公式でも要職の政治家が会談をもつことはよくあること。それが「極秘」ということになれば、政局や政策に重大な影響が出る場合もある。肝心なことは、それが露見したとき政治家としてどう振る舞うか、ということだ。二人とも異常な態度で「会っていない」と否定したが、多くのマスコミが裏をとり、会ったことは証明されていて、二人が「嘘」をついていることは明白だった。ところで、議会政治で「嘘」をつくことについて、どんな問題があるのか、議会政治の本質にかかわることなので説明しておこう。

議会政治はキリスト教文化から生まれたものだ。議会は教会から社会的教会として分離されたのが歴史である。したがって西欧では議会で嘘をついたことがわかれば、政治家として失脚する。理由は神を冒涜することになるからだ。言論と多数決による議会政治は、嘘を絶対に許さないことが前提となっている。

日本には「嘘も方便」という文化があり、国会で平気で嘘をつく政治家が多い。否、上手に国会で嘘をつく政治家が出世が早く、同時に失敗も多い。「言うだけ番長」とのニックネームをつけられた政治家もいるが、これも嘘つき政治家の別名といえる。「極秘会談」がバレて、記者会見や記者団に「断じて会っていない」と強弁した野田首相と谷垣自民党総裁は、国民に嘘をついたことになる。嘘を前提に政治を動かすなら重大問題である。

仄聞《そくぶん》するところによると、二人の極秘会談には財務省の幹部がかかわっていたとのこと。これが議会民主政治国家といえるのか。野田も野田、谷垣も谷垣だが、こんな不条理に手も足も出せない与野党の政治家が、永田町に蠢《うごめ》いているのがわが国の悲劇だ。

野田内閣は三月三一日、消費税増税法案を国会に提出した。本来であれば、政治史に遺すべき政権交代の総選挙でのマニフェストを破り捨てたわけだ。どんなに詭弁を弄しようとも、議会民主政治では絶対に許されない「有権者を騙した」ことになる。三〇日夕刻の野田首相の記者会見には、生きた人間の感性はなく、「財務省マインドコントロール」による改造人間の姿であった。

民主党内では、「国民の生活が第一」の政権交代の原点に戻れとの信条のもと、政務三役四人と執行部十数人が辞表を提出した。国民主権という憲法原理を考えれば当然のことだった。第二波・第三波が続くであろう。これらを「造反」といってはならない。ことの本質は、野田首相が国民に「造反」したのだ。問題は野田首相が反省し、議会民主政治政権交代の原点に戻れるかだったが、絶望的になった。

## 小沢を切るか、切らないか——消費税論議の内実

政局は、政権交代した民主党と自民党の対立ではなくなった。消費税増税をしないと公約した民主党と、増税すると公約した自民党が対立する政局ではない、ということだ。消費税増税に生命を懸け

るという野田民主党政権に対決する自民党は、「消費税増税に反対する小沢を切れば賛成してやる」と、野田首相に迫った。

この構図は、消費税増税をめぐる政策論議ではなく、「小沢」を（政界）から切るか、切らないかの論議である。なぜこうなったのか、その理由は消費税増税に対する世論の反対にある。生命を懸けて野田政権の消費税増税を支持する巨大メディアが工作する世論調査でも、六〇％が反対であった。ネットの調査だと、八〇％以上が反対だ。その中で小沢氏を政界から排除すれば、小沢グループが霧散して消費税増税が実現できるからだ。

消費税増税について自民と民主両党が裏交渉を本格化させた五月末、私が「いまの政局は、質《たち》の悪いずるい自民党と、民主党の名を騙った頭の悪い野田自民党政権の対立といえます」と言うと、小沢氏は「それじゃぁ、米ソ冷戦終結後の自民党政治時代と同じではないか」と。「そうです。当時と違うのは、日本政治の奥底にある既得権をもつ悪霊が何かを国民が嗅《か》ぎ付け、それが国民の福寿と国の発展を妨げてきたという事実をようやくわかりかけてきたと思います」と話すと、目を閉じて聞いていた。

政局の主軸は、衆議院の社会保障・税特別委員会の自民党増税派の動きになった。彼らのシナリオは、自民党から財務省が作成した修正案を六月中旬に提出して、消費税増税関連法案の採決を野党から要求する。その狙いは野田首相を助けることではなく、民主党を潰すことにある。野田首相はそれをわかったうえで採決していくだろう。そして、参議院での審議時間確保のために約一ヶ月の会期延長を強行して、消費税増税法案を成立させ、衆議院を解散する。このシナリオが政局の中心となると思われたが、彼らの思惑どおりにはならないだろうとも予想された。要するに政局は、消費税増税をめぐり自民党も民主党も、想像を超えた「グチャ、グチャ」になる。

私の説明に、小沢氏は、「日本の政局がグチャグチャになっても、世界の混乱は待ってくれない。日本に良質で信頼される安定した政治をつくらないと、世界がおかしくなる。そのために私心を棄てて臨む」と力強く語った。民主党を改革して原点に戻すのか、新しい結集を目指すのか、すべては状況次第だった。小沢氏の目線は、日本の安定を通じて世界人類の福寿を志向した。各国で起こっている財政悪化の根本原因は悪質なマネーゲーム資本主義にある。これを是正しないかぎり、いくら消費税増税しても問題の解決にはならない。

「これまでの政治弾圧、政治捜査、政治裁判など、さんざん苦難があったが、これからの道を開くため、天からの宿命だったんですなぁ」と私が言うと、小沢氏はニコッと笑ってうなずいた。

## 大飯原発の再稼働

国民の「生活」どころか「生命」が危なくなってきた。

二〇一二年六月八日、野田首相は記者会見で関西電力「大飯原発」の再稼働を、「国民の生活を守るため」として政治判断した。「財界を守るため」の本音を「国民の生活」と嘘をつくことが、野田首相の政治信条のようだ。安全対策の基準を先送りし、安全設備も不十分のままの、なし崩しの再稼働である。何より、福島原発事故の緊急対応も放置したままで、再び事故が起きない規制法も未成立のままだった。原発の安全性を国民が納得し、信用させることが再稼働の前提である。

福島原発事故の放射能被害は、帰郷できない人をどん底に落としたまま放置し、まともな被災対策なんか行われていない。除染という名目で、税金をつかって新しく危険な放射能廃棄物を増産しているのが実態だ。私たちのグループが研究している「放射能低減化の研究」に対して、政府原子力機関の幹部は「放射能が消えると困る！」と言い放った。

野田政権は二〇世紀にできた原発資本主義を改革する気はまったくなかった。二〇世紀資本主義のシンボル、安全性を確保しない原発の存在を前提として、放射能から「生命」を守る保障のない政治は人類の敵だ。野田首相は、日本人の「生命」を犠牲にしてまで、「消費税増税」と「原発再稼働」を断行しようとした。

## 消費税増税は「自殺促進政策」だ

「いじめ政治」を続ける民主・自民・公明三党がついに消費税増税法案を通してしまった。その裏には名優三国連太郎もおどろく野田首相の詐欺的演技があって、元弁護士谷垣自民党総裁がコロリと騙されてしまった。

谷垣総裁が突然に仕掛けた「消費税増税関連法案の成立を人質とした、国会中の衆議院解散の確約」の三文田舎芝居で、野田首相は「近いうちに」と誤魔化し、ユルフンの谷垣総裁の思惑は「真夏の夜の夢」となった。八月一〇日には「消費税増税関連八法案」が参議院本会議で可決成立した。民主・自民両党からの造反もあり、政局の火種は残った。

消費税増税が決まった途端に、各メディアは暮らしがどうなるか、消費税増税による国民生活への悪影響などの特集を始めた。毎日新聞は「負担増の社会——消費税一〇％へ」と題する連載で、「雇用悪化　貧困化する三〇代」、「震災で転職　収入半減」、「もう家売るしか……」の小見出しを掲げ、消費税増税後の低所得者の悲惨さを描き出した（八月一五日付朝刊）。

さまざまな欠陥のある消費税制度を改善もせず、大企業には影響させず、社会保障に充当する分を転用して、「バラマキ土建事業（国土強靭化事業＝一〇年間で二〇〇兆円規模、公明党は一〇〇兆円規模を主張）」に活用するとの自民・公明両党の要求を呑んで、最悪の消費税増税関連法の成立である。おそらく、このまま施行となると、懸命に働く中小零細企業や商店主、非正規労働者などの低所得者を自殺に追いやることになりかねない。

こんな「いじめ政治」は戦後にはなかった。人間の救済を信仰しているはずの公明党国会議員が、このような不正義の消費税増税に賛成するとは信じられないことだった。民・自・公三党のマニフェストには「自殺促進政策」はなかったはずだ。

しかし、国民はまだあきらめてはいけない。この法律の施行は、平成二六年四月一日からである。廃止を主張する国会議員が多数を得れば「廃止法案」を成立させることができるのだ。

## さらば民主党、小沢新党結成へ

こうした野田政権の裏切りと自壊を見て、ついに小沢民主党元代表は民主党に見切りをつける。「野田民主党は政権交代をした政党ではなくなった。民自公の三党合意は国民が政策を選ぶ権利を奪い、民主主義の根底を覆すものだ」として、衆参国会議員五〇名と離党届を提出、新党を結成する方針を表明。新党を立ち上げることになるのだが、そこからの動きについては、第五章で述べるので、今しばらくお待ちいただきたい。

# 第四章

# 誰が何のために小沢一郎を謀殺するのか

お待たせをした。小沢一郎氏がいかに過酷な目にあわされ、それがいかに理不尽なものであったかを例証してきたが、いよいよ誰がなんのためにそんなことをしたのか、そしてこれからもしようとしているのかを明らかにしようと思う。すなわち、謎に満ちみちた「小沢一郎謀殺事件」は誰が仕掛けたのか、その特定と動機の割り出しである。

真相の解明には地道な証拠の積み重ねも大切であるが、一方で大事件であればあるほど「大胆な仮説」と「直感」が決め手となる。そこで私の仮説と直感にもとづいて、結論の方向性と大枠をあらかじめ明らかにしておく。すでに賢明なる読者はお察しのことと思うが、本件は「単独犯」ではない。仕掛け人が何人かいて、ときに意図的に、ときにはまったくそれと意識せずに幇助《ほうじょ》する「協力者」がいる。私はそうにらんでいる。そして複数存在する仕掛け人はほぼ目星はついているが、彼ら同士がどういう関係にあるのか、個々ばらばらなのか、濃密な協力関係にあるのか、あるいはこの仕掛け人の中に全体を束ねる「黒幕」がいるのか、それは今のところ定かではない。本章では、これまで集めた情報を再度整理をし、さらに大胆な仮説と直感を駆使して、そこまで踏み込んでみたいと思う。

まずは「仕掛け人候補」だが、小沢問題に関心のある私以外の人々による推理・断定も加えると、次のようになるだろう。

①小沢一郎に反感を抱く政治家
②小沢一郎に反感を抱く官僚、その元締めとしての検察
③小沢一郎に反感を抱く財界、特に原発関連企業

④小沢一郎に反感を抱くマスメディア
⑤小沢一郎に反感を抱くジャパンハンドラー（アメリカの対日エージェント）

では、順をおって、仕掛人候補を洗い出し、最後に彼ら相互の関係をまとめて検証していこう。

# 仕掛け人候補その1　政治家

## 自民党とそれに続く民主党の守旧政治家

### 自民党から民主党、小沢謀殺の系譜

小沢一郎謀殺劇の仕掛け人の第一の候補は、小沢氏と同じ世界の住人、すなわち政治家の中にいる。彼らの一部から小沢氏がいかに嫌われ、反感を抱かれ、ついにはどんな政治的な排除と謀殺の憂き目にあったかは、第二章、第三章で詳しく述べた。ここでは、具体的な経緯とエピソードは端折らせてもらい、協力者・幇助者をふくめ小沢一郎謀殺劇にかかわった人物を特定し、その動機を洗い出す。

顧みると、首謀者とおぼしき政治家たちは、時代とともに入れ替わり、動機もまた変化している。

小沢氏が昭和四四年（一九六九）に初当選して政界入りし、平成元年（一九八九）自民党幹事長になるまで二七歳から四七歳までの約二〇年間は、先輩・後輩・同僚の政治家から嫌われたり反感をもたれたことはなかった。

反感・反発を抱かれるのは自民党幹事長に就任してからである。

その多くは「自社五五年体制」という政権交代なき旧システムに安住してきた人々である。第一章

で詳しく述べたように、それは小沢氏が古いしがらみの政治を断罪し、そこからの脱却を提唱したからにほかならない。小沢氏は「日本を改造・再生するためには旧システムを根本から改める」というゆるぎなき政治信念をもった真の改革者であるから、嫌われるのである。

しかし、小沢氏を政治の世界から排除、さらにはその謀殺を企図するまで忌み嫌うとなると、それなりの強い動機が必要である。

「謀殺」はともかくも、単なる「反感」から「排除」にまで動機が高まるのには、契機がある。それは、小沢氏が「有言実行」の人だからである。それによって、「いやなやつだ」と小沢氏に反感を抱いていた多くの政治家が、「この男にいてもらっては困る」、つまり「反感」から「排除」へと気分が大きく変わったのである。

では、この時期の小沢排除の主犯、仕掛け人は誰だろうか。平成元年（一九八九）八月のポスト宇野宗佑をめぐって総理争いに敗れた橋本龍太郎氏か。逆恨みではあったがたしかに橋本氏の怨念は強いものがあった。しかし、その後の小沢氏への自民党内部、それも同じ派閥である旧田中派内部の反感がもっとも強いことを考えると、私は「自民党最大派閥を継承した竹下登氏が仕掛け人」とにらんでいる。その経緯と理由は第二章で述べたが、今一度簡潔にいうと、竹下氏が首相退陣の置き土産とした「政治改革」を小沢氏が有言実行してしまったからだ。竹下氏にとって、それは国民に対するポーズであって、むしろ竹下氏はそれによって自社五五年体制がくずれることを内心では恐れていたのである。

その後、平成四年（一九九二）一〇月、自民党内にフォーラム21を立ち上げた小沢氏は、やがて党を割って新生党を経て新進党を結成、この過程でもさまざまな敵対と排除の動きに悩まされる。その先兵は、自民党の寝ワザと裏ワザの天才、野中広務氏であったり、後で小沢氏の理解者となる梶山静六氏であったり、さらにはＹＫＫ（山崎拓、加藤紘一、小泉純一郎）の中の加藤氏であったりしたが、その裏にはいつも司令塔として竹下登氏が控えていた。

なぜ自民党改革派を自認してきた加藤氏が改革者の小沢氏の動きをつぶそうとしたのか。それは竹下氏と同じく加藤氏の「政治改革」は所詮はポーズであって、旧体制維持、安住派だからである。それが証明されたのが平成一二年（二〇〇〇）一一月の「加藤の乱」という茶番であった。

さらに小沢氏は、新進党を解党して自由党を結成、自民党と連立を組んで「政権内部からの改革」を進めようとした。それは昔の同僚である旧体制維持派から警戒心をもたれ政界から「排除」される。それが平成一四年（二〇〇二）一二月の自自公連立解除騒動であるが、分裂行動の先兵として動いたのは身内の熊谷弘氏や二階俊博氏らだったが、その裏にも竹下登氏がいたのは間違いないと思われる。

それからしばらく、小沢氏は少数政党である自由党に踏みとどまって再起を期すが、平成一五年（二〇〇三）九月、民主党へ正式に合流。小沢氏を「悪魔」と呼んで忌み嫌い「排除」しようとした野中広務氏ら政敵たちは「もうこれで小沢は終わった」と一安心するが、平成一八年（二〇〇六）四月、小沢氏が偽メール事件の責任で辞めた前原代表の後継に就任するや党の再生に着手、平成一九年（二〇〇七）七月の参院選で大躍進を果たして、次期総選挙での政権交代が確実視されるようになるなか、「豪腕小沢」が旧体制にとっては「困った真の改革者」として再登場。旧体制側からも反撃が再開される。

自民党は、平成一八年九月に小泉首相が辞めた後、安倍晋三、福田康夫、麻生太郎と三年の間に三人の首相のたらい回しを行い、国民から批判を受けて、次期総選挙での政権交代は必至となる。そこへ「西松事件」が勃発、小沢氏の秘書が逮捕。巨大メディアは一斉に小沢代表を犯罪者扱いで報道。これを機にいったん終息しかけたかに見えた「小沢排除」が「小沢謀殺」へとレベルアップする。これを主導したのはいったい誰なのか？　私が「旧体制側の仕掛け人」とにらんだ竹下氏はすでに鬼籍に入っていていない。竹下氏に代わって「仕掛け人」を務めたのは、いうまでもないが、当時の与党自民党政権の面々がさまざまな形で関与したことは想像がつく。

しかし、彼らの思惑を裏切って政権交代が実現。しかも小沢一郎氏の陣頭指揮のおかげであったことから、さらにもう一撃、それもそれまでとはレベルも質も違う強烈な一撃が小沢氏を待ちうけていた。謀殺の仕掛け人候補が自民の政治家からなんと身内の民主党のそれへと入れ替わるのである。

そのシンボル的事件が、鳩山政権の「小沢氏を政権には入れない」の決断であった。その裏には「政権交代の功労者小沢一郎に大きな顔をさせたくない」という権力亡者、菅直人氏の思惑が強く働いていたと思われる。党の政調会長に菅副総理を兼務させる話なんか成り立つわけがない。

にもかかわらず、当の小沢氏は「今理屈をいえば政権はできない。特別国会の組閣では基本に戻るだろう」と容認。案の定、鳩山政権の組閣に変化はなく、この時点で「小沢排除」は事実上確定する。

かくして鳩山政権は普天間問題でダッチロールをしたあげく、菅政権へと引き継がれる。

菅政権は、「小沢一郎を叩けば人気が出る」と人格攻撃を「政権維持」のために利用するという、憲政では想定していない禁じ手を使うのである。その点では、旧体制の守護者・自民党の小沢叩きよりもはるかに悪質かつ外道といわざるを得ない。そして、その菅政権の継承者である野田政権もまた、不人気の「消費税導入」で政権運営に苦しむなか、これまた菅政権と同じく、「小沢を排除すれば支持率が上がる」という一部マスコミの虚言にのって小沢攻撃に荷担。政権交代を成し遂げた最大の功労者をこのように党内抗争で自己の政権維持に利用しようとする異常な権力者たちに、真っ当な政治ができるはずもない。その結果が平成二四年（二〇一二）末の総選挙における民主党の大惨敗を招来。民主党にとってはいわば自業自得だが、それに翻弄された国民有権者はたまったものではなかった。

かくして、平成二四年七月、ついに小沢一郎は民主党を見限り、「国民の生活が第一」を立ち上げるのだが、これについては第五章で述べるので、しばらくお待ちねがいたい。

## その他大勢の政治家の罪

以上が「小沢一郎謀殺事件」の二〇年余にわたる経緯である。おわかりのようにこれにかかわった政治家は、時期と政権によって、主役および共謀者、協力者、幇助者が入れ替わってきた。最後に「小沢一郎謀殺事件簿」をまとめるとすると、旧体制の時代までは竹下登氏が「意図せる首謀者」、政権交代直前には一瞬だが自民党政権の首謀者が「失敗した意図せる首謀者」、そして政権交代後は菅直人氏が同じく「意図せる首謀者」、野田佳彦氏が「意図せる共犯者」、鳩山由紀夫氏が「不作為な共謀者」といったところだろうか。

しかしこれで一件落着ではない。主役、共謀、協力者、幇助者以外で責任を追及したい政治家たちがいる。それは小沢氏への謀殺活動を見逃してきた、あるいは見て見ぬふりをしてきたその他大勢の国会議員たちである。

国会での議員たちの党派を超えた「小沢問題」の対応を整理すると、次のとおりになる。

①自民党の多数――過去の恨みをはらす感覚で、小沢排除に賛同する集団

②民主党内の反小沢グループによる司法関係者との談合により、法的措置による小沢排除

③検察も裁判所もメディアも正常だと現代の危機に気がつかずロボット人間のように生きている層

④異常さに気づいているが、問題の本質に迫る方法を知らず、うろうろしている層

驚くべきは、そして嘆かわしいのは、そうした国会議員たちの不見識である。「小沢問題」の本質を議会民主政治の危機と理解している政治家がごく少数しかいないことだ。

あえて言おう。小沢一郎謀殺に狂奔した確信犯には不純にせよまだ信念と自覚がある。しかしその他大勢の政治家たちにはそれがまったくないぶん、むしろ罪深いのではないか、と。

## 仕掛け人候補その2　官僚
### その元締めとしての司法・検察権力

### 脚本と出演は、劣化した検察と裁判所

続いて、小沢一郎謀殺劇の仕掛け人の第二の候補は、官僚である。

まず私の結論を先にいっておくが、官僚という存在は、何ごとであれみずから率先するようなビヘイビアはとらない。したがって、仕掛け人とするのは無理がある。そのうえで、注目しなければならないのは、官僚は限りなく仕掛け人をサポートする大きな役割を果たすことがあり得るということで

ある。

これについては、巻末の私との対談で自身が外務官僚であった達増拓也岩手県知事が貴重な指摘をしている。詳細は第六章に譲るが、要点はこうである。

自公政権の末期、政権交代を前に麻生首相が「小沢一郎は社会主義者である。こんな人物が支配する民主党に政権を委ねていいのか」という発言をした。時の政権トップからこんな強烈なメッセージが発せられたら、官僚としては「これはまずい」「なんとかトップの意を体して阻止しなくてはならない」と思い、小沢排除にあらゆる知恵をしぼり荷担しようとする。

それにもっともビビッドに反応したのが検察であったというのである。

この達増知事の官僚論は説得力がある。たしかに他の省庁の官僚たち、とりわけ元財務省事務次官が菅政権と野田政権を裏でコントロールしたといわれ、それはそれで一部真実であろうが、小沢謀殺を指嗾《しそう》し指南までしたとは考えにくい。むしろその可能性がもっとも高いのは達増知事も指摘するように官僚機構の中の「元締め」を自負する検察であろう。

そこでここでは、検察の動きに焦点を当てて、大胆な仮説と直感も駆使しながら、検証を行う。

## 「小沢を謀殺せよ」

小沢氏の「政治と金」が集中的に日本社会の批判の対象になったのは、二〇〇九年（平成二一）三月三日の「西松事件」による大久保隆規秘書逮捕からである。経済評論家の植草一秀氏はこれを、国家権力によるテロリズム「3・3テロ事件」と呼んでいる。このとき、それまで国家権力の内側で極秘に進められていた「小沢謀殺」の陰謀が初めて表に顔を出すのである。

この時期の政治状況を概観すると、麻生太郎自公政権はリーマン・ショック後の経済混乱で苦境に陥り、その二年前の平成一九年（二〇〇七）七月の参議院選挙では民主党が大勝、与野党の勢力が逆転していた。いわゆるねじれ国会であり、次の衆議院選挙が行われると、小沢代表率いる民主党に政権が交代するとほとんどの日本人が考えていた。追い込まれた自民党は、政権交代を何が何でも阻止すべく、あらゆる策を弄していたのである。

「仕掛人候補その1　政治家」で前述したとおり、結論から言うと、大久保秘書逮捕から始まる「小沢問題」は、「自民党政権による政治謀略」そのものであった。しかし、政治家たちだけでこれだけの謀殺事件をやれるものではない。私の推理では、これは検察との連携プレーであり、むしろ「主役」は官僚の大元締めである検察かもしれないとにらんでいる。

そう断言する理由は、私自身が当時の森英介法務大臣から、政治謀略を類推できる重大発言を直接に浴びせられていたからである。

大久保秘書逮捕二日前の三月一日、千葉市で開かれた堂本暁子知事の推す候補の知事選事務所開きで、森氏は小沢氏と私について次の趣旨の発言をした。「平成になって日本の政治をメチャクチャに崩したのは小沢一郎だ。小沢は悪人だが、もっと悪いのは、ここにいる平野だ」と私を冗談めかして酷評した。これを聞いて私は、何か企みがあるのかと気になった。そして二日後の大久保秘書逮捕である。逮捕事由は政治資金規正法の虚偽記載で、こんなものは最初から犯罪行為を問えるものではなかった。後日私は友人から、森法相との会食の席で「あれは私が指示した」との話が出たことを聞き、政治捜査であったことを確信し、機会のある度に追及した。

大久保逮捕が政治捜査であるとの世論を気にしたのか、森法相は退任後、自身のホームページで「鳩山さん始めいろんな人から国策操作という謗りを受けた。逮捕の三〇分前に緊急の電話が入って……聞きおくだけで、私見は何も差しはさまかった」等々と釈明している。なぜ、わざわざこういう釈明をホームページでするのか。これは守秘義務事項であり、都合の良いところだけ公表することに、政治捜査の実在を自白しているようなものだ。

これが正真正銘の政治捜査であることは、逮捕数日後の漆間巌官房副長官のオフレコ記者懇談で証明された。

小沢氏とまったく同じ方法で、西松建設から献金を受けていた数名の自民党国会議員（二階俊博氏ら）について、「自民党側には波及しない」と、本音をもらしたからである。事実、自民党国会議員たちには同じ問題で何のお咎《とが》めもなかった。ちなみに、二階俊博氏についてはその後、政策秘書が虚偽記載で略式起訴され、罰金一〇〇万円の刑が下された。しかし代議士本人については、漆間官房副長官の言うとおり、なんの法的処分も行われていない。党の役員を形式的に降りただけである。

大久保秘書逮捕の容疑は、西松建設のダミーの政治団体であることを知りながら、寄付として政治資金報告書に記載したという「虚偽記載」だった。これまでの「虚偽記載」とは、仮にあったとしても強制捜査をする前に、行政指導による対応をすることが慣行であった。それを、突如として異常な強制捜査を行ったのは、特捜部の狙いが公判維持より「小沢政権を絶対につくらせない」という検察のクーデターであったことは明らかである。

しかし、大久保事件はその後意外な展開を見せる。裁判で岡崎元西松建設総務部長が、検事調書の証言を覆し、この事件での「大久保無罪」は確定的となった。

しかし、マスメディアは徹底的に小沢代表を攻撃した。そのやり方は執拗かつ異常で、検察特捜がタレ流す情報を無批判に書きたて続けた。総選挙を目前にした民主党に不利な状況をつくりだし、政権交代を行わせないように世論を誘導したい意図が明白であった。〝悪党〟小沢が牛耳る民主党に政権を渡していいのかというわけだ。

政権交代に政治生命を懸けていた小沢代表は、ここで戦略的に代表を辞任し、政権交代への国民の声を盛り上げた。シナリオが狂った検察は次に、石井一副代表（当時）をターゲットとする。「障害者郵便制度不正利用事件」をでっち上げ、村木厚子厚労省社会援護局障害保健福祉部企画課長を逮捕したのである。石井一氏の捜査立証のためであったが、なんと同氏のアリバイが成立し、この企みはあっけなく頓挫した。ある信頼できる筋によると、小沢がダメだったから次に石井ということではなく、初めから東京地検は小沢氏を、大阪地検は石井氏を、それぞれターゲットとして、民主党に打撃を与えようとしたということであるが、さもありなんと思う。

村木氏については裁判で無罪となっただけではなく、担当検事が証拠を改竄《かいざん》したことが判明し、検察史上あってはならない不祥事が明らかになった。

小沢一郎代表を狙い、石井一副代表を狙った検察の意図はあまりにも露骨で悪辣《あくらつ》である。国家権力による政敵謀殺策謀は、有名な「帝人汚職事件」など、議会史上いくつかあるが、これについてはまた後述したい。言えることは、「検察の正義」の正体が「権力の都合」であることを国民は知ったのである。

平成二一年（二〇〇九年）八月三〇日の総選挙で、日本国民は民主党を圧勝させ、歴史的政権交代を実現させた。自民党政権の数々の妨害にもかかわらず、国民は新しい政治を求めたのだ。

一方、日米にわたる既得権をもつ旧体制の人々は、政権交代した民主党を渋々ながらも容認せざるを得なかった。それでもなお、小沢一郎氏が権力を握ることのない体制づくりが最重要テーマとなった。小沢氏が与党幹事長として本格的な体制改革を実現することに恐怖したからである。

地検特捜部も小沢攻撃を、撃ち方止めと、ここでストップするわけにはいかない。でっち上げが露呈し、西松事件に先が見えなくなった今、新たな〝事件〟をつくりだすしかない。

そこで検察が着手したのが、小沢氏の政治団体「陸山会」の土地購入問題であった。例によって政治資金規正法の収支報告違反を種に、別件捜査で「水谷建設からのヤミ献金」を立件しようと企んだのである。

## 「西松事件」から「陸山会事件」へ

検察は、贈賄事件で服役中の水谷建設元社長から「小沢氏に、一億円の金を渡した」とするあやふやな供述をとり、それが東京都世田谷区などの土地購入の原資の一部になったというシナリオを描いた。

二〇一〇年（平成二二）一月一五日、特捜部は陸山会の土地購入について、平成一六年の政治資金報告書に「虚偽記載」があるとして、元秘書の石川知裕衆議院議員、池田光智秘書、会計責任者であった大久保元秘書の三人を逮捕した。土地購入資金の原資に不正がないことを知ったうえでの、「小沢有罪」のための別件逮捕であった。

捜査は小沢事務所の「裏金」を狙ったもので、またもや検察は全国のゼネコン約五〇社を強制捜査したのである。

特捜部は二月四日、石川議員ら元秘書三人を虚偽記載で起訴した。訴因は「記載ミス」といわれるものだが、公認会計士の多くはこれを正当な記載であるとの意見を述べている。むろん、検察もマスメディアもこれを無視した。

一方で特捜部は、西松事件の立件がとうてい不可能になったことにより、同二月、小沢氏を嫌疑不十分として西松事件での不起訴を決めた。舞台は陸山会事件へと移ったのである。

西松事件から約一年半、検察が使った捜査費用は約三〇億円といわれる。巨額の税金が無駄に使われたことになる。にもかかわらず、西松建設からのヤミ献金は立件できず、虚偽記載にかかわる秘書との共謀の立証もできなかったのである。

こうして陸山会事件で何が何でも小沢氏を追い込もうとする検察。しかし、でっち上げはいつか破綻する。明くる二〇一一年五月二四日、陸山会事件の公判で二人の証人による重要な証言が行われた。裁判の行方を左右する決定的な証言だった。

どんな証言だったのか。

午前中の証人は、裏金を渡すため、赤坂のホテルまで川村尚前社長を送ったとされる元運転手で、「記憶も記録もない」とし、サインを強要された供述書の訂正を求めたが、検事は応じてくれなかった、と証言した。

午後は事件のキーマン、水谷建設の元会長水谷功氏が、検察が主張する裏金のシナリオについて、「裏金の管理は厳格で、裏金に心得があり、これまで教示してきたことと今回は違い、考えにくい」とし、また「自分は現場に立ち合っていないし、不明朗な点が多々ある。実際に裏金が渡ったかはわからない」と証言したのである。

裁判の行方に決定的な影響を与える重要証言である。小沢サイドに裏金は渡っていない。

しかし、この証言についての目立った報道はなく、多くの国民は知らされていない。小沢氏に有利な展開は、小沢有罪を煽ってきたメディアにとって具合が悪い。決して目立つような報道はしないのである。

これで検察側が多数の証人を公判に繰り出し、小沢一郎という政治家を政界から排除しようと、東日本大震災復旧の最中まで展開したあの手この手の謀略が消滅し、再び検察の欺瞞《ぎまん》性が明確になった。思えば平成二一年（二〇〇九）九月の西松事件での大久保秘書逮捕以降、検察が仕組みメディアが協力した「小沢の政治と金問題」は、これで事実上、幕を閉じたかに見えた。

## 検察審査会による強制起訴へ

検察はすべてのカードを使い切ったかに見えた。もし、検察に一片の法的良心があるなら、小沢氏に関する裁判はすべて、この時点で店じまいにしたはずだ。しかし、検察の小沢氏に関する執念はまるで蛇のようだった。

小沢氏が不起訴となったとき、特捜のある責任者は「まだ検察審査会がある」と語ったといわれる。「検察審査会」とは、検察が起訴できなかった事案を市民の目線で再度、審議しなおそうという制度であるが、法曹関係者の中には、この制度自体、憲法違反であると指摘するものもいる。平成一六年(二〇〇四)に改正された検察審査会制度は、違憲といわれる「強制起訴権」をもち、国会審議が十分行われておらず、きわめて杜撰なもので多くの問題がある。立法府たる国会にその責任がある。

ともあれ、平成二二年(二〇一〇年)一月二二日、小沢氏の不起訴が決まって一〇日後、正体不明の市民団体が小沢氏を検察審査会に「起訴すべし」と申し立てた。なお、この市民団体については謎が多い。

初めて政治家を審査することになった東京第五検察審査会は、同年四月二七日「起訴相当」を全会一致で議決し、小沢氏を「絶対的独裁者」と、公文書にそぐわない言葉を理由書に記載した。検察が二年余にわたってさんざん調べても証拠がなく、不起訴とした事件が「良心的市民の代表」一一人によって起訴されたのである。

ここで、見逃すことができないのは政治の動きである。検察審査会による「強制起訴」の決定に政治が介入した疑いが濃厚なのだ。

同年六月八日に成立した菅内閣は、鳩山首相と小沢幹事長の辞任と引きかえに挙党体制で参議院選挙に勝利することを願って成立したものであった。しかし、菅・仙谷政権は「小沢排除」を最大の政治目標としていた。

参議院選挙に惨敗した菅・仙谷政権は、この時期に始まった東京第五検察審査会の第二回目となった小沢氏の審査に、政権延命のためにも強い関心をもったことは想像に難くない。

検察審査会による強制起訴の議決日が代表選と同日で、発表が二〇日後であった不自然さ、また議決内容の違法性など、審査会の活動全体について、菅・仙谷政権のかかわりがあったという情報がある。

その疑惑が究明されなければ、わが国は法治国家とはいえない。

そして、小沢起訴を議決した第五検察審査会についてはさまざまな疑惑が指摘されている。審査員の選び方、補佐弁護士の選任に正当性があるのか、審査会が適法に開かれたかどうか、適法に議決が行われたかどうか。

これらの一連の出来事（次ページの表参照）のなか、第五検察審査会で何が起こっていたのか。最も重大な疑惑は、法曹界の大物・元最高裁判事で、元法務省官房長の香川保一民事法情報センター理事長の「刑事事件」となるべき金銭スキャンダルである。これを、なぜ、誰がモミ消したのか。そして、最高裁と法務省に絶大な「貸し」をつくったのは誰か。その「貸し」をどう悪用したのか。この究明は国会でもまったくなされていない。

時系列で推論すると、第五検察審査会が小沢氏を再度起訴相当とするかどうかの議論を始める時期に、鳩山内閣から菅内閣に移っている。となると、これに影響を与えたのは菅内閣の有力閣僚で、法曹界に顔の利く人物たちが浮かび上がる。さらに千葉法務大臣と後任の法務大臣が、香川保一民事法情報センター理事長問題にどうかかわったのかも、重大な問題である。

この問題は民主党政権の「事業仕分け」という看板政策で発覚したものだ。握りつぶしたり、尻切

| | | |
|---|---|---|
| ① | 2010年（平成22）2月4日 | 東京地検特捜部―小沢氏不起訴決定。 |
| ② | 〃 2月13日 | 市民団体が小沢氏を第五検察審査会に申立。 |
| ③ | 〃 4月13日 | 読売新聞に、法務省所管の財団法人「民事法情報センター」理事長。香川保一氏（元最高裁判事、元法務省官房長）の金銭スキャンダル記事が載る。 |
| ④ | 〃 4月16日 | 衆議院法務委員会で民主党の竹田光明委員が、民事法情報センター・香川保一氏理事長問題を採りあげ千葉法務大臣を厳しく追及。 |
| ⑤ | 〃 4月27日 | 東京第五検察審査会、小沢氏を起訴相当と議決。 |
| ⑥ | 〃 5月8日 | 突如として「民事法情報センター」解散。 |
| ⑦ | 〃 5月21日 | 東京地検特捜部再び小沢氏を不起訴。 |
| ⑧ | 〃 6月2日 | 鳩山首相・小沢幹事長辞任。 |
| ⑨ | 〃 6月4日 | 民主党代表選。菅氏が樽床氏を破り新代表。 |
| ⑩ | 〃 6月8日 | 菅内閣成立。記者会見にて小沢排除宣言。 |
| ⑪ | 〃 9月14日 | 民主党代表選で菅氏再選、同日に東京第五検察審査会は、小沢氏を起訴相当と再議決。 |
| ⑫ | 〃 1月4日 | 東京第五検察審査会は、小沢氏を起訴議決と公表。 |
| ⑬ | 2011年（平成23）〃 1月31日 | 指定弁護士は小沢氏を強制起訴。 |
| ⑭ | 〃 2月22日 | 民主党、強制起訴された小沢氏を、判決確定まで党員資格停止とする。 |
| ⑮ | 〃 10月6日 | 第一回の冒頭陳述で、小沢氏裁判の中止を主張（後の公判で、検察審査会起訴議決の前提となった検察調書などが捏造されたことが明らかになる）。 |
| ⑯ | 2012年（平成24）3月9日 | 指定弁護士、禁錮三年を求刑。 |
| ⑰ | 〃 3月19日 | 最終弁論。小沢氏は「捜査は、政権交代を阻止・挫折させるためであった」と発言。 |

れトンボにはできない事案のはずだ。経緯を見ると、握りつぶしたか、モミ消したことは確実といえる。政権政党としての責任があるはずだ。

第五検察審査会が「強制起訴」に向けて再び審査を始めるのは、菅首相が「小沢排除」を宣言してからである。小沢氏を法的に、強制起訴で政界から排除しようとする企てが、菅政権で始まったと推論することができる。その原動力となったのは「香川理事長問題」で、菅政権が法務省や最高裁事務総局に絶大な「貸し」をつくったことである。

東京第五検察審査会が、東京地検特捜部の再度の不起訴決定を受けて、二度目の審査を始めた動機や手続き、審査員の選任問題、議決の無効論等、異常、違法、不条理なことが続出し、多くの国民が疑惑をもっている。三月一九日の小沢弁護団の最終弁論が指摘したとおりである。

## 菅政権の元閣僚たちが、論告・判決に干渉しているとの情報あり

小沢氏「有罪」の危惧が残る中で、看過できない情報が平成二四年（二〇一二）三月一六日、私に届いた。政府や国会議員等の情報管理に詳しい専門家からである。「菅政権の主要閣僚であった複数の政治家が、小沢裁判の指定弁護士側と論告の内容について意見を交換していた」というものである。詳細は明らかにできないが、方法としてメールやファックスが用いられたらしい。論告求刑案が「添付ファイル」により議員関係者と指定弁護士周辺者でやりとりされた可能性があるとのことだ。「最高裁関係者とも意見交換をやっている可能性が高いようだ」とのこと。

にわかにはとても信じられない情報なので、国内外のインテリジェンス活動に詳しい国会議員秘書

に意見を聴いたところ、「この情報が正しい可能性はある。定常的に日本の政府と国会議員らのメールを監視している海外のインテリジェンス・コミュニティなどは、自分の国の国益にかなう情報はそれなりのキーパースンには伝えることがある。ましてわが国の要人の電子メールは、複数の外国の諜報機関には筒抜けが実態だ」との話が返ってきた。もしこれらの情報が正しいと仮定すれば、この国の内部で恐ろしい事態が進行していると言わざるを得ない。

「小沢問題」は始めから「政治捜査」で、それが「政治裁判」として強行されてきたのである。その最終段階で、確認を要する問題ではあるが、菅政権の複数の閣僚経験者が、人間として許すことのできない不条理なことを企てていたようなのだ。

この「第五検察審査会」をめぐる奇っ怪な動きについては、いずれ真相は明らかになろうが、専門家が現在問題にしている要点を紹介しておく。

一、「申立て」を行った人物は、反社会的活動団体所属で、受理したことそのものに問題があったこと。

二、市民代表の審理補助員に、米澤俊雄弁護士という人物を選任した経緯や行動に問題があるといわれている。漏れ聞くところによると、関係当局は検察審査会のあり方を含め、小沢問題の処理に困惑しているとのことである。

## 司法の犯罪「登石推認判決」

第五検察審査会でこのような不条理きわまる審査が進行するなかで、陸山会事件は最悪の事態を迎えることになる。それはまさに、日本の司法が死んだ一瞬であったと言ってよい。

平成二三年（二〇一一）九月二六日、東京地裁の登石郁郎裁判長は、小沢一郎氏の資金管理団体「陸山会」をめぐる政治資金規正法違反事件で、虚偽記載罪に問われた元秘書三人に対して、それぞれ有罪の判決を言い渡したのである。

問題は有罪とした理由である。検察が背景事情として説明した「水谷建設からの裏金一億円」について、証拠にもとづく実証がまったくなく、状況証拠に推定に推定を重ねて、事実として認定したのである。

これは、憲法の原理を崩壊させる重大な問題であり、おそらくわが国裁判史上これほど司法権の機能を逸脱し、かつ破廉恥な判決は初めてであろう。さらに、劣化した検察の主張に上乗せするような論理で、政治に干渉した判決であり、司法ファッショの時代が全開となったことを証明するものとなった。これを許容するなら、議会民主政治をわが国で機能させることは末代まで不可能となる。以下にその論拠を述べる。

① 判決が、政治資金規正法違反で有罪とした根拠は「水谷建設からの裏金」を事実だと裁判官が認定したことである。検察はこの裏金を実証するため、巨額の経費と、検察の総力をあげて約二年もの年月をかけて徹底した捜査を行った結果、起訴できなかった問題である。

司法の生命は「法と証拠」によって判断することである。この判決はこれをまったく無視し、検察は疑いをもったが、起訴したくてもできなかった「裏金」を、東京地裁の裁判官が検察に代わって起訴したことと同じことになる。

虚偽記載罪に限定すれば違法性はない。裁判官があえて有罪にこだわるなら、当該事件の公訴を棄却して「裏金」の実証をすべく、検察に再捜査を命ずるのが健全な司法のあり方である。

② 裁判所が、検察でさえ起訴できなかった問題を、根拠なしに状況説明だけで有罪にすることになれば、「疑わしきは罰せず」という憲法原理は崩壊する。今回の判決は「疑わしきは罰すべし」という判例となる。

となると、人類がこれまで営々と築き上げた基本的人権はどうなるだろうか。憲法第三七条は「すべて刑事事件においては、被告人は、公平な裁判所の迅速な公開裁判を受ける権利を有する」と規定している。近代国家の普遍的原理を冒涜した裁判は公平とは言えない。また、憲法第三一条の「何人も、法律の定める手続によらなければ、その生命若しくは自由を奪われ、又はその他の刑罰を科せられない」と規定する、罪刑法定主義に違反する可能性がある。

さらに重大な問題は、この判決すなわち実証性のない状況証拠だけを根拠にして、政治案件について有罪としたことである。おそらくわが国の裁判史上初めてのことと思われる。これは司法権が議会民主政治を支配することとなる由々しき問題である。証拠や実証のないことを、裁判官が推定を重ねて個人的価値観をもって認定し、検察が起訴しなくても有罪とすることになれば、健全な議会民主政治は成り立たない。

今回の場合、石川衆議院議員がその対象となったが、石川議員を選んだ有権者の国民主権はどうなるのか。また、代表制民主主義による石川議員の国会議員としての諸権利を奪うことになる、きわめて重大な問題のある判決であった。

## 「司法ファシズム」という暗黒国家

陸山会問題について、私が承知している経過を振り返ってみると、日本は「司法ファシズム」という暗黒国家になったといえる。

西松事件で大久保秘書が逮捕されて一週間後、私は小沢代表に会い「政権交代を阻止するため、貴方は自公政権だけでなく、既得権を死守せんとする支配層から狙われている。これは日本の民主主義のあり方の問題だ。議会民主政治を守るために国民運動を起こしたい」と進言した。

そのとき小沢代表は「僕はそんなに偉くないよ。法に反することは何もやっていない。特捜がどんな出方をするか様子をみよう」ということだった。

これまで述べてきたとおり、検察は総力を挙げて小沢氏本人を起訴しようとしたが、犯罪事実を立証できるはずはなかった。次の策が、三人の元秘書の「法と証拠」を無視した起訴であった。

守旧派権力が「小沢排除」の最後の手段に使ったのが、検察審査会である。市民団体に名を隠した問題集団が、守旧派権力と共謀して、違法な手続きを重ねて小沢氏本人を強制起訴した。その公判が始まる直前に憲法原理を崩壊させる判決が行われたのである。

私は、同年七月末『小沢一郎完全無罪』（講談社α文庫）を刊行し、その文庫本まえがきで、「小沢問題に見る国家機能のメルトダウン」という文章を掲載した。その中で、わが国の政治的社会状況を「新しいファシズム」と定義しておいた。その「新しいファシズム」に、司法権＝裁判所は組み入れられていないと私は推測していたが、これが甘かった。東京地裁の陸山会事件判決は、裁判官が検察とは関係なく風評だけで有罪の判決ができる道を開くことを可能にした。「新しいファシズム」の正体は「司法ファシズム」ということが判明した。憲法原理を守るべき裁判所が暴力装置となって民主主義を崩壊させている。これは恐ろしいことである。

さらに深刻だったのは、当時の野党のこの問題に対する対処であった。

三人の元秘書への判決は、憲法原理を崩壊させる破廉恥なものだったにもかかわらず、野党は石川知裕議員に対して議員辞職勧告決議案を提出したのである。自民党の谷垣総裁（当時）、公明党の山口代表、社民党の福島党首は、それぞれ司法試験に合格した弁護士である。この人たちが、従来の政治家に対する判決と同じレベルで考えて、議員辞職勧告決議案を提出する不見識さに、生涯を国会とともに過ごした私は暗澹たる思いにとらわれた。

彼らは、憲法原理をまったく知らないようだった。否、憲法原理を知る人物は、司法試験に合格できないのが日本の法曹界の実態のようだ。判決を出した裁判官と同じレベルといえる。「司法ファシズム」に入り込み、それを推進しているのが国会であるとすれば、日本の国家統治はきわめて危険なところにあるといえる。

この判決を、議会民主政治の危機と感じない国会議員こそ辞職すべきである。明日はわが身と思うことができないなら、胸の議員バッジは返却すべきである。小沢氏の証人喚問論など、公判中の事案を調査できないという、国会の基本ルールを知らない愚か者としかいえない。

議会民主政治が「司法ファシズム」で叩きつぶされようとしていることに、敢然として立ち向かうのが国民の代表者たる者の責任ではないか。
私は、登石裁判官罷免訴追の手続きを起こすことを決めた。

## 小沢氏の「強制起訴」裁判を監視

話を検察審査会の強制起訴裁判に戻そう。

二月一七日、東京地方裁判所は検察審査会から強制起訴された小沢一郎氏の公判で、元秘書・石川知裕衆議院議員の捜査調書（政治資金の虚偽記載を小沢氏に報告し、了承を得たなどが記載）を、証拠として採用しないと決定した。大善文男裁判長の厳しい検察批判が目立ったが、永田町では「小沢無罪で政界どうなるか」との話が流れ始めた。が、私は、そう簡単な話ではないと考えていた。

ここに、亡国者たちの手先になった検察という国家権力がやったことを内部告発した情報がある。検察問題に詳しいジャーナリストの友人の話である。友人は「ごく最近、東京地検特捜部関係者から重大な情報を聞いた。この人物の氏名は明かせないが、きわめて重大な問題なので伝えたい」とのこと。

その特捜部関係者の情報の要点は次のとおりである。

① 前田恒彦元検事（証拠改竄事件で懲戒免職）が公判で明らかにした捜査メモについて、東京地検特捜部の小沢関係の捜査には「業務班」と「身柄班」があり、前田元検事は「身柄班」なので詳しく知る立場ではない。自分の担当した範囲で知り得ることを証言したと思う。

② 業務班は約五〇社のゼネコンについて、小沢氏に裏金を渡したかどうか、徹底的に捜査した。

一〇〇人を超えるゼネコン社員を絞り上げたようだ。水谷建設を除く全社が小沢氏への裏金を否定した。問題の、水谷建設の川村社長については、政治家の名前を使って会社の金を「女」に使っていたことを業界ではよく知られていたので、特捜部では水谷建設の小沢氏への裏金を真に受ける人はいなかった。

③ ゼネコン約五〇社の捜査メモは、捜査資料としてきちんとナンバーを付して整理されている。捜査資料には他の政治家への裏金提供がけっこう記載されていた。

④ この捜査資料を小沢氏の公判に提出することについて、検察側では最高検を巻き込んで大議論となっていた。現場で苦労した人は「検察を正常にして国民の信頼を得るべきだ」と主張し、赤レンガ組（東大卒等のエリートなど）の中には、絶対提出するべきではないと対立した。結局、資料は指定弁護人に渡してあるとして任せればよい、と検察側は判断しないことになった。検事総長は腹を決めていたようだが……。

⑤ 現在、検察内部では大きな議論が出ている。米国の大学に留学して在米大使館などに勤務し、米国式の秩序維持にこだわり、出世だけしか考えない人たち、現場で苦労して検察を健全にしたいという人たち、そして赤レンガ組でもそれを理解する人がいる。小沢氏をめぐる捜査が検察内部に反省と論争を呼んでいる。

これは、検察良心派の内部告発といえる。

## 小沢氏無罪判決

さて、平成二四年四月二六日、定刻の午前一〇時過ぎ、東京地裁は「小沢無罪」を判決した。食事以外では一緒にテレビを見る機会のない妻と二人して、珍しく画面に食い入り安堵した。いろんな人がいろんな立場でコメントした。

その中でこれでは駄目だ、こんな人物が内閣総理大臣をやっていては国が滅びると確信したのは、野田首相のコメントだ。「司法の判断を受けとめます」とは何ということか。人間の心をもっていない。このコメントは「有罪を想定していた」、もしくは「期待していた」ことをにじませる心理状態がよく出ている。判決理由は有罪にも使える内容だ。そう受けとめるという意味のコメントと私は理解した。

その理由は二週間ぐらい前に、「小沢は有罪だ。小沢グループの貴女（姫井由美子氏のこと）は来年の参議院選挙で公認するわけにはいかない」と、最高裁長官と昵懇《じっこん》な政治家弁護士から引導を渡された、気の毒な政治家がいたという話があったからだ。

見当違いのコメントを出した政治家は野田首相だけではない。自民党の谷垣総裁に石原幹事長、公明党の山口代表らは、口を揃えて小沢氏の政治的道義的責任を国会で明らかにすべきと発言した。そして証人喚問を要求する方針を表明した。何を考えているのか、頭の中がどうなっているのか、のぞいてみたい衝動に駆られた。

この日の夕刻、参議院議員会館で「真の民主主義を確立する議員と市民の会」が開かれた。集会は興奮の内に終わった。私が廊下で市民の人たちと懇談していると旧知の財界人が話しかけてきた。私は久しぶりの遭遇に驚いて「どうしてここに？」と問うと、「実は小沢さんのことが気になって、ずっと心が痛んでいたのです。無罪となって、やっと心の刺がとれました」とのこと。この人物こそ、平成二一年（二〇〇九）三月三日の大久保秘書逮捕について、麻生内閣の森英介法務大臣から「大久保秘書逮捕は私が指示した」と直接に聞いた人であった。

陸山会事件で、小沢氏の政治的道義的責任を問うなら、まずは私とこの財界人を国会に招致し、証言をさせることが喫緊の国会の責務ではないか。さらに、森元法務大臣をはじめ、当時の検事総長や特捜部の責任者など、すべての関係者の証人喚問を行い、真相の究明を行うべきである。政権交代という国民主権の行使を担保した憲法の基本権を、検察権力を悪用して犯罪を捏造《ねつぞう》し、阻止しようとしたことは許されることではない。

私や財界人の証言だけではなく、東京地検特捜部で捜査に当たった前田元検事も、小沢氏の裁判で検察の不条理な捜査を証言している。その背後に政治権力の指示があったことは容易に推定できる。

わが国の議会民主政治を崩壊させたのは麻生自公政権であり、そのための責任をとるのは自公両党である。それを解明し国民の目に晒《さら》すことが国会の権能である。さらに検察が二度も不起訴にした小沢氏を、強制起訴にもっていった菅民主党政権の「法曹マフィア」たちの疑惑も議会民主政治の問題として究明すべきことであった。

## 指定弁護士による憲法違反の控訴

これでついに一件落着。いよいよ小沢一郎氏と私たちは反撃に撃って出られると勇躍闘志をもやした。ところが、またしても信じられない暴挙が起こった。五月九日、小沢裁判の検察官役、指定弁護士が、東京地裁の「無罪」判決に対して東京高裁に控訴したのである。

これは憲法第三一条（法定の手続きの保障）に明確に違反する。法曹マフィアによる日本国の劣化は、最悪の事態となった。もはや「法治国家」とはいえない。

そもそも、検察審査会法による指定弁護士の起訴（公訴）権が、合憲か否かという根本問題があるうえに、「控訴権」については明文の規定はない。検察審査会法の解釈運用で行っているのだ。

検察審査会法第四一条の第三項には「指定弁護士（略）は、起訴議決に係る事件について、次条の規定により公訴を提起し、及びその公訴の維持をするため、検察官の職務を行う」とあり、これを「控訴」の法的根拠として、実務上運用されているのだ。

「陸山会小沢問題」は、検察が総力を挙げて捜査し、二回にわたって不起訴としたものを、政治や検察の関与が疑われるなかで、東京第五検察審査会が強制起訴したものだ。その第一審で、明確な「無罪」判決を受けたものを引き続き刑事被告人として、さまざまな自由を奪い刑罰を受けるかのごとき立場に置くことはきわめて重大な問題である。これを「公訴の維持をするため、検察官の職務を行う」という曖昧《あいまい》な規定で、「控訴権」とするのは明らかに違憲行為である。

憲法第三一条を見てみよう。「何人も、法律の定める手続によらなければ、その生命若しくは自由を奪われ、又はその他の刑罰を科せられない」とある。この憲法の規定から、指定弁護人の役割である「公訴の維持をするため、検察官の職務を行う」（検審法）の適切な解釈・運用は、「有罪」判決に対して、被告人が控訴した場合に限定するべきである。「無罪」に対する控訴は法律で明文化しないかぎり、憲法に違反することは法治国の原理だ。

## 「小沢裁判」控訴の背景に何があったのか

五月九日、「小沢無罪」に控訴を決めた指定弁護士が記者会見した。私はその内容に注目した。「控訴を決めるには政治的圧力を受けていない。政治的影響力を考慮しなかった」という趣旨の発言があった。これに対し、小沢弁護団の弘中惇一郎弁護士は「被告の立場や政治的影響を無視して、控訴したとしたら問題だ。社会的な影響を十分考慮するのは当たり前だ」と批判した。これも大事な指摘である。

指定弁護士がことさらに、このような発言をしたことは、政治的圧力というか、控訴への強い要請があったことを疑わせるものだ。純粋に法的根拠にもとづく控訴なら、わざわざ断る必要はまったくない。案の定、翌日には政治的要請によって控訴が決められたとする数々の情報が飛び出してきた。その中でも、「なるほど」と思われる情報を一つだけ紹介しておく。

ある専門家の情報によると、「財界筋が動いた」とのことだ。田中秀征氏ら有識者の見方も共通している。情報を整理すると次のようになる。

「フランスの大統領選挙のサルコジ氏敗北などで、緊縮財政派への批判が国際的に強くなった。関連して、国内では消費税増税への環境が悪化した。こんな時期に小沢さんが完全復活すると消費税増税は絶望的になり、原発の再稼働にもブレーキがかかる。そこで、一年ぐらいは座敷牢とまではいかなくても、足かせぐらいなものが必要」というのがことの始まりのようだった。

ところが控訴にも問題があった。指定弁護士を務めると彼らは著しく減収になる。この対策に時間がかかって、控訴の決定が期限の土壇場になったと。

以上の「物語」は、事実かどうかは明確ではない。多くの情報を整理して、三人の指定弁護人の記者会見での態度を深層心理学的に推論したものだ。

わが国の司法試験合格者の最大の特徴は、憲法にきわめてこだわるタイプと、憲法原理を著しく冒涜するタイプが極端に分かれていることだ。これは司法試験と司法教習に欠陥があるからだといえる。憲法の基本原理や精神を無視しなければ法曹界では出世できない構造になっている。本来であれば、法曹人は共通の憲法コンセンサスをもつべきだ。

「小沢裁判控訴問題」で、まず第一に行わなければならないことは、控訴した弁護士に対して憲法違反の訴訟を起こし、国民に法曹界に棲むエリートたちの憲法感覚を暴かなければならない。

権力による「小沢謀殺」の意思はまだ続いている。その意を受けた法匪《ほうひ》たちの蠢動《しゅんどう》もまだやまない。

## 小沢氏無罪確定

同年一一月一九日、指定弁護士は最高裁への上告を断念する旨を記者会見で発表した。足かけ三年余にわたる検察権力との闘いに、いや日本の司法権力そのものとの壮絶な闘いに小沢氏は勝利したのである。そして翌月一二月一六日の総選挙で民主党は歴史的な大敗を喫し、野田内閣は消滅。皮肉なことに小沢氏の復権を待っていたかのごとく、民主党政権は壊滅した。

検察ファッショとの闘いで小沢氏を支えたのは、真実を知る民衆の声と運動であったことは間違いない。翌二〇一三年三月七日、文京区豊島公会堂で「小沢一郎議員の無罪判決確定報告国民大集会」が開催された。そこで小沢氏は次のように挨拶した。

日本の民主主義を守るために、本当に熱い思いで支援し、激励してくださった皆様のおかげで、無罪を勝ち取ることができました。心からお礼を申し上げます。

私がこの会に出席させていただいたのは今日が初めてです。日本の将来を心配し、今日も会場一杯の皆様が来てくださいました。私自身の裁判は終わりましたが、三人の元秘書の裁判がまだ続いております。無罪を勝ち取るために、これからも皆様のお力添えをよろしくお願いいたします。

私が本当に心配しているのは、日本の民主主義そのものであります。まさにいつか来た道と同じ状況にさしかかっている。これは日本人自身が、本当に深刻に考えなければならないことです。国家権力が直接、恣意《しい》的に執行され、政治家であっても活動を制約されるという実態です。

今回の事件を私一人の問題で終わらせたくありません。いろいろな方々から無罪の判断が下ったのだから、今までの検察のやり方などに、私自身が抗議をし、裁判所へ訴える活動をすべきだとお話をいただくことが多々あります。しかし、メディアを含めて権力側がやることは、この事件を私個人の問題だと矮小化し、喧伝《けんでん》する可能性が非常に大きい。そういうことで誤魔化されてしまっては日本の将来はないと思います。

検察から睨まれたら、政治家も経済人も、誰でもみんな、彼らの力で謀殺されてしまいます。こんな日本をみんなで目指したわけではありません。日本に民主主義を定着させようというかぎりは、民主主義的手続きによって変えざるを得ないのです。それが唯一、国民に与えられた権利である「選挙」であります。私自身の、政治家としての信念は一度も揺らいだことはありません。これからも「こうあるべきだ」という道筋を追っていきたいと思っています。

民主党政権を終わらせてしまったことは慚愧《ざんき》に耐えません。本当に国民の皆様に申し訳なく思っております。ただ、このまま黙って見過ごすわけにはまいりません。今まさに滅亡への道を歩んでいる現状を黙って見ていることはできません。世界の中で一番不安定な要素をもっているのは、わが日本が位置するところの北東アジアです。ここが本当におかしなことになってしまったら、まさに地球全体のビッグバンになってしまうでしょう。

私も、自由民主党はこのままでは駄目だと離党して以来、二〇年が経過しました。ようやく政権交代を成し遂げた民主党政権が残念な結果になりました。しかし、総選挙の結果を見れば、日本人が安倍政権を心から支持したわけではありません。私たちは、本当に国民の暮らしと民主主義を確立するために、もう一度政権交代に挑戦したい。私も馬齢を重ねましたが、大目標を達成するまでもう一度頑張ります。

「小沢事件」の三年九ヶ月で、私たちは日本の司法総体の腐敗をまざまざと見せつけられた。時の権力と癒着する検察ファッショの恐怖の実態も白日のもとにさらされた。少なくとも日本の司法に民主主義はない。勝利したとはいえ、この三年間政治活動を封殺され、人格否定された小沢氏の損失をいったい誰が補てんし、その名誉を回復させられるのか。不可能である。失った時間は取り返せない。

しかし、この小沢氏の挨拶にあるように、私たちはあきらめず、倦《う》まずたゆまず、地道な運動を続けていくしかないのである。小沢氏の反検察ファッショの闘いは、民主主義を守る闘いとして、後世に長く語り継がれることであろう。

## 仕掛け人候補その3　財界

### 協役的主役は原発資本とマネー資本

小沢一郎謀殺劇仕掛け人の第三の候補は、財界、そのフロントとしての原発資本である。

政官財の癒着構造が戦後日本を壟断《ろうだん》してきた「守旧体制」であることは今やほとんどの人が認めるところである。したがって、旧体制の打破を一貫して有言実行してきた小沢氏は、間違いなく彼らの敵である。「政」と「官」についてはすでに論じたが、このトライアングルの一角をしめる「財」が小沢排除、さらには小沢謀殺の主役候補に挙げられてもおかしくはない。

もちろん財界のすべてが反小沢ではない。私はどうも原発資本とマネー資本主義がその急先鋒ではないかと感じている。なぜ小沢一郎氏が原発資本に嫌われるか、長年の側近だから知っているその根拠を明かそう。実は小沢一郎氏は、そもそも保守のど真ん中にありながら根っからの原発嫌い、原発懐疑主義なのである。

### 科学技術政務次官で知った原発は「便所のないマンション」

私をふくめて周辺にしか知られていないが、小沢一郎氏は昔から原発には批判的である。したがって、平成二四年（二〇一二）一一月二六日、小沢氏が民主党を見限って新党「国民の生活が一番」を立ち上げた記者会見で、「今まで原発に安易に依存してきたことは、私自身を含め反省しなければならない」と発言、その二日後に「卒原発」の「日本未来の党」に参加表明したことに、私には何の違和感もなかった。元自民党の政治家で、幹事長まで務めた人が「原発問題」で謙虚に反省の意を表したのは、小沢氏が初めてであるが、実は小沢氏は政治家になって以来、原発には厳しい意見をもち、だからこそ岩手県には一基たりとも誘致していない。昭和五〇年に科学技術政務次官となり、原発を勉強して厳しい意見をもつようになった。

平成五年（一九九三）七月、非自民細川連立政権を樹立するとき、八党派による合意事項をまとめたが、揉めたのは、「原発問題」であった。「確認すべき基本政策」の第三項で「原子力発電については、安全性を確保するとともに、新エネルギーの開発に努める」と、玉虫色の何ともできの悪い文章で合意した。当時、社会党は新設に反対し、公明も厳しく、民社は原発推進で、新生党は自民党から離党したばかりであった。

まとめ役の私は困って、社会党の担当、日野市朗政審会長と山花貞夫委員長に「連立政権をつくらなくてよいのか」とブラフをかけ、内容のない文章を黙認してもらった。ところが、「合意事項」を確認する八党派の幹事長・書記長会談で、赤松広隆社会党書記長が原発について反対意見を言い出した。まとめる立場の小沢新生党幹事長が、赤松書記長に賛成して紛糾したのである。

私がしゃしゃり出て「山花委員長も日野政審会長も了承しているはずだ」といったところ、赤松書記長は「私は聞いていない」といい出し、よけい混乱させた。その場は公明党の市川書記長が、何とか取りなしてくれて、原案が了承された。

会談が終わって、私は小沢氏から「合意事項の案文を僕にも見せなかったのはよくない。科学技術政務次官時代、原発の危険さを知った。原発の政策には気をつけてほしい」と注意をうけた。その後、新進党・自由党と政策づくりに参加したが、小沢氏は「原発は便所のないマンションだ」と厳しい意見であった。

平成一九年（二〇〇七）七月の参議院選挙の直前、高知県東洋町でプルトニウム処理施設を受け入れるかどうか、住民投票が行われ否決された。当時、民主党高知県連代表だった私は反対運動を行った。民主党代表の小沢氏に「ウラニウム原発の段階的廃止と、プルトニウム焼却の研究促進を参議院選挙の公約に」と進言。すると小沢氏は即座に「大事なことだ。至急、菅さんと鳩山さんを説得してくれ」と指示。しかし、菅代表代行に説明したところ聞く耳をもたなかった。

## 原発・放射能問題――国民の生命・健康が第一

さて、三・一一原発事故のことだが、小沢氏が直後に提言したのは「放射能被害はすべて国家の責任で対応すると声明すべきだ」であった。私は小沢氏と相談して、「非常事態対策院」を国会決議で設置して、超党派・挙国体制で、大震災・原発事故に、超法規的対応ができる構想を中曽根元首相の呼びかけで実現しようとした。しかし、菅首相が理解せず、幻となった。今や昔からの「反原発主義者」の顔をしているが、あきれてものもいえない。

ところで小沢氏には、板橋区ホタル生態環境館の館長で、ホタルで環境保全運動をやっている阿部宣男博士という知人がいた。震災直後、阿部博士がナノ純銀粒子を活用して放射能物質の低減に成功した。阿部博士から私に、「無害な技術であり、小沢氏が政治活動できるきっかけに活用してほしい」と申し入れがあった。小沢氏は「物理の原理が修正されるかもしれない技術だ。政治に利用してはいけない。あなたが相談役になって被災者の救済に役立つよう協力してやってほしい。森ゆうこ文科省副大臣にも話をしなさい」とのこと。日本原研や環境省はいまだに「メカニズムが不明」と無視し続けている。

この「ナノ純銀」による放射能低減について、「核変換の可能性があり、物理学の革命かもしれない」として、東北大元教授のI氏、大阪大名誉教授のH氏らが、国による本格的研究を提唱してくれている。福島県内被災自治体や東電関係者から、早急に活用するための公的実証実験をという声が出るようになった。小沢氏はこういう形で放射能浄化の活動を支援しているのである。

福島原発事故で存立に苦しむ東京電力の電気料金値上げは、社会問題、政治問題になっている。東京電力の無能さと経産省の無責任さに原因があるが、その根本は稼働・停止中の「原子力発電」をどうするかだ。原発推進論・脱原発論等々いろいろある。押さえるべきは、放射能発生を宿命とする原発は、大震災・大津波が多発する日本では、可能な限り早急に廃止すべきである。環境や健康に害の少ないエネルギーの開発により、経済の活性化を図らなければならない。

最大の問題は、あの未曽有の原発災害、しかも人災ともいわれる問題について、東電および民主党内閣・関係閣僚、さらに原子力村の御用学者と、それにつらなる財界守旧派が、反省も展望ももたずに事態を放置したことだ。狙いは従前の原発既得権を維持するためである。そのために、国民の生命や健康に係る重要な情報を隠蔽している可能性すらある。十分な検証もないまま関西電力の大飯原発再稼働を、政治判断で決定したのは、大事なことが狂っているとしか言えない。

原発事故・東電問題は、電力関係官僚が中心になって、民主党政権で小沢氏を排除した政治家どもが、「シロアリ」となって東電利権を漁っているらしい。大震災・原発事故発生時から始まった菅政権の情報隠匿は、国際社会から厳しく批判された。これらの問題も「小沢問題」と構造的に酷似している。原子力に関係してきた官僚・御用学者・財界が既得権を死守しようとすることに、巨大メディアが情報コントロールで荷担し、私利私欲の政治家どもが絡むという構造だ。この輩にとって、小沢一郎氏の政界での存在が邪魔になるわけだ。

## 原発資本主義からの脱却へ

平成二四年の総選挙で嘉田知事は小沢一郎氏と連携して日本未来の党を立ち上げるにあたり、「原発から卒業できる道を示さないといけない」と述べて多くの共感を呼んだが、まさにこれは小沢氏の年来の考えでもある。「原発から卒業できる道」とは、「原発資本主義から卒業できる道」といえる。わが国では、戦後の復興をさらに繁栄させる基盤が原発政治であった。それは原子力行政による原子力発電であり、「原子力村」による、「ウラニウム原発」からの過剰なエネルギー供給による、排他的競争資本主義であった。

戦後日本の繁栄を別の角度からいえば、「原発資本主義」といえる。きわめて歪んだわが国の繁栄は、

「金権日本人」をつくり、「傲慢な日本人」を生み出した。そして、原発の利権にかかわる官僚と学者、そして企業がエネルギー政策を支配し「国家資本主義」をつくりあげたのだ。さらにいえば、今日の日本の政治・経済・社会のすべてにわたる劣化・惨状の原因は原発資本主義にあり、この原発資本主義こそが「小沢一郎謀殺事件」の仕掛け人の一人である。だからこそ、小沢氏が嘉田知事の「日本未来の党」へ合流したのは当然といえば当然の流れだったのである。

原発資本主義から卒業することは、新しい「国民資本主義」を創造することである。「原発問題」は単なるエネルギー問題ではない。外交安全保障の基本問題であり、環境問題の基本であり、国民の生命と生活に直結する問題であり、硬直化した国家統治機構の問題でもある。「卒原発」のもつ意義は、政・官・業の既得権を死守しようとする原発資本主義を改革しようとするものである。政官業の既得権を死守しようとする今日の、行き詰まったわが国の諸問題のすべてにわたる改革を必要とすることになる。「卒原発」を総選挙に特化することは、政党として他の重要政策を放置する無責任な態度との批判は当たらない。

人類だけでなく、地球に存在するあらゆる生き物のためにも、一日も早く「原発文明」から卒業し、新しい「地球文明」を創造することは、神が私たち日本人に与えた責務である。

## 仕掛け人候補その4　背後霊としての巨大メディア

小沢一郎謀殺劇仕掛け人の第四の候補は、巨大メディアである。

小沢一郎排除を小沢一郎謀殺にまでレベルアップするのにもっとも尽力し、反小沢派からすると勲一等は、巨大メディアであることは、誰もが認めるところだろう。それは守旧勢力の手先となったメディアによる小沢謀殺の総力戦とでもいうべきものである。ここからは、そのあからさまな動きについて検証する。

小沢一郎氏がこれほどまでに政治的に謀殺されようとしたのは、マスコミ総がかりの小沢氏に対する人格破壊攻撃があったからである。巨大メディアによるすさまじい人権侵害があった。ここでは、第四の権力といわれるマスコミがいかに小沢叩きに荷担したかをあばくとともに、その裏にある守旧勢力による小沢謀殺プランの真相に迫ってみよう。

## 巨大メディアが小沢を嫌う理由

日本のメディアがかくも小沢氏を忌み嫌う明らかな理由がある。それは一言でいうと、「わが身の保身」という、とんでもなくエゴイスティックな理由である。

二〇世紀後半はテレビの発達もあって、巨大メディアが第四権力として国家社会に大きな影響をもつようになった。立法、行政、司法の国家権力さえ、メディア権力から悪い影響を受けるようになった。社会の情報化が進んだ平成時代に入って、さらにその傾向が強まっている。今メディアが抱える問題点、逆にいうと彼らの既得権益は、大きく次の三つである。

一、クロス・オーナーシップ（新聞とテレビの共同経営）

二、国民の共有財産である電波使用料がきわめて低廉で、既存局優位に偏っている
三、中央、地方官公庁の記者クラブ制度

これらの既得権益で日本の報道はきわめてゆがんだ状況にある。小沢氏が巨大メディアから嫌われ排除される理由は、彼がメディア改革を本気で実現しようとしているからだ。クロス・オーナーシップを禁じ、先進国なみに電波オークション制度を導入し、閉鎖的な記者クラブを廃止してオープンにする。これをやられたら、巨大メディアにとっては死活問題なのである。さらに、ネット社会が進むなかで、巨大メディアは経営に苦しんでいる。多くのメディアは広告収入を政府広報費や宗教団体などに依存しているのが実情だ。しかしメディア衰退の真の要因は、報道機関として、視聴者・読者の信頼を失っているからである。そんなときにこんなメディア改革をやられては、もう持ちこたえられない。

小沢氏は巨大メディアにとって、その既得権益に大きく切り込もうとしている天敵であり、彼らは小沢氏の存在を心の底から恐怖している。

私が体験したマスコミの小沢排除の実例を述べておこう。

一、新進党時代、熊谷弘氏の呼びかけで日本テレビの貴賓室を訪ね、氏家斉会長や渡辺恒雄読売新聞会長から高級なフランス料理をご馳走になった。その時に、この二人から「小沢一郎から離れろ」と説得された。小沢氏を孤立させ弱体化したいとの思惑であったろう。

二、平成二二年（二〇一〇）三月二一日、日本テレビは「わかりやすい政治特番」を放映した。小沢一郎氏はどんな人物で、何を考えているかを、約一時間、私を中心にして収録を終えた。追加取材まで受けたのだが、放映前日の夕刻、「ある事情で該当部分が放映できなくなった」と連絡があった。

以上私が経験した二つの出来事は、巨大マスコミの首脳が小沢氏を危険視し毛嫌いしていることと、番組の内容に容喙《ようかい》して小沢排除の世論づくりに精を出していることを示している。平成二一年（二〇〇九）三月の大久保逮捕以来繰り出されたメディアの小沢攻撃はまさに、常軌を逸した異常なものであった。

## マスメディアは「社会心理的暴力装置」である

平成に入って深刻なファシズムが始まっている。この「平成ファシズム」は、前述した「検察ファッショ」と「メディア・ファッショ」がシンクロしながら進行する異常な様相を見せている。残念ながら国民の多くは、このことに気づいていない。

「ファシズム」をひと言で定義するのは難しい。平凡社の世界大百科事典を要約すれば「資本主義の全般的危機の産物であり、崩壊しそうな資本主義を守るため、権力が市民の民主主義的諸権利を踏みにじり、議会の機能を麻痺させ暴力的支配を行う」となる。現代のファシズムを論じるとき、何がこの「暴力的支配」に当たるかが問題となる。

「自衛隊は暴力装置だ」と国会で場違いの発言をして問責決議案が可決され、居座りを続けた大臣がいた。参考になる話だ。現代社会の「暴力装置」は、自衛隊もさることながら、「巨大マスメディア」といえる。

「馬鹿なことを言うな」と、巨大メディアの代表者ナベツネさんたちは怒ると思うが、心理的には間違いなく「暴力装置」だといえる。「巨大マスメディア」は「社会心理的暴力装置」にほかならない。

現代の情報社会では、マスメディアは完全に立法・行政・司法に次ぐ第四権力である。前者三権は憲法で規制されているが、マスメディアは野放し状態である。実体として立法・行政・司法の三権は、マスメディアがコントロールする世論によって影響を受け支配されているのだ。

さらに、第四権力の本質は、資本主義的利権と特権をもって、〝社会の木鐸《ぼくたく》〟たる役割を放棄した利益企業として存在している妖怪といっていい。グローバル化とIT技術の発達という資本主義の崩壊的危機のなかで、巨大マスメディアは生き残りをかけて、既得権（記者クラブ制、クロス・オーナーシップ、低廉な電波料金）を死守しようとしているのである。

メディアはそのために、今や権力の走狗に成り下がっている。権力の意向に沿って、あるいは忖度《そんたく》して記事を書いている。これが、いわゆる「メディアコントロール」である。

マサチューセッツ工科大学名誉教授のノーム・チョムスキーは著書『メディアコントロール――正義なき民主主義と国際社会――』のなかで、こう言っている。「メディアは支配者（資本）の広報係りとして重視され管理されている。決して大衆側の味方ではない。大衆の痴呆化には役立っているが、大衆の智恵袋にはなっていない」。

昨今の巨大マスコミはまさにこの指摘がぴったり当てはまるのではないか。「小沢事件」の進行に沿ってメディアの悪行を具体的に見ていこう。

## 「暴力装置」としてのメディアの実態

平成二二年（二〇一〇）一〇月、第五検審による強制起訴があった。年末の一二月一三日、永田町は朝から「民主党分裂か」と緊迫した。同日午後の常任役員会で、岡田幹事長が「小沢氏の政治倫理審査会での説明出席を、役員会の議決で決める」との動きに出たためである。だが結果は、小沢グループの有志が「議会民主政治に反し、正当性がない」との「決議」を岡田幹事長に渡して抗議したため、幹事長一任となり、ウヤムヤとなった。

小沢氏の国会での説明については、臨時国会で野党が国会正常化の条件の一つとして要求し、現場の与野党で「小沢氏が出席説明できる環境を整備するよう努力する」ことで合意していた。それを岡田幹事長が「政治倫理審査会で説明するようにする」と、与野党幹事長等会談で約束したことで混乱が始まった経緯があった。

それを菅首相や仙谷官房副長官が「小沢排除」に利用して、岡田幹事長の独り芝居となったわけである。一部の見方では、小沢氏が党議に反した場合、民主党を離党させ、他党との連立や提携を深めようとの魂胆があったとされている。

この日から翌一四日にかけての各TV局は一斉に「小沢は岡田幹事長の要請を受けて、政倫審に出席して〝政治と金〟について説明するのは当然だ」と「小沢叩き」一色となった。特に酷かったのがコメンテーターとして出演した朝日新聞の星浩氏と時事通信出身の田崎史郎氏の発言であった。社命の背景があったかもしれないが、この二人が「メディア・ファシズム」の政治部門の旗手といえる。

翌日の朝刊も酷かった。各紙とも岡田幹事長を支援する論調や解説で、新聞社もここまで劣化したのかと呆れ返るほどであった。特に呆れたのは読売と朝日で、『小沢氏の招致を先送りするな』(読売)は、「菅首相が通常国会に向けて態勢を立て直す第一歩が、小沢氏の政倫審招致実現である」と論じ、菅政権の無能力を小沢氏の責任にする暴論を吐いた。

朝日もまた岡田幹事長と同じように、正気の沙汰でない社説をつくった。『小沢氏はもう逃げるな』という見出しで、小沢氏の「政治と金」を民主党にとっての「宿痾《しゅくあ》」だと断じたのである。たいそう難しい言葉を使って教養ぶりを見せびらかしているが、そこが朝日のイヤラシさだ。これこそ背広を着た暴力団。まさしく「言論の暴力」だ。小沢氏が自民党を飛び出して、真の政権交代を遂げるまで、政治資金について法規を遵守して、どんな苦労をしたのか、私がもっともよく知っている。

五五年体制下で、私が付き合っていた朝日のOBや現職幹部が取材や報道という名目で、政治家とどんなかかわりをしていたのか、私はよく知っている。朝日よ恥を知れと言いたい。聞くところによれば、朝日の社内では「官房機密費」にふれることは禁句とのこと。そうだろう、自分たちの悪行がばれる。

戦前のファシズムをつくったメディアの中では、朝日の戦争責任がいちばん重いが、「平成のメディア・ファシズム」の源もまた、小沢氏を政界から排除しようとする朝日新聞にある。

小沢を徹底的に潰せ。菅政権と、朝日をはじめとする巨大マスコミは完全に手を握った。

## 菅内閣に協力するメディアの醜態

同年一二月二〇日、小沢氏の政倫審出席をめぐって、「菅首相・小沢会談」と同時進行になったが、テレビ朝日の「ワイドスクランブル」で、私は田原総一朗氏と激論になった。「小沢問題は、社会心理的な暴力装置となったマスメディアが、政治や検察権力と結びつき、政界から〝小沢排除〟を企んだでっち上げである」という趣旨の発言をすると、田原氏が猛然と反発してきた。テレビの生放送で、私が公然とメディア批判をしたのは初めてだったが、これで、テレビ出演の依頼はもうこないだろうと思った。

そんな話を友人のジャーナリストにしたところに、まことに不可解な情報が入ってきた。それは、巨大メディアの翌年の報道方針のことであった。

朝日新聞からテレビ朝日に非公式に伝えられたといわれる話だが、これからも小沢氏に関しては、悪いイメージを国民にもたせるような報道を継続するとのこと。理由はこうだ。

翌年に菅内閣は「納税のための国民総背番号制」を導入することになっていた。その法案審議が国会で行われる。当然、国民の反発は厳しく、巨額の政府広報費を使って賛成の世論づくりをすることになる。小泉内閣のときの裁判員制度導入でそれをやり、世間から批判された手法だが、それ以上に菅内閣はメディアを悪用すると思われた。

購読者が減り広告費が減少するなかで経営に苦しむ巨大メディアは、この巨額の税金をめぐって実質的な談合が行われているとの情報も入った。菅官邸とメディアは阿吽《あうん》の呼吸で、政府広報費という税金を配分する代わりに、「小沢叩き」を強化し続ける方針だという。また、こんな話もあった。「上からの指示で小沢叩きということではまずい。現場が自主的にやるようにしてくれ。札付きの平野（貞夫）なんかを、ガス抜きにときどき呼んでもよいが、〝こんな人柄の良い人〟が小沢支持かと視聴者に感じさせる人物は呼ぶな」という話も交わされていたと聞いた。そういえば、二七日夕刻、自宅に帰るとTVタックルから、年明けに録画出演してくれとファックスが送られてきた。これもガス抜きか！　これが現代のメディアの実態なのである。

新しい「小沢叩きプロジェクト」も始まっていた。二六日のテレビ朝日の「フロントライン」では、反小沢メディアの主軸・後藤謙次氏が聞き役となって、仙谷官房長官にインタビューを行い、長時間にわたって小沢叩きを行った。問責決議がなされている官房長官をのうのうとテレビに出すことも問題だった。

後藤氏は共同通信の元幹部で、自民党の竹下登氏に可愛がられ、その手先になり、平成七年に結成された「三宝会」という政・財・メディアの秘密結社の主役だった男だ。五五年体制の発想から抜け切れないジャーナリストで、話を聞いていると竹下首相の小沢氏に対する怨念をぶつけている感じだった。（三宝会については第二章でも触れているので参照されたい）

年が明けると、TBSの「時事放談・新春特別番組」で、武村正義元官房長官と仙谷現官房長官の対談が行われた。話の中味はまさに小沢氏への人格攻撃だった。二人とも日本を亡国に導く権力亡者で、菅首相とともに、旧ソ連のスターリン派のようなものだ。武村氏は細川連立政権を潰した張本人で、米国のクリントン政権から「日本の政権の中心に北朝鮮のエージェントがいる」といわれた人物である。

マスメディアは社会的責任を負う「ソーシャルビジネス」の最たるものである。だが実態は、「社会の木鐸」という美名のもとに、その恰好をとりつくろってはいるが、その裏では自己保全のために、政府広報費という国民の税金までしゃぶろうとする堕落の道に入り、どんな政権にも平気で抱きついていく。「裁判員制度」も「納税者背番号制度」も、なんら抵抗することなく、提灯記事を書いている。

菅直人亡国政権のお先棒を担ごうとする姿勢を証明したのが新年各紙の「社説」であった。

特に酷いのは、やはり朝日新聞だ。「今年こそ改革を」として、そのため『与野党の妥協しかない』との表題をつけ、条件として「民主党は公約を白紙に」というのである。朝日新聞はいつから「議会民主政治の否定メディア」になり下がったのか。

民主党のマニフェストを破り、延命を画策する菅政権にとっては新年早々の援軍となった。さらに「与野党の妥協しかない」と主張するに至っては、大連立で権力を死守したい「菅政権の機関紙」との称号を与えても、言い過ぎではなかっただろう。

国民にとって問題のポイントは、自民党と民主党の対立の中身である。現代の腐敗した資本主義を根本から変えずに、都合の悪い部分を継ぎ接《は》ぎして既得権を守っていく自民党の政治に対して、情報社会で変質した資本主義の仕組みや価値観などを根底から見直して新しい社会に見合った制度や予算の配分を断行し、既得権による無駄をなくそうとする民主党の政治、この鮮明な対立が重要だったのである。

だからこそ国民は、平成二一年の総選挙で歴史的判断を示したのであり、民主党勝利の原因はここにあったはずである。それなのに菅政権となってからは、自民党対民主党の対立ではなく、民主党内の対立となった。

もっとも、党内対立は平成一七年（二〇〇五）の民主党と自由党の合併時から予想されていたことである。私が早めに参議院議員を引退したのは、これらを予測してのことでもあった。菅直人氏という人物や、仙谷由人氏という政治弁護士からは、「国民の生活が第一」という政治より、政策を権力に就くための方便とする、非人間性の臭いを感じていた。菅・仙谷政権は、政治の対立を「小沢の政治と金」対「クリーンな政治」として、朝日新聞などの旗振りに頼り、国民を騙そうとしたわけである。

小沢一郎氏という政治家に、政治資金にかかわる不正はいっさいないことを、天地神明に誓って私は断言できる。麻生政権から菅政権に継承された「小沢排除」は、「国民の生活が第一」の政治となっては困る既得権者たちと、米国金融資本の手先である政治家どものでっち上げである。

もうひとつ、看過できないメディアの策動があった。NHK会長人事への干渉である。日本テレビの氏家斉会長らが、総務官僚OBなどを使って暗躍し、慶応大学の安西祐一郎前塾長を起用しようとしたという。安西氏は慶応大学の経営に失敗した人物であることは周知のこと。要するに読売グループが先頭に立って、公共放送であるNHKに影響を与えようという狙いと察せられた。

渡辺・氏家という読売メディアのNHK支配が実現すれば日本社会はどうなるのか。「社会心理的暴力装置」としての「メディア・ファシズム」が完成する。この人事は、政府側もさすがに気がつき不調となった。

## 朝日新聞政治からの卒業を

平成二三年（二〇一一）二月二一日の朝日新聞社説は『小沢氏流を超えて―「政局」政治からの卒業を』という大論文を掲載した。私の長い政治生活で、こんなに〝面白い社説〟を目にしたことは記憶にない。「朝日新聞の病いよいよ篤し」の感が深い。

市民派と詐称する菅直人首相に、朝日新聞の幹部記者たちが政権運営をアドバイスし、延命策を授けている。「小沢を叩き、排除を徹底すれば支持率は上がる」とか、「社会保障と税の一体改革、消費税率アップで、首相のリーダーシップを国民は評価する」などと唆したのだろう。だがそれは、ことごとく裏目に出て国民の反発を呼んでいる事実を朝日新聞は知らないようだ。朝日が指導する政治とは何かを、改めて見つめ直さねばならない。国会内外で、菅首相の退陣論が公然と語り始められた責任は朝日新聞にあるといえる。

ここ二〇年来、日本政治を「小沢」か「反小沢」かという対立構図に仕立てたのも朝日新聞であった。西松事件を東京地検特捜部と共謀して「小沢と金」の問題にしたのも朝日新聞だ。なぜに朝日新聞が、時の権力側に寄り添って「小沢排除」に血道をあげるのか、その理由の第一は、経営事情からの問題で、これは前に述べたので繰り返さない。

第二の理由は、朝日新聞の体質である。敗戦直後の昭和二〇年（一九四五）八月二三日付の朝日新聞の社説は『自らを罰するの弁』というものであった。その要旨は、満州事変勃発直後から第二次世界大戦終了まで、大政翼賛会の発表をそのまま記事にし、戦争賛美の論説を書き続け、国民に多大の犠牲を強いる先導役を果たしたことに対する反省であった。この社説は、日本ファシズム推進に対する懺悔《ざんげ》だった。

それから六五年が過ぎ、朝日新聞は情報社会化した二一世紀でも「新しいファシズム」の旗手を担ってしまった。少なくとも「小沢問題――政治と金」では、「社会心理的暴力装置」として、検察とのコラボレーションで菅政権を支えながら「小沢排除」を断行した。戦後の反省の弁はどこへ行ってしまったのか。私はかつて「日本人痴呆六〇年周期説」を提起したことがあるが、このままでは「朝日新聞ファッショ化六〇年周期説」を論じなければならなくなる。

一方、民主党を支配する輩は、朝日新聞論説の奴隷となって大活躍している。

そんなことを考えていた矢先の二月二三日、朝日の社説は『小沢氏処分―真の区切りとするために』を掲載した。「小沢問題」を「自民党長期政権時代から繰り返されてきた日本政治の宿痾《しゅくあ》とでもいうべき問題うんぬん……」と論じている。「宿痾」とは「長い間治らない病気」のことだ。

民主党執行部は、メディアが偽造し流布した情報だけで、手続き的にも党規約に違反する小沢氏の「永久党員資格停止」を決めた。小沢氏の異議に対する文書回答要求も「前例がない」と拒否した。議会民主政治の砦《とりで》ともいうべき政党としての体をなしていない。しかも、党代表選直前になって役員を反小沢派の人物に入れ替え、代表選に小沢氏を出馬させないように画策した。ナチスどころか、スターリン時代のソ連共産党と同じレベルのことが、議会民主政治国家と称する「日本国」の政権与党である民主党が行っていたわけだ。それを、私がかつて、もっとも〝尊敬〟していた朝日新聞が指導している現実。朝日新聞こそ、日本ファシズム化の「宿痾」を持っているといっておこう。

## 「消費税増税」を煽るメディア

小沢氏にとって、「自立・責任・共生」の政治理念を実現するためには、巨大メディア改革が欠かせない。本来なら、メディアが先んじて新しい日本社会の建設理念を提起すべきなのであるが、二〇世紀資本主義の影を慕い経営を変えようとしない。この巨大メディアと政権交代を阻止したい自民党政権が、検察権力の悪質な部分とコラボレーションして行われたのが、小沢一郎氏を政界から排除するための「西松事件と陸山会事件の捏造」であった。

二つの事件が手続き的にはともかく、実質的には菅・岡田民主党も絡んだ政治的謀略であったことが、国民の目にはすでに明らかになった。

巨大メディアは、ポスト菅の代表選についても、「小沢排除」の再現を報道し始めた。その一例が、朝日新聞（八・二二、東京版）の社説である。

「古い発想の旧リーダーが裏で糸を引き、代理戦争を演じたのでは、世代交代の意味がない。これまで党を引っ張ってきた菅・小沢両氏に鳩山由紀夫前首相の『トロイカ』は今回、行動を慎むべきだ」

恐ろしい発想だ。この一年余、さんざん菅首相を煽ってきた朝日新聞の責任は大きい。同紙の社説の姿勢が、日本を滅亡の道へ向かわせていると私は思う。小沢一郎氏が掲げる政治理念のどこが古い発想か。みずからの改革を怠る陳腐さを棚に上げてよくいえたものだ。

このあと野田氏が首班についたあとで、朝日は大意、こう書いた。「昨年の代表選で、消費税増税を訴えた野田氏が勝ち、党首に就いた。党内手続きを経て、党として消費税増税路線を明確にした。だから、首相のやりたい消費税増税に協力することこそが、政党として守るべき党内民主主義の最低のルールである」。

この社説は党内民主主義を、政権負託というデモクラシーの原点より優位にしているところに問題がある。そもそも政党の決定というものは、国会で決定する国家意思とは性格が異なるものである。もっとも適切な国家意思を決めるために、政党間はもとより、政党内でも激論だけではなく、さまざまな状況での政治闘争が行われるのは当然のことである。

まして、国民の命を削る「消費税増税」という、政権交代の総選挙で「任期中は行わない」と国民と約束した最重要課題を、財務省のマインドコントロールと巨大メディア、財界の工作でさまざまな三百代言をつらねて強行しようとする野田首相こそ、デモクラシーの本質を冒涜するものであった。それを朝日新聞は社論として「結論が不満だからといって、あえて党内に混乱を持ち込むやり方は、筋が通らない。これでは民主主義が泣く」と天下に公言するのだから、どうなっているのか。これではデモクラシーの本質が泣く話だ。

「消費税増税反対」の思想と論理が形式的であり、国民生活がどう困るのか、財政正常化にどう逆行するのか、将来の安心・安定のため国民の負担をどうすべきか、そのため国家の構造をどう改革すべきかなど、根本となる議論がなされていないことは私も認める。そのためにはもっと混乱してもよい。それが真の「人民がつくった権力」というデモクラシーだ。党内手続きの民主主義なんか、気の弱い独裁者の世迷い言だ。

ところが不思議なことに、朝日社説が出た翌々日、社説と並ぶ「声欄」に「社説は厳しく政府の監視を」という、社説を厳しく批判した投書が掲載されていて驚いた。誠に不思議な新聞と感じたが、編集に一貫性がないのか、真っ当な編集者がわずかでもいるのか、それとも、どこかの党に倣って、社内の良識派と非良識派の社内闘争が行われているのか。

## 〝社会の瓦礫〟となった巨大メディア！

それにしても朝日はあつかましい。朝日新聞の「天声人語」のCMだ。「国会は言論の府といわれるが、口論の府になり下がっている」という趣旨のものだ。まったくそのとおりだ。しかし、それを「朝日新聞だけには言われたくない」。否、朝日だけではなく、巨大メディアが言える話ではない。

マスコミ・メディアの存在意義は「社会の木鐸」ということだ。木鐸とは「世人を覚醒《かくせい》させ、教え導く」（『広辞苑』）ことだ。それがなければ、世俗を害するイエローペーパーであり、単なる営利企業でしかない。否、「小沢排除」や「消費税増税」などの捏造報道や、検察庁や財務省などの御用マスコミ化は、近代社会とはいえない酷いものである。「社会の木鐸」どころか「マネーゲーム社会の瓦《が》礫《れき》」といえる。

朝日新聞の悪口だけではバランスを欠くので、読売新聞についても言っておく。前にも述べたが、私は十数年前、渡辺恒雄社主から名誉毀損で訴えられることになった。理由は渡辺氏の名誉のために言わないが、私の人生の恩人・林譲治元衆議院議長や前尾繁三郎元衆議院議長から聴かされた渡辺恒雄政治部記者時代の活躍ぶりを、裁判所で表明できる絶好の機会と思った。

この告発を喜んでお受けしようと張り切っていたところ、中曽根元首相が「渡辺君が平野君と裁判しても、得することは何もない」と、当時の小沢新進党党首を通じて話があり、私が渡辺氏に「挨拶」

に行き、仲直りしたことがあった。このとき話題は野球談義に転じ、私が「近代野球は、米国の三権分立の民主政治を参考にしてつくられたフェアープレー精神を原点としている。日本人で初めて野球をしたのは、私の故郷の偉人、中浜万次郎だ。野球は明治になって中等人間教育のスポーツとして採用されたものだ。野球を絶対に金儲けの道具にしないように」とお願いしたが、まったく聴く耳をもたなかった。数年前の読売巨人軍をめぐる混乱を説明する必要はなかろう。

健全な議会民主政治に絶対に必要なのは、健全なマスメディアの存在である。記者になるには難関の試験にパスしなくてはならない。上級公務員試験と同じようなことで、記者に必要な人格を遺失した人物ほど重要視される。特に東京という日本社会の魔界で競争に明け暮れる人たちにとって、気の毒なくらい人間性を喪失させている。

しかし、講演で地方を回って感じるのは、まだまだしっかりしたマスコミ人が生き残っていることだ。政治改革、否、国家改造はマスコミ改革につきると断言できる。TBSのテレビ番組で毎日新聞の岩見隆夫氏が消費税増税に賛成する理由として「中央紙の全部の社説が賛成ではないか」とのたまった。社説の数を賛成の理由にするとは、言論界の粗大ゴミになりさがったのか。

## 加熱するメディアの小沢叩き

二〇一一年九月二六日、登石判決が出たとき、その狂気さに気づいたメディアも数社あったようだが、一〇月六日の小沢氏の強制起訴公判に向け、メディアも狂気の小沢叩き記事を準備した。一〇月四日頃の代表的論評を取り上げておこう。

まず、屋山太郎氏（評論家）の産経新聞（一〇月三日）の正論『小沢氏よ、議員資格はないぞ』である。小沢氏について、「角栄の権力手法と瓜二つ」として、五五年体制の昔話を、事実を曲げて原稿に埋め込んだものだ。「田中角栄と小沢一郎の両氏は、日本精神を全くもち合わせていない。小沢氏の政治生命はもはや尽きた」と結論づけている。屋山氏は時事通信社の出身で、中曽根康弘氏に取り込み、行政改革の太鼓叩きをやっていた。

私も一五年くらい前、新生党・新進党時代には親しく、横浜の屋山宅で日本の改革を論じたり、小沢新進党党首と、櫻井よしこさんを新進党から衆議院選挙に出馬させる話を屋山氏に要請した時代もあった。もともと、思考は形式論理にこだわり、ものごとの本質を見極める力はなく、議会民主政治の本質や人権の重要さを理解する能力はなく、政治生命ならぬ評論家生命の尽きた人物だ。

次に、河上和雄氏（元東京地検特捜部長）の朝日新聞（一〇月四日）の「耕論」欄。推認有罪『重要な証拠で大きく認定』のインタビューである。登石判決について「常識的に証拠を判断した判決」と論じている。その理由として「戦後に教育を受けた裁判官が主流になってくると、米国式の法廷中心主義が定着している。その流れの中で解釈すべきだ」とし、「主要な証拠を巨視的に見て認定しようという」こととしている。そして「判決が〝小沢事務所〟の〝天の声〟や〝建設会社からの裏金〟といった事実を全く無視することはできない」と語っている。

ここまで語れば、何をか言わんやである。「主要な証拠を巨視的に見て認定」できる裁判を容認することは、暗黒裁判を許すことだ。まして、「天の声」とか「裏金」の虚偽な話を事実として論じる姿勢は、狂ったとしかいえない。そこまでして「登石判決」を正当化するなら、弁護士資格にかかわること。河上氏は陸山会事件に関連して、「平野氏（私のこと）も逮捕される」と語っていたと、某誌に記事があったと思うが、そのレベルの人物である。

実は、河上氏と同じ発言をテレビでしていた言論人がいて驚いたが、岸井成格毎日新聞特別主筆だ。一〇月二日、ＴＢＳサンデーモーニングで、「（登石判決）は常識だ」と断定していた。メディアの既得権を死守しようと論を張っている守旧派言論人だ。明日にも潰れる可能性のある毎日新聞でさぞかし苦労しているだろうと同情するが、自己改革を忘れて亡国の論調をいつまでも続けることは、言論の自殺行為だ。

## どこまで狂うのか日本の巨大メディア

平成二三年（二〇一二）四月二六日、東京地裁で「小沢無罪」の判決が出たときの巨大メディアの反応もまた、異常を通り過ぎた狂態というべきものだった。まず、「小沢問題」の本質は政権交代を阻止するための「政治捜査」であったことを意図的に無視している。このことが国民主権を冒涜した「権力の犯罪」であることは、国民のほとんどが承知していることである。「虚偽記載問題」は、特捜検察が従来の法運用をねじ曲げて犯罪とした、いわば「つくりだされた」事件である。あの記載方法は適法だというのが、会計専門家のほとんどの意見であった。

巨大メディアの「小沢無罪」の後の報道は、これが近代国家かと慄然《りつぜん》とするものだ。テレビでいえば、読売テレビの「ウェークアップ！ぷらす」（四月二八日）で、森ゆうこ参議院議員が「小沢問題は議会民主政治の根本にかかわること」と発言すると、司会の辛坊治郎氏は強引に発言を妨害した。大多数の巨大メディアがまるで談合したように「権力の暴走・議会民主政治の危機」という基本問題をまな板に上げようとしない。

唯一の例外は、テレビ朝日の「ワイドスクランブル」（四月二七日）だった。私に生出演の機会があり「陸山会事件の始まりが、自民党政権の政治捜査で、国民主権・議会民主政治を冒涜するもので国会で究明すべきことだ」との発言をすることができたくらいだ。各紙の社説も、おそらくは申し合わせをしたとしか思えない、相も変わらずの「小沢灰色」の大合唱であった。そして小沢氏の無罪で政局の混迷が深まり、政治の決定が行えなくなるとする「小沢排除」の第二幕が開いた感じだった。

民主政治の原点は、政党が国民と契約したマニフェストの基本を尊重することである。しかし、国際問題を含む状況の変化もあり、個々の公約の修正があることも至極当然だ。しかし、民主党政権がやってきたことの根本は、時間を経るに従って「国民の生活が第一」という政権交代の原点を崩壊させてきた。その最大の問題が「消費税増税法案」だった。国民の生活を苦しめ、国家財政を悪化させることが確実といえる野田政治に反省を求めることは、民主党所属国会議員なら当然のことであった。

この活動の頂点に立つのが小沢一郎氏という政治家である。小沢氏を陸山会事件という政治捜査と政治裁判で排除しようとする勢力は、政権交代の原点である「国民の生活が第一」という政治を排除しようとする勢力と同根である。自民党など野党側ならまだしも、同じ民主党内の内閣総理大臣となる人物とその仲間たちが、「小沢排除」の中心勢力なのだから、議会民主政治が機能しないのも道理である。さらに巨大メディアが、裁判中にもまして口を揃えて小沢排除を強化した実態は、完全に「情報ファシズム」の時代に入ったといえた。

事象の本質を考察しようとせず、「虚偽記載」という捏造した抹消部分で小沢氏を攻撃し、反論を許さない巨大メディアの姿勢は、狂った巨大コンピューターだ。なぜこんなことになるのか。「情報ファシズム」の使命は、「消費税増税」の実現にある。彼らは財政当局に身を売り、政府広報費という税金で自分たちの経営を少しでも楽にしようと、自分だけ良ければそれでよいという、人間社会にあるまじき集団に堕落したことが、「小沢無罪」判決後の巨大メディアだ。社会の木鐸は死滅した。

野田首相が、その軽い生命を懸けたという「消費税増税」が実現すれば何が起きるか。生活保護者・年収二〇〇万円以下の人、そして倒産・廃業する零細中小企業を合わせて約四〇〇〇万人（総人口の三分の一）の日本人が、命と身を削る暗黒の時代となることが、私の心眼には見えた。それを支えるのが巨大メディアがつくりだす「情報ファシズム」だ。恐ろしい時代になったことを国民はよく知るべきだ。彼らには、この流れを食い止めようとする小沢一郎氏が邪魔になるので、「新しい排除」が始まったのだ。

## 仕掛け人候補その5　影の仕掛け人ジャパンハンドラー

さて、最後の仕掛け人候補は誰か。おそらく読者諸賢にとって、これはもっとも関心と興味のある「サスペンス」なのかもしれない。

あらかじめ言っておくが、私にとっても魅力的な仮説ではあるが、これについては慎重にと、そう断ったうえで、まずは私にとっても魅力的と思われる「アメリカ説」について紹介をしておこう。

## 小沢問題の本質を最初に指摘したのは江藤淳だ

まずは一連の小沢裁判をウォッチし続けている文芸評論家山崎行太郎氏の言を取り上げる。山崎氏は小沢氏の政治哲学を深く理解している識者の一人である。

「さて、ここで、小沢裁判を通じて、明らかになったもう一つの重要問題がある。それは、アメリカという問題である。僕は、この問題こそが、『小沢裁判』が明らかにしたものの中で、最も重要な問題であろうと思う」。山崎氏はこう前置きしたうえで、さすがと思わせる深い洞察を語っている。

「実は、この問題を最初に指摘し、実証的データを元に明らかにしたのは、文芸評論家の江藤淳である。江藤淳は、『閉ざされた言語空間』などの著書で、戦後、米軍の占領政策の一環として行われた「検閲」と「洗脳工作」が、日本が、国家主権を回復し、独立国家になって以後も継続し、今でも、さらに巧妙な方法による洗脳工作が続けられていることを、明らかにした」

と、江藤淳氏の慧眼《けいがん》を披瀝《ひれき》したうえで、山崎氏はこう続ける。

「そこで、江藤淳が、『政治家小沢一郎』を高く評価したのは面白い。『小沢裁判の背後にアメリカの影がちらつく』と考える人は少なくない。『アメリカに逆らった田中角栄が、ロッキード事件を仕掛けられ、政治的に抹殺されたように、小沢一郎もアメリカに政治的に抹殺されようとしている』と。江藤淳と小沢一郎の共通性、類似性は明らかである。つまり、アメリカの「占領政策」「植民地支配」「情報工作」と小沢裁判は無縁ではないという事である」（二〇一二年五月二日付ブログより）。

山崎氏は小沢裁判の淵源は、戦後の米国支配時代の占領政策にたどり着くと喝破している。この時代、日本はアメリカによって文字どおりハンドリングされていたわけで、その構造とシステムが少しずつ形を変えて現代にも受け継がれていると江藤氏が解明してくれたわけである。ただ、その重大な指摘をわれわれは忘れていたのだ。

では、実際の米国のどの機関の、どんな人物がその支配システムを受け継ぎ、現在の日本をハンドリングしているのか。それについては、多くの識者が優れた著作を出している。その一部を紹介しよう。ただし、断っておかねばならないが、私は「アメリカ謀略説」を、私の長い政治経験からしても全面的に首肯する側には立たない。それでも彼らの労作は私にさまざまなヒントを与える。

## ジャパンハンドラーとは誰か

評論家、副島隆彦氏は毀誉褒貶《きようほうへん》のある人とはいえ、熱心な読者をもち、オピニオンリーダーの一人である。平成二二年（二〇一〇）二月一日のブログによると、今日本は二人のアメリカ人によって操られているという。その一人は、マイケル・グリーン（Michael Green）、CSIS（ジョージタウン大学戦略国際問題研究所）の研究員で、先のホワイトハウスの東アジア上級部長である（当時）。

マイケル・グリーンになぜそんな強大な力があるのか。それについて副島氏はこう書く。「今は、（米国の）外交官たちに力がない。米国務省の一部局なのに、CIA（米中央情報局）と軍事部門の情報部が一体化して、政治謀略を仕組む部署が青山と横田（横田基地内と外）にあって、そこの一〇〇名ぐらいの部隊が、マイケル・グリーンの配下として、暴走している」。

それを、温厚なジョン・ルース大使は止めることができない。ジェームズ・ズムワルド代理大使（筆頭公使）もグリーンらの謀略行動を見て見ぬ振りをしている、と副島氏は言う。

このあと副島氏は、マイケル・グリーンと近い日本の政治家や評論家数人を挙げて、彼らの米国従属、利益代弁を非難しているが、ここでその実名は挙げない。

さて、副島氏の言うもう一人のジャパンハンドラーは、マイケル・シファー（Michael Schiffer）。副島氏は「このマイケル・シファーは、すでにアメリカの国務省のカート・キャンベル（Kurt Campbell）と仕事を引き継ぎつつある。キャンベルでは、日本政府に対して、圧力、恫喝をかける能力が不足した、という判断がでているのだろう」と言う。

副島氏によれば、この二人のマイケルが当時のジャパンハンドラーの実質的なトップということになるが、二人に本当にそうしたミッションが与えられていたのかどうか、私にはわからない。

副島氏の見るところ、ジャパンハンドラーのなかには著名な学者もいる。一人はハーバード大学教授でケネディ大学院院長のジョセフ・ナイ氏。もう一人は小泉進次郎氏のアメリカでの後見人として知られるコロンビア大学のジェラルド・カーティス氏である。これら二人の学者をはじめとする親日派の文化人が日本の政・財・官・学・マスコミにどのような働きかけをし、政策や世論に影響を与えたかは、前述の江藤淳氏の指摘からすると大いにあることなのだろう。

## 世界政治史上例をみない「人物破壊キャンペーン」

ジャパンハンドラーの存在を示唆するのは日本人だけではなく、海外のジャーナリストにもいる。その一人が、オランダ・アムステル大学名誉教授、ジャーナリストのカレル・ヴァン・ウォルフレン氏である。

ウォルフレン氏は著作『誰が小沢一郎を殺すのか』（角川文庫）のなかで、小沢氏に対する執拗な「人物破壊」キャンペーンの背景についてこう語る。

小沢氏という政治家への『人物破壊』の一連の動きの裏には、ある密約が存在している事実が見えてくるのではないだろうか？　密約を取り交わしたのは日本とアメリカであり、その恩恵を受けるのは両国の政治エリートたちである。省庁の高級官僚と、ビジネス界やメディア界の幹部からなる日本の政治エリートは、決して純粋な意味での日本の独立を求めようとはしない。それどころか彼らは、アメリカ政府が日本の超法規的で非公式な権力システムの存続を支援してくれる見返りに、日本を引き続きアメリカに隷属させようとしているのである。アメリカ側は日本の非公式なシステムの特徴を知っているわけではないが、その援助は、日本の既存の体制を維持しようとする側からすればきわめて有利である。日本の国民によって選ばれた鳩山内閣を退陣に追い込んだのは、日本のメディア界のエリートと手を組んだ、アメリカのジャパン・ハンドラーたちであった。

氏の指摘する「超法規的政治システム」が小沢謀殺の仕掛け人でもあったというのだが、見方によってはそういうことになるのだろう。

「小沢氏はもちろんそのような密約を反故にしたいと考えている。なぜなら彼が対米関係でめざすのは、日本の主権を確立することにほかならないのだ」

ウォルフレン氏によれば、これが、小沢氏が世界でも異例な長期の「人物破壊キャンペーン」にさらされていることの真の背景となる。小沢氏を政治の真ん中に据えておくことは絶対阻止しなければならないのである。

ウォルフレン氏は、著作の最後を次のように締めくくっている。

「そこで本書の結びにあたって、私は次のような質問を日本のみなさんに投げかけようと思う。果たして日本には、これまで縛りつけられてきたものからの解放を望む大勢の人々がいるのだろうか。そして彼らの結集をはかることで、変化をもたらすことを可能とするような、ひとつの強い声を生み出し、やがては日本を変えていくことができるのであろうか、と」

もちろんその答えはイエスである。小沢氏への期待と支持はここにきて盛り返しつつあるのだから。

## ジョン万次郎記念・日米草の根交流高知大会

私としてはここで、小沢一郎氏が決して単純な「反米政治家」ではないどころか、「真の親米政治家」であることを明らかにしておきたい。

第二一回日米草の根交流大会が、六月二八日から七月四日まで、ジョン万次郎の故里、高知県下で開催された。日米草の根交流大会は、財団法人・ジョン万次郎ホイットフィールド記念国際草の根交流センター（以下、CIE財団）が、毎年日本と米国で交互に開催しているものだ。CIE財団の会長は誰あろう、小沢一郎氏だ。

この大会の目的は、日米の市民一人ひとりが国境、言語、文化などの違いを乗り越え、同じ人間として互いに心を通わせ合い、理解し合い、友情を深め合うことによって、日本と米国、そして世界中の人々と良好な関係を築き上げていくことにある。

ＣＩＥ財団は設立されて二〇年目となる。本来なら真っ先にジョン万次郎の故里で、草の根交流大会が開かれるべきであった。なのに二〇年間、開催することができなかったことには隠された事情があった。

それは、小沢一郎氏という政治家と私に対する世間（オーバーにいうと日本社会全体）のとんでもない誤解があったからだ。

ＣＩＥ財団は平成四年に設立された。その前身は「ジョン万次郎の会」で、平成二年（一九九〇）一一月二九日の国会開設一〇〇年記念日に、憲政記念館で設立大会が開かれた。

同年七月に、新しい西側の国際情勢を調査し、日本の政治の在り方を研究するため、衆議院の与党幹事長・書記長等による調査団を派遣することになった。団長は小沢一郎自民党幹事長（当時）で、六月三〇日、事務局随行者の私と打ち合わせを行ったとき、「ジョン万次郎の会」を設立することが決まった。

会長就任は小沢氏のたっての要望だった。「昨夜、ＮＨＫの特集番組『二つの祖国に生きてきた男』を見た。ジョン万次郎のドキュメントだった。冷戦が終わった国際情勢はこれから厳しくなる。万次郎のような国際社会に生きる智慧がないとこれからの日本は生きていけない。会をつくるなら全国版だ。ボクは大臣や幹事長になったときも、自分から頼んだことはない。しかし、これだけは自分が会長をやりたいんだ」と。

設立大会の日を国会開設一〇〇年記念日としたことには、私の執念があった。万次郎の漂流や帰国、草の根デモクラシーの啓蒙《けいもう》がなければ、日本の国会開設はもっともっと遅れていた。坂本龍馬や後藤象二郎も、板垣退助らも万次郎にデモクラシーの原点を教えてもらっているのだ。

平成三年は、湾岸戦争への国論がまとまらない中で、国際社会での日本の在り方、日本人の国際感覚の向上に「ジョン万次郎の会」は役割を果たしていく。秋には京都で「第一回日米草の根交流大会」を開いた。この年は太平洋戦争開戦五〇周年であり、唯一の日米間のイベントであった。内外から高く評価され、平成四年には万次郎のアドバイスでつくられた企業や運動の理解者の好意で、「ジョン万次郎の会」は、CIE財団に発展した。

ところが、ものごとはすべてうまくはいかない。細川政権の成立で政権から離れた自民党から集中攻撃を受けることになる。CIE財団の設立資金で新生党を結成したとか、平野の選挙資金や非自民政権樹立の資金になったなど、衆議院予算委員会で取り上げられたり、マスコミからの攻撃を受けた。一方、万次郎の故里高知では、当時左傾化していた「高知新聞」が「小沢と平野が湾岸戦争で万次郎を政治利用した」と批判した。高知県での小沢氏と私の立場は、自民党で万次郎を政治利用しておいて自民党を潰すとは、と怨念を持たれていたのだ。それが二〇年間、高知で草の根交流大会が開かれなかった理由である。

二一年目にして高知県民全員に祝福されて大成功したことは、小沢氏の「日本改造」が、これから本格化することの象徴といえた。

ジャパンハンドラーやそれとつるんでいる政治家や官僚、メディアが小沢一郎氏をターゲットとするのは、そもそも間違いなのである。小沢氏は「反米」ではない。

## 「主役アメリカ説」を云々する前に

さて「主役アメリカ説」を締めるにあたって、私の真情を吐露しよう。

「アメリカの仕掛け」ということでは、今はTPP問題がその最右翼だろう。ロッキード事件から小沢問題へとつながる米国の圧力・仕掛けではないか、という見方をする人が多いのには驚いている。こういう見方は東京でもしばしば聴くが、私はこういう短絡的な話は嫌いなので避けてきた。具体的な証拠もなく、すべてを米国のせいにすることは、問題の解決にならない。

たしかに米国の政府や有識者の中には、田中角栄氏や小沢一郎氏、それにTPPに反対する政治家たちを、「米国に従属しないケシカラン奴らだ」と思っている人たちもいるだろう。私もこれらのことをまったく無視するつもりはない。ロッキード事件の田中問題や小沢問題でも、米国の権力者の中に「排除すべき人物」と考える人たちがいたことは事実であろう。

しかし一方には、こういう発想に反対する米国人有識者も大勢いるのだ。その一端は国際草の根交流センター（http://www.manjiro.or.jp/）にも紹介されているので、ぜひとも見ていただきたい。

重要なことは、米国でどうしてこんな考え方が出てくるのか、どうして日本の政治家・官僚・メディアなどの中に、この考え方の影響を受ける人たちが大勢いるのか、日本人の問題として、私たち自身が主体的に考えるべきである。

大きな宿題を抱えた気分で平成二四年一二月二九日の深夜帰宅してみると、『月刊日本』一一月号が届いていた。この雑誌はきわめて個性が強く、なかなか一般に普及しないが、ときどき、時代を鋭く追求する論説を掲載することで知られている。一一月号には、冒頭に紹介した文芸評論家・山崎行太郎氏の「小沢裁判はドレフェス裁判だ」という、インタビュー記事があった。

山崎行太郎氏の指摘を要約する。

① 小沢裁判では、ほとんどすべての言論が、検察審査会による強制起訴という制度そのものへの問題提起もされていない。通常の権力闘争、世論のヒステリーを越えた何ごとかがある。小沢一郎を葬り去らねばならないという、ある種の決意がある。

② それは「ポスト・コロニアリズム」の空気だ（江藤淳『閉ざされた言語空間・占領軍の検閲と戦後日本』文春文庫）。戦後の言論が一見自由を装って、実は占領軍による検閲というトラウマの中で、自ら《みずか》自由な言論を束縛してきた。奴隷根性であり、これをいったん身につけると抜けない。小沢一郎はこれを改革し、日本の自主・自立を目指そうとした。

③ 小沢氏がやり玉に挙げられ始めたのは政権交代直前からで、西松・水谷・陸山会事件と過剰な疑惑報道がされた。小沢氏が対米自立に舵を切ろうとした時期に重なる。彼を手段を問わず血祭りにしようとメディアが暴走し、その尻馬に乗った検察・裁判所の暴走なのだ。

④ 小沢氏という政治家は、明確に日本の自主・自立を目指した人物だ。中国への接近が問題とされるが、それは政治の場で論議すべきこと。政治手法とは異なるところ（司法権力）で、力づくで小沢氏を排除することを放置すれば、日本の自立はほとんど永遠の彼方に遠ざかろう。

⑤ 小沢裁判の本質は、我々は無意識のうちにポスト・コロニアリズム的奴隷根性の命ずるままに小沢叩きに興じているだけなのではないか。日本の自立とは何か、われわれの思考の枠組みそのもの

を問い直すことが、最重要だ。

⑥思い出すのは、一九世紀フランスで起きたドレフェス事件だ。普仏戦争で敗けたフランスでスパイ疑惑が発生し、反ユダヤ主義が吹き荒れるなかで、ユダヤ人のドレフェス陸軍大佐が犯人とされ、有罪となった。作家エミール・ゾラは「私は弾劾する」という論文を発表し、裁判の不当性を糾弾した。これで起きた社会運動によって、冤罪の実態が明らかになりフランス陸軍の権威は失墜し、フランスはさらなる弱体化を招いた。

小沢問題を、日本人のポスト・コロニアリズム的奴隷根性という、社会心理的観点から指摘した山崎氏の意見は見事といえる。TPP問題もこの観点から考えると共通した本質に行きつくことができる。この日本人の、米国に対する「ポスト・コロニアリズム的奴隷根性」は、その後発展した「排他的投機資本主義」によって、さらなる癒着と合体を重ねて二一世紀の世界を混乱させている。

「小沢問題」は、米国が直接手を出さなくとも、日本人でありながら米国に隷属化した人たちの手によって仕掛けられたものに他ならない。メディアにも、官僚にも、そして検事・裁判官にも、日本国籍を持ちながら、心理的・文化的に米国連邦政府職員の意識をもつ人たちが大勢いるのだ。彼らは小沢氏の主張する「自立と共生──国民の生活が第一」の「共生国家の建設」を許すことができないのである。

彼らにとっては「狂気化し暴走する排他的米国資本主義」を守るため、小沢一郎という政治家を葬るとともに、TPPという米国資本主義のための「新しい収奪装置」に日本を参加させることに必死なのである。

彼らはもはやデモクラシーという方法でなく、メディアによる社会心理的暴力装置と、検察・裁判所という物理的暴力装置を使って、「新しいファシズム国家」をつくろうとしているのだ。

本来であれば、それを阻止すべき議会民主政治が、阻止どころか与野党で協力している国会議員が多数存在している。これを国家の危機といわなくて、何を危機というのか。

われわれは「アメリカ主犯説」をもてあそぶ前に、自らの危機としてそれをとらえ、小沢氏が歩んできた本当の「自主独立・共生国家」を共に目指すべきである。

## 五者連携の謀殺劇

さて、以上「小沢一郎謀殺事件」について、「仕掛け人」とおぼしき五つの候補について検証を行ってきた。五つの「仕掛け人候補」を改めて上げておくと、以下のとおりである。

①小沢一郎に反感を抱く政治家
②小沢一郎に反感を抱く官僚、その元締めとしての検察
③小沢一郎に反感を抱く財界、特に原発関連企業、マネー資本主義
④小沢一郎に反感を抱くマスメディア
⑤小沢一郎に反感を抱くジャパンハンドラー（アメリカの対日エージェント）

この五つの「主役候補」がどう関係・連携しているのか。これを明らかにしないかぎり、「小沢一

郎謀殺事件」の解決とはならない。では、最後にその作業にとりかかるとしよう。

それでは、この五者がどう連携をしたのか。⑤のジャパンハンドラーは除くとして、残りの四者がしっかりタッグを組んで「小沢一郎謀殺」に狂奔したのか。そこまでの意図的な共同正犯関係はないだろうというのが私の見立てである。すでに述べたように、「政治家と官僚（検察）」、「政治家と原発資本あるいはマネー資本主義」、そして「原発と巨大メディア」の「共謀」がそれぞれありつつ、⑤のこのジャパンハンドラーも加わって、結果として五者の思いが合成され、「小沢一郎謀殺事件」となったのではないだろうか。

実は私は本事件が発生してからそうした考えを述べてきた。

平成二一年（二〇〇九）三月、西松事件で小沢民主党代表の大久保秘書が逮捕されたとき、世上には二つの見方があった。法律の専門家や有識者の多くは「特捜青年将校の反乱、二・二六事件だ」と主張した。私は「政権交代を阻止し『国民の生活が第一』の政治に反対する自民党政権、米国の法秩序で日本を支配しようとする官僚、巨大メディア」が結託して、小沢氏を政界から排除する国家的謀略だと主張した。

残念ながら私の予言どおりになった。すなわち、三年八ヶ月続いた小沢氏の政治資金をめぐる捜査と裁判は、法治国家や民主主義国家ではあり得ない出来事であった。政権交代への国民の要望が大きくなり、次期首相の可能性が最も高い野党第一党である民主党小沢代表を、何の証拠もなく強制捜査する国家権力がこの日本国に存在したのだ。わが国では、憲法の基本的人権や国民主権は机上の空論であったことが露呈。巨大メディアはこぞって国家権力を煽り、国家権力は証拠を挙げられないと証拠の偽造までやったのである。

現在の日本政治がここまで劣化した直接の原因は、麻生自民党政権から菅民主党政権が継承した「小沢排除」の謀略であった。そして、検察と巨大メディアの共謀が捏造した「政治と金」事件である。「小沢陸山会問題」「消費税増税問題」「原発・放射能問題」の背景にあるのは、巨大メディアと官僚が共謀し、国会を巻き込んで、マネーゲーム資本主義で、私利私欲を求める新しいファシズムであるといえる。さまざまな政治や司法関係の流れがあって、「国民の生活が第一」の「共生資本主義」をつくろうとする小沢一郎氏の存在が、マネーゲーム資本主義で日本を支配するには最大の妨害要素であり、そのための「小沢氏謀殺」こそが「小沢問題の本質」なのである。

＊

以上をもって、「小沢一郎謀殺事件」の真犯人たちと彼らの動機を解明することができた。しかしそれは本書の必要条件であって十分条件は満たされてはいない。なんとなれば、それを明らかにしたところで、小沢一郎抹殺劇を終わらせないかぎり、日本は破滅に向かってしまうと私は確信するからだ。これは何としても食い止めなければならない。しかし、どうすれば食い止めることができるのか。どうすれば小沢一郎氏を復権させ、わが日本を破滅の淵から救いだすことができるのか。

小沢氏は、平成二四年夏、断末魔の民主党と決別して新党を立ち上げ、今なお続く「小沢一郎謀殺」包囲網に抗して、敢然と立ち上がった。小沢一郎氏とその同志たちは日本の危機を救うために何をしようとしているのか、小沢一郎氏による日本再生の処方箋について、次の五章で詳しく述べる。

# 第五章

# さらば民主党！いざ新しい政治の再編へ

# 小沢新党に歴史的役割あり！

## 待望の小沢新党「国民の生活が第一」

本章では、平成二四年（二〇一二）夏、断末魔の民主党と決別して新党を立ち上げ、「小沢一郎謀殺」包囲網に抗して、敢然と立ち上がった小沢一郎氏の「最後の戦い」の決意と真意とを明らかにする。

平成二四年七月二日、小沢一郎民主党元代表は「野田民主党は政権交代をした政党ではなくなった。民自公の三党合意は国民が政策を選ぶ権利を奪い、民主主義の根底を覆すものだ」として、衆参国会議員五〇名と離党届を提出、新党を結成する方針を表明。後に党名は「国民の生活が第一」と命名された。

なんとか民主党を再生させようと努力と我慢を重ねた上での決断であった。小沢氏は、平成二四年一月二四日から始まった第一七七回通常国会冒頭から、政権交代で国民と約束した「国民の生活が第一」の理念を守るよう主張。特に菅政権時代に、公約を破る形で提言された「消費税増税」に対して「政権交代での公約を破ってはいけない。深刻な不況下での増税は国民生活を破壊し、財政をさらに悪化させる」と強く反対してきた。

それに聞く耳をもたず野田首相が、党内手続きや内閣での決定を強行していく過程で、それでも小沢氏は、輿石東幹事長に政権運営や国会運営などについて頻繁に粘り強くアドバイスを行った。また野田首相に直接、大増税をすべきでないとの政策判断や、国会運営について指導的進言を行ってきた。

しかし、野田首相は終始聞く振りをして無視し続けた。結果、自民党と公明党を密室に引っ張り込み、財務省のシナリオで、自民党所属の財務省ＯＢ議員の悪知恵を活用、社会保障改革を棚上げして「消費税増税」を国民に強要。自公両党を除くすべての野党を、議会政治から排除する翼賛政治であった。

ここにいたって、ついに小沢氏は、野田政治は「議会民主政治に対する反革命だ」と断を下し、自ら育てあげてきた民主党と絶縁したのである。

## 官邸デモと小沢新党への期待

私は小沢一郎氏の民主党からの決別と新党結成に先立つ三日目の六月二九日の夕刻、首相官邸を囲む「アジサイ・デモ」に参加、そのときの実感から、小沢新党は崩壊したわが国の民主政治を建て直す歴史的役割をもつことになるとの確信をもった。

「アジサイ・デモ」の名目は「大飯原発再稼働反対」であり、「放射能への恐怖」であったが、背景には「消費税増税先行反対」があり、「生命と暮らし」に対する不安を訴える人々で埋め尽くされていた。そして「野田首相はヤメロ！」という声が全体のシュプレヒコールの三分の一にあたり、野田政権倒閣デモともいえるものだった。

倒閣デモの色彩をいっそう強めたのは、原子力基本法を改正して「安全保障に資する」として核武装への道を開いたこと、事故原因も未解明のままオスプレイを米国が配備を強要するのを断れないこと、そして消費税増税関係法案が衆議院を通過した直後、三ルート、三兆円にのぼる整備新幹線事業費を決定したため「コンクリートから人へ」の民主党党是が消えたことへの反発と失望であった。民衆はこれらのことが民自公三党の野合の中で行われる一方で、他の野党が力不足でそれに歯止めがかけられないことにも失望。つまりは「すべての政党に対する不信」のデモでもあったのである。

したがって、デモに参加した二〇万人超の民衆の心中には、「生命と暮らし」を破壊する民主党と自民党の談合政治と真に対決してくれる政党出現への待望が内包されていたはずである。その意味で、小沢新党の結成は、まことに時宜を得たものだったといえよう。

## 小沢新党の緊急課題とは

ここで、小沢新党「国民の生活が第一」が最優先で取り組むべき緊急課題は何であったのか、整理しておこう。それは二つある。

一つは「社会保障と一体化の税制改革問題」への対応である。

この政治決着のカラクリを結論的にいうと、自民党の財務省ＯＢ三人組（野田毅、伊吹文明、宮沢洋一）のシナリオで、消費税増税に呪縛されている野田首相を利用して、民主党を破滅させることに成功したということだ。野田佳彦氏という政治家は、平成二四年八月の民主党代表選挙で「大連立構想」をぶっていた。大連立を通りぬけて、自民党に入り込んだのだ。したがって野田首相の実現に奔走した細川・菅両元首相の「製造物責任」はきわめて大きい。すでに私はみずからの「メルマガ日本一新」で、「首相となった野田氏は日本を滅ぼす新ファシズムの妖怪かも知れない」と予言しておいたが、これが杞憂《きゆう》とならないことを祈るばかりだった。

そもそも二〇世紀の資本主義が崩壊し、二一世紀の激動する混迷資本主義のなかで、消費税と社会保障の一体化論なんて、頭の中だけで考えた空論が役に立つわけがない。二一世紀のあるべき「社会保障」は、その定義を進化させて「人間のあり方」すなわち「生存権」という基本問題が原点にある。偏差値教育で自分だけ良ければ、それでよいという「消費税増税論者」を再教育することから始めねばならない。民主党には人間の魂での議論がなかった。

まず、長期デフレ、異常格差社会のわが国で、段階的とはいえ一〇%の消費税増税が生活必需品を含んで一括して行われたらどうなるか。年収二〇〇万円以下で暮らす人口が、少なくとも約三〇〇〇万人と予想されている。すでに悲劇の端緒が開いており、孤独死や自殺が激増するだろう。そしてまた、凶悪で通り魔的な犯罪も頻発していて、この傾向に拍車がかかることが心配される。

このようななかで、財政再建など不可能なことは歴史が証明している。まず断行すべきは「経済の活性化」であり、国民の生命と暮らしを守る「セーフティーネット」の整備である。民自公三党合意はこれらをことごとく破壊し、二〇世紀の排他的自由競争時代に戻したのだ。

緊急に取り組むべき二つ目の課題は、「原発再稼働と放射能問題」への対応である。

平成二四年七月一日、大飯原発第三号機が再稼働された。六月一六日、野田首相の「政治判断」にもとづいて決定されたものだ。記者会見で「安全基準は再稼働させてから整備する。それが安全対策だ」と宣ったので、民衆は怒った。そして東電や関西電力の株主総会だ。脱原発どころか、福島第一原発事故の反省もなく二〇世紀の「原発資本主義」に逆戻りした。それは野田首相の原発再稼働の記者会見から始まるわけだ。この政治判断もまた自公両党に同調した三党合意といえる。

原子力問題で、もう一つ重大な問題を民自公が起こした。それは突然に原子力基本法を「安全保障に資するため」と改悪したことだ。「核武装」に三党合意が道を開いたといえる。民自公という既成政党は、消費税増税を先食いし社会保障の改革を挫折させ、安全性を無視して原発を再稼働し、そのうえで「核武装への道」をつくった。これを許してよいのか。

小沢氏は、離党声明の中で、これからの政策の柱として「消費税増税に反対し」「国民のための原発問題を解決する」と述べたのは正論というほかない。

## 野田首相は「政治生命」を懸けて議会民主政治を破壊した

七月八日、小沢一郎新党代表はＮＨＫの日曜討論に出演、民主党を離党して新党を結成した理由や新党の基本方針とともに、「国民の生活が第一」は単なるスローガンではなく「新党の理念だ」との見解を示した。

野田民主党政権は、政権交代で国民と約束したことを反故にして、自民・公明の要求に意図的、かつ積極的に同調し、「約束したやるべきことをやらずに、消費税増税を強行」することになった。これは国民への背信行為である。議会民主政治とは、政権交代を前提とする総選挙で、国民と約束した政策を実現することで機能する。総選挙で自民党政治を批判して、それに代わる政策を提示し、国民に支持されて政権交代した民主党が、反対党が公約した「消費税増税一〇％」を実現し、民主党の公約を棚上げ実現不可能とする「密室談合政治」を恥じることなく断行したのだ。

これでは、政権交代総選挙で「任期中は消費税増税しない」と約束した民主党に投票した有権者はどうなるのか。「総選挙における国民の政策選択権を冒涜」したものである。これは、民主主義を根底から覆すものであり、野田首相は「政治生命を懸けて議会民主政治を破壊した」といえる。この基本原理を理解できない国会議員が、わが国では絶対多数である。これを国家の悲劇といわずして何というのか。さらに、わが国の憲法・政治学者が何の批判もしない。日本が民主主義国家といえるかどうかの問題だ。

民主党の中には、野田政治を「議会民主政治の危機」との感性をもつ国会議員がいた。国民との約束を守って民主主義を再生しようと、民主党を離党することを決意して小沢一郎氏とともに新党結成に至ったのである。

小沢一郎氏の決断に応えて参集したのは、衆議院議員三七名、参議院議員一二名、衆参あわせて四九名、衆議院では民主と自民につぐ野党第三党、参議院では民主・自民・公明につぐ野党第四党となり、代表には小沢一郎氏が就任した。

## 「国民の生活が第一」の基本政策とは

八月一日、小沢新党「国民の生活が第一」は基本政策を発表。「国民の生活が第一」を成し遂げるための基本政策と三つの緊急課題からなり、要約すると以下のとおりである。

「国民の生活が第一」の基本政策

私たち『国民の生活が第一』は、すべての国民が「自立と共生」の理念のもとで、「いのち」を大切にし、安心、安全で、安定した「暮らし」を送ることができる社会を追求する。

日本では今、子供たちがみずから命を断つような教育現場があり、また、自然災害や原発事故で住みなれた地域から避難を余儀なくされ、故郷を失う悲しみを、多くの人々が経験した。働きたいのに働く場を与えられない人が多くなる一方で、額に汗して働く人たちが「報われない」との思いを抱くのはなぜか。私たちは、その原因に、戦後日本の政治、行政、経済、社会の有りようが多かれ少なかれかかわっていると痛感している。その責任から、今の与党も前の与党も、逃れることはできない。だからこそ、その仕組みを一新し、根本から立て直すための不断の努力を続けなければならない。

国民のすべてが、みずからの将来に夢と希望を取り戻し、誇り高く暮らせる日々を実現していくために、私たちは「いのち」と「暮らし」と「地域再生」をキーワードに以下の政策課題を実現していく。

三つの緊急課題

①いのちを守る　「原発ゼロ」へ！

「エネルギー政策の大転換」で、一〇年後を目途にすべての原発を廃止する。そのために、日本の省エネルギー技術と再生可能エネルギーの普及、効率の良い天然ガスコンバインドサイクル火力発電、さらにエネルギーの地産地消を強力に促進する。それにより、原発立地地域をはじめ、地域経済の発展と雇用の拡大を実現する。

②生活を直撃する消費税増税は廃止！

デフレ不況下での消費税増税は、消費の冷え込み、特に中小企業、農林漁業など弱い立場の人たちの暮らしを直撃するので、断固阻止・廃止する。まずは、無駄づかいの多い特別会計、政府関係法人の廃止と、官僚の天下りの全面禁止を断行する。増税に頼らずに予算のつくり方を根本から見直し、「国民の生活が第一」の財源を確保する。金融・財政政策の積極的な展開により景気の回復を実現する。

③地域のことは地域で決める　地域が主役の社会を！

東日本大震災の復興の遅れに象徴されるように、中央がすべてを決めて地方に押しつける中央集権体制は、国民の声に応えられなくなっている。行政の権限と財源は地方に大胆に移し、「地域が主役の社会」を実現する。特に、国の補助金と政策経費（合計四〇兆円）は原則、自主財源として地方に交付する。それにより地域経済を活性化し、デフレ脱却を促進する。

この基本政策は、わが国の議会民主政治史上革命的な発想でつくられている。キーワードが「いのち」と「暮らし」と「地域再生」である。これは排他的競争で「人の尊厳」を冒涜したマネーゲーム資本主義の改革を前提とする。基本方針の中に「戦後日本の政治、行政、社会の有りよう」に、今日の諸問題の原因があると反省し、その仕組みを一新し、根本から立て直し、「自立と共生」の国家社会をつくろうということだ。ここには第一章で述べた小沢氏が政治家を志してからの政治信条と理念がぶれることなく踏襲されている。

## 新しい始まりに祝福を！

小沢新党「国民の生活が一番」の立ち上げによって、これまで民主党に失望していた人々からエールが送られ、支持の輪が広がっていった。岩手の達増拓也知事からはこんなメールが届いた。

私の留学以来のアメリカ人の友人が、次のようなメールを送ってきた。「小沢先生と君の国会の仲間たちが、野田総理と彼の消費税法案に対して反乱を起こした。日本政治に興味深い局面が到来した。新しい始まりに祝福を（Congratulations on new beginning）。

検察の暴走がなければ、このようなことにはなっていないので、日本政治をぐじゃぐじゃにした検察の罪は重い。一方、あれほどあからさまな検察による攻撃に対して、民主党のほとんどが萎縮し、あまつさえ便乗して己の権力強化を図る者まで出るに至っては、民主党がみずから壊れていったとも言える。菅、野田と二つの政権が続けてマニフェスト放棄、反小沢、自民迎合の邪道路線を暴走した結果だ。

ちなみに、政党内の最大勢力をよってたかって潰しにかかると、やがて政党全体が潰れる。小泉総理の自民党ぶっこわしがそうだったし、政権交代後の民主党もそうである。大平総理や中曽根総理など、政策的にやりたいことがあるリーダーは、党内最大勢力と連携した。安―竹連合の安倍晋太郎さんもそうだ。同じ党内の最大勢力攻撃を自分の売りにする政治家は、政策実現よりも怨恨か格好つけで動く傾向があるのではないか。

今、小沢新党再び、であるが、新生党、自由党という小沢新党こそ、改革最前線を切り拓き、他の政党に改革路線を促し、大型改革新党結成の核になり、ここ二〇年の日本の「改革の政治」推進の原動力となり、国民の力で政権交代ができるところまで日本の民主主義を発展させたのであった。

いよいよ、「国民の生活が第一」小沢新党により、政権交代をやり直す、すなわち、日本国民がまともな政党、まともな政党政治を国民みずからの手でつくることができるチャンスが到来した。Congratulationsである。

そして、私が大いに期待し、私も私なりに微力を尽くさねばと思うのは、小沢新党が作り直すいわば真の国民政権こそ、東日本大震災からの復興を、もちろん原発問題への対応を含めて、力強く進める政権になる、ということである。「生活が第一」イコール「復興が第一」だと思う。希望に向かって私もともに進みたい。

（平成二四年七月一二日発行）

## 小沢新党に水をさすマスメディア

こうして小粒ながらも国民の生活に寄り添う唯一の政党として出発した「国民の生活が第一」だが、マスコミの評価は厳しかった。というより相変わらずの小沢バッシングをうけた。特に朝日新聞のそれはひどいものであった。

七月十二日付の社説は、「国民の生活が第一」の結成と小沢氏の代表就任について、事実をねじ曲げるだけでなく、悪意と特定の政治目的をもって、これが大新聞の社論かと疑うほど重大な問題を露わにしている。

一般の人々には、朝日新聞は民主主義や人権については他紙より憲法原理にもとづいた報道をすることで知られている。それがこの有様では、わが国は相当に腐り始め、いよいよ「メディア・ファシズム」の時代に入ったと、私はきわめて危機を感じた。件《くだん》の社説は全体の文章が心療内科の治療を要する論説室で作成されたものであり、全文を問題にしたいが、あえて一点だけを採りあげておく。

「小沢氏は政治資金をめぐる刑事裁判の被告である。（中略）けじめをつけないまま、新党の党首として政治の表舞台に立つ。私たちはそもそも、そのことに同意することはできない」という部分だ。

まず、小沢氏を「刑事裁判の被告」と断じていることは看過できない。「刑事訴訟法の被告人」でないことは明らかである。憲法原理からいえば、小沢氏を裁判にかけること自体が不条理である。万歩ゆずって強制起訴の裁判を容認するとしても、「無罪判決」に対する「控訴」の法的根拠はない。司法側の理屈は「刑事訴訟法上の見なし適用」である。冗談じゃない。それは司法による立法権の侵害である。小沢氏の控訴裁判は、憲法からいえばただちに中止すべきである。

憲法を遵守する論説なら、検事役の指定弁護士に控訴権を認めるはずもない。法曹マフィアの「刑事訴訟法の見なし適用」に対して批判するのが社会の木鐸の責任である。憲法原理に反する社説を臆面もなく掲載するとは、朝日新聞の存在そのものが、わが国にとって「害毒」になっていると論じておく。繰り返すが「小沢氏の政治資金問題」は、二一世紀に持続できる日本国を創造しようとする小沢氏を、既得権で生き延びようとする支配層が排除しようとして権力が捏造したものである。

## 解散総選挙は自爆テロ

### 「解散権」の私物化が「悪政の根源」

小沢一郎氏が新党を立ち上げて精力的に活動を開始する一方で、またしても自公民の野合政治が悪あがきを始めた。八月八日夜、野田首相と谷垣自民党総裁が「消費税増税」すなわち、「社会保障と税の一体改革」関連法案の成立と引き換えに「近いうちに信を問う」ことで合意したのである。

「信を問う」とは「衆議院を解散する」ことである。民主党は政権交代の総選挙で「マニフェストで国民に提示しない」だけでなく、当時の鳩山代表、後の首相が「任期中消費税増税は行わない」と政権公約した問題だった。

「行わない」と国民に約束したにもかかわらず、国民生活を著しく困窮させて自殺や異常犯罪などを引き起こしかねない「大増税」を、こともあろうに民自公三党だけで密室協議を続け、他の野党を排除する翼賛政治を平然と行った野田民主党政権であった。この「消費税増税と社会保障の一体化法」を成立させておいて、国民に信を問おうということである。これは、議会制詐欺主義であって、議会民主政治とはとうていいえるものではない。このような国民主権を冒涜した事例は、一二二年の歴史をもつ日本議会の破壊行為といえる。

さらに、「近いうち」という解散の時期について「野田・谷垣の密約文書」の存在がとりざたされた。文書はともかく、密約を行ったことは事実だろう。それで谷垣総裁のユルフン（緩褌）が解けてしまったのだ。政権公約を無惨に踏みにじり、社会保障の根幹を放り投げて消費税増税を強行成立させたのが、「民主党の自民党化」といえる。ユルフンで解散を密約して、社会保障と税の一体改革関連法を成立させたのは「自民党の民主党化」である。これでは健全な議会政治にならない。

野田首相にせよ、谷垣自民党総裁にせよ、議会民主政治の基本を知らないようだ。問題は早稲田大学政経学部と東京大学法学部の教育にあるのではないか。もっといえば、憲法上の「衆議院の解散」の本質を知らず、「解散権の私物化」にあるのではないか。

## 自民の「野田首相問責決議」賛成は〝政党の自殺〟

八月七日、小沢一郎氏と「国民の生活が第一」は、何とか「官僚制詐欺議会主義」による反革命を阻止すべく、七野党をたばねて「野田首相問責決議」を参院提出にこぎつけたのだが、何とこれに自民党が賛成。これは「政党の自殺」であり、驚きを通りすごして呆れてものもいえなかった。

野田首相が、翼賛談合政治の三党合意により民主党を死滅させたことは誰でも理解できる。自民党と公明党はどうなったのか。経緯としては、自公両党とも「解散の時期」をめぐり野田首相に騙されたのだ。その結果、両党は会期末になって「野田首相問責決議案」を提出した。三党合意の内容と性格は、事実上の連立政権に匹敵する重要な責任を担う合意である。その「同志」に対して、「問責決議案」を提出することは三党合意を破棄することになる。

そこに政党政治の基本を崩壊させる珍事が発生する。七野党提出の「野田首相問責決議案」が提出されたまま放置されていたのだが、どちらを先に審議するかという問題が起こる。参議院の勢力地図からいって、七野党だけの賛成では可決されない。もちろん自公両党だけの賛成だけでも可決されない。

さらに七野党提出の問責決議案は、提出理由として「民自公三党合意は、議会民主政治に反し、消費税増税は国民主権を冒涜するもの」という趣旨が主題であった。自民党は「解散の約束」を守らない野田首相に一矢を報いるべく、七野党と交渉を重ねて文言の修正を要求したが、七野党は小沢代表の指導のもと応じなかった。三党合意を否定する文言を中心に、民自公三党を名指しする文言を追加した問責決議が、七野党と自民党の賛成で可決された。公明党は採決を欠席して責任を回避した。この自民党の態度を有識者やマスコミは「自己否定」と論評したがそんな生やさしいものではない。「政党の自殺」である。極論すれば、日本の政治は死滅した政権党・民主党と、自殺した野党第一党自民党で行われているといえる。これでは隣国から領土問題で難癖をつけられても仕方がなかろう。

## 「何でもあり」の政局へ

ここまで国会運営が支離滅裂になってしまったのは、裏を返せば野田民主党政権の統治能力が完全に失われてしまった証でもあった。もうこうなると「何でもあり」の政局となる。

小沢新党を立ち上げたはいいが、あまりに野田政権もひどいが、対する自民もひどい。結局内容のない「解散の約束をしろ、しない」の押し問答から「近いうちに解散する」となり、「だったら近いうちとはいつなのか。年内なのか」とのやりとりと駆け引きで明け暮れることとなってしまったのである。いかに本来の国会とはかけ離れてしまったか。本通常国会で成立した法律の数と率を見れば歴然としている。この第一八〇通常国会は、二二九日という戦後憲政史上三番目の長さだったが、法案成立率は五七・五％と戦後ワースト3である。ダッチロールを続けた民主党の菅政権時代のそれですら七五・二％であることを考えると、その低調ぶりたるや目を覆うばかりである。

人間にたとえればがんの末期であると私は感じたが、残念ながらその予感は的中した。

一一月一四日の党首討論で、野田首相がいきなり、「定数是正を飲むのなら今すぐにでも解散しましょう」といい、二日後の一一月一六日、午後三時五〇分、衆議院は電撃解散となった。

多くの国民は何がなにやらわからず、あっけにとられたが、玄人から見ると実はこれは「出来レース」であった。横路孝弘衆議院議長が、最高裁で「違憲状態」とする定数是正を、法改正だけでなく、区割りや周知期間などを整備して、憲法と法律に則った解散・総選挙を行うべきである、と勧告したのは一一月の初旬だった。

一四日の党首討論会での、野田首相、安倍自民党総裁、山口公明党代表の三人の「談合解散」といえる。「〇増五減」の法改正だけは格好をつけたものの、「定数削減」では数字や比例のありかたも議論せず、「削減を約束した」という曖昧な無責任さで、狂気といえる不条理の解散を断行したのである。法律の専門家は、「総選挙の差し止めを求める」とする異例の訴訟を、東京地方裁判所へ解散当日に起こした。また、別のグループは投開票の翌日の一二月一七日に、選挙無効を求めて全国で提訴することを決めた。

私は衆議院解散の様子を、衆議院第一議員会館の樋高剛議員の部屋のテレビ中継で見ていた。午後四時二〇分頃、突然ドアを開けて入ってきた人物を見て驚いた。小沢一郎「国民の生活が第一」代表だった。隣の自分の部屋の都合だったようで、三〇分ほど懇談することができた。

三つのことが話題になった。すなわち、

① 西松建設事件以来の「小沢排除」で、国家権力・政治権力が、国民主権・デモクラシー体制を崩壊させたわけで、そのシンボルが今日の衆議院解散だったこと。

② 前年の三・一一以来、日本の民衆の意識が大きく変わり始めたこと。ネットを活用している人たちのことだった。大きな力を感じているが、選挙の結果にどう結びつくか、これが日本に真の国民主権を確立できるかどうかの鍵になるということ。

③ それにしても戦前、大正末期と昭和初期から戦争への道と同じようになってきた。次の総選挙が日本の崩壊の道か、再建の道かの分岐点になるが、どれだけの人がわかっているのか問題だ、という話だった。

さて、その後の日本がどうなるのか、戦前の悪夢が甦りそうな気配が濃厚に漂っていた。衆議院解散について、新聞やテレビではいろんな議論があったが、一一月一八日、TBS「時事放談」での、野中広務元自民党幹事長の発言に注目した。「総選挙は無効だとの裁判が始まるようだが、民自公の三党が了承した総選挙なので、司法が遠慮して全部を無効にすることはない。ただ（違憲状態の）一部の選挙区については無効になるかもしれないが……」という趣旨だった。この発言は重大だ。仮に部分であっても「選挙無効」となれば、衆議院の構成に欠陥となる。これは憲法上大変なことになる。さらに、野田首相の選挙区（千葉四区）は違憲状態である。総選挙の結果、野田首相の当選無効の可能性が出てくるとの危惧を私はもったが、そのとおりになった。

## 自民党政治と民主党政治に代わる新しい政治を

国民を欺く談合解散ではあったが、小沢一郎氏と「国民の生活が一番」は全力をふりしぼって受けて立った。そんななか達増拓也岩手県知事からメールが送られてきた。大いに勇気づけられる感動的なエールであった。以下に掲げる。

今回の解散総選挙は政権交代のやり直しとなるべきで、まずは政策の大転換が求められるのだが、政治手法についても転換点とすべきである。自民党政治でも民主党政治でもない、新しい政治への交代である。新しい政治がどうあるべきか、①政治家と官僚の関係、②政治力の源泉、という二つの軸から述べる。

自民党政治は、きつい言い方をすれば「官僚に寄生する政治」。官僚主導を基本としながら、地元や業界の要望に応えて政治家が調整を行うシステムである。「陳情政治」であり、いわゆる「利益誘導政治」だ。

これに対して民主党政治は、「官僚に取って代わろうとする政治」。官僚の仕事を政治家が自分でやろうとする。つまみ食い的に政治主導の形を見せるが、すべてを政治家だけでやれるはずがなく、残りの仕事は官僚に丸投げとなる。「パフォーマンス政治」である。事務次官に取って代わったかのように、省益の代弁者になることも多い。

次に政治力の源泉。自民党政治は集団主義的であり、政治家は地縁的団体や業界団体と結びついていることがほぼ必須で、結びついている団体が強い（人数が多い、献金額が多い）ほど政治力が強くなる。「利権政治」なのだが、集団主義的なので、私利私欲ではなく「みんな」のために利権を追求するという大義名分がある。

これに対し民主党政治は個人主義的であり、特定の団体と結びついていないことが「しがらみのない」政治家として評価される。政治力を決めるのは「選挙の顔」としてのイメージのよさである。政策論を展開する頭の良さ、話のうまさ、テレビ映りの良さなどがそのイメージの基になる。

しからば新しい政治はどうあるべきか。それは、政治家が官僚とは異なる政治家としての役割を果たしつつ、官僚を適確に指導する、それこそ「指導者政治」ではないか。官僚とは異なる政治家の役割とは、民意を代表することであり、国民とともに理念・政策を議論することだ。政策決定は、最終的には内閣が行うが、政策形成は、国民の生活や仕事の現場である「草の根」において、政治家と国民が一緒に行うべきである。政策決定は政府だが、政策形成は党。草の根における政策形成を、党における政治家同士の議論につなげ、仕上げる。なお、私の経験から言うと、小選挙区制は草の根の政策形成に向いている。個別利害を超えた包括的な議論をするのに、小選挙区はちょうどよい。

ここで力の源泉になるのは、政治指導者間のパーソナルな信頼関係、政治家と国民の間のパーソナルな信頼関係だと思う。「信頼の政治」である。人につながる力、人と人とをつなげる力が、政治力となる。集団主義、個人主義と区別して、ネットワーク主義と呼びたい。

ネットワーク主義的な「信頼の政治」であり、国民との「草の根の政治」にして、官僚に対する「指導者政治」。この手法をとる政治家は、自民党や民主党の中にいなかったわけではない。しかしそれぞれ党全体のスタイルにはならなかった。今回の解散総選挙は、この政治手法に則る政権を誕生させる機会にすべきではないか。

明治の新政府が発足したばかりで、まとまりがない烏合《うごう》の衆だった頃、大久保利通は、政治指導者間の信頼関係醸成がまず大事だと考え、定期的な会食を設けるなど細かい配慮をしたそうである。先鋭的な対立もあった明治政府だが、旧幕臣の登用や、国権派と民権派の歩み寄りもあり、「信頼」

のカで国難を乗り越えたとも言える。坂本龍馬に象徴されるような信頼のネットワークが、明治維新の力だった。

「利権政治」でも「パフォーマンス政治」でもない、「指導者政治」の実現のため、新しい日本をつくる信頼のネットワークを、総選挙までにできるだけ広く張り巡らさなくてはならない。

# 小沢一郎と「日本未来の党」——その結成の真相

## 「日本未来の党」結成へ

選挙は直前と直後に政治を大きく揺らし動かすことがある。その選挙が国運を左右するものであればなおさらだ。まさに今回の選挙はそれにあたると私は感じていた。その予感どおり、一一月二七日、あわただしい動きがあった。

滋賀県の嘉田由紀子知事の提唱で、「日本未来の党」が結成され、そこへ小沢一郎氏率いる「国民の生活が一番」が合流したのである。これについて私は直接かんではいない。小沢氏サイドで仕掛けにかかわった一人は達増拓也岩手県知事だった。そのあたりの経緯と事情については、巻末の達増知事との対談で知事がふれているので、そこに譲る。

さて、わが国の命運を分けることになる衆議院総選挙を一週間後に控え、複数の政党が「戦争への道」を、堂々と唱えるようになった。国民に、ファシズムにつながりかねない間違ったナショナリズムが目立ち始める国政選挙である。これに対して、「日本未来の党」は人間の良識を生かし、「未来をつくる政治の結集軸」として結成されたものだ。「いのちと暮らし」を守り、誤った「戦争への道」を阻止する人々の受け皿となる、きわめて歴史的意義のある結党であった。

嘉田知事は結党の記者会見の冒頭、「キーワードは『共生』だ」と述べた。これは本書でも第一章以降、繰り返し指摘したように、政治家・小沢一郎氏の一貫した政治信念を支えるキーワードである。私は「共生」を信条とする「日本未来の党」の結成を高く評価したい。また、結党理念として『びわこ宣言』を発表した。そこには、三・一一の原発事故後初の国政選挙で、「原発のない社会」に向けての論議が不透明になっている政治に怒りを突きつけ、「卒原発」を提唱した。

民主・自民・公明・共産・維新の各党は、嘉田新党の影響を恐れたのか、「総選挙のための互助会だ。〝卒原発〟だけに特化した公約で国政ができるのか」と批判したが、嘉田新党は「卒原発」を最重要課題とし、「いのちと暮らし」を守るために「女性の活用」「安心・安全社会の実現」「脱増税」「脱官僚」「品格ある外交」などを政策の柱としている。

これらの基本政策は、合流を決めた「国民の生活が第一」「脱原発」、そして部分合流の「みどりの党」各党の基本政策でもあったものだ。共通する理念と政策をもつ政党が合流することは、議会民主政治では当然のことで、別々の政党であることが不自然である。

## 「卒原発」が新生日本をつくる！

嘉田知事は記者団の質問に答えて、「福島原発事故は終わっていない。原発から卒業できる道を示さないといけない」と述べた。「原発から卒業できる道」とは、「原発資本主義から卒業できる道」といえる。わが国では、戦後の復興をさらに繁栄させる基盤が原発政治であった。それは原子力行政による原子力発電であり、「原子力村」による、「ウラニウム原発」からの過剰なエネルギー供給による、排他的競争資本主義であった。

戦後日本の繁栄を別の角度からいえば、「原発資本主義」といえる。きわめて歪んだわが国の繁栄は、「金権日本人」をつくり、「傲慢な日本人」を生み出した。そして、原発の利権にかかわる官僚と学者、そして企業がエネルギー政策を支配し「国家資本主義」をつくりあげたのだ。さらにいえば、今日の日本の政治・経済・社会のすべてにわたる劣化・惨状の原因は原発資本主義にあり、第三章で指摘したように、この原発資本主義こそが「小沢一郎謀殺事件」の主役の一人である。だからこそ、小沢氏が嘉田知事の「日本未来の党」へ合流したのは当然といえば当然の流れだったのである。

原発資本主義から卒業することは、新しい「国民資本主義」を創造することである。「原発問題」は単なるエネルギー問題ではない。外交安全保障の基本問題であり、環境問題の基本であり、国民の生命と生活に直結する問題であり、硬直化した国家統治機構の問題でもある。「卒原発」のもつ意義は、今日の、行き詰まったわが国の諸問題のすべてにわたる改革を必要とすることになる。「卒原発」を総選挙の目玉の政策スローガンに特化することは、政党として他の重要政策を放置する無責任な態度との批判は当たらない。

人類だけでなく、地球に存在するあらゆる生き物のためにも、一日も早く「原発文明」から卒業し、新しい「地球文明」を創造することは、神が私たち日本人に与えた責務である。

第四章で述べたように、私をふくめて周辺にしか知られていないが、小沢一郎氏は昔から原発には批判的である。したがって小沢氏が一一月二六日の記者会見で、「今まで原発に安易に依存してきたことは、私自身を含め反省しなければならない」と発言、その後に「卒原発」の「日本未来の党」に参加表明したことに、私には何の違和感もなかった。

## 脱原発デモでの「小沢発言」が日本を救う！

小沢一郎氏は、「日本未来の党」へ合流してから、原発問題に対して積極的にアピールを始めた。一二月一四日、午後七時半、国会正門前の脱原発デモに参加し、次の訴えを行った。

「明確に脱原発を期限を切って、党として主張しているのは未来の党だけだ。経済がおかしくなるとか、電力の供給ができなくなるといわれるが、決してそういうことではない。私は信念として自信をもって、脱原発はやればできると考えている。総選挙において論点からはずされていることに、新聞・テレビで脱原発という言葉を使わない状況がある。日本の社会が既得権の癒着の中で、マスコミさえそういう中に組み込まれていることが、日本の将来が真っ暗な道に進んでいくことになると思う。この声を、子供たちのこと、孫たちのことを日本の未来を心配する皆さんの声を多くの国民に伝えてください」

また、同月一二日には、都内での街頭演説で「脱原発」にふれ、代替エネルギーが完成されていることを話した。クリーンで安く、国内重電メーカーが開発した「超臨界圧石炭火力発電システム」が実用段階にあることを承知したうえで、国内炭を資源として活用でき地方振興や雇用、不況対策に役立つとして、脱原発に自信をもって話をした。

例えば、一〇年後といった近い将来、安く安定したエネルギー資源により電力が供給される見通しができると、わが国の産業は画期的発展を期待できる。使用済み核燃料といわれるプルトニウムを核燃料サイクルとして再利用する政策は、人類のみならず、地球上で命を育むすべての生物にかかわる重大問題である。地震国日本に住む人間として、小沢氏の脱原発論は日本を救うものといえる。総選挙で、仲間が少数になったとはいえ、これは新たな出発点となると大いに期待を抱かせた。

そんな小沢一郎氏の発言が効を奏したのだろう、日本未来の党への支持がじわじわと広がりつつあった。とりわけネットで支持が広がった。

## 「日本未来の党」分裂の真相と真犯人

あわただしく結成された「日本未来の党」であったが、良識ある有権者からは大いに期待されていた。一つ気がかりは、嘉田代表が強く推した飯田哲也副代表の評判であった。多くの友人から飯田氏の言動への注意を受けていた。その危惧が表に出たのは、総選挙が告示される前日の一二月三日であった。中央選挙管理委員会へ届け出る未来の党のブロック名簿届出が大幅にずれ込んだ。それは比例代表名簿の順位でもめたかららしいとのニュースが流れたのである。前述したように、小沢氏の未来の党への合流問題について私はまったく関与していないので、正確な内部情報はなかったが、これは危ないと直感した。

これを機に、マスコミ各社から、未来の党の「内紛」についてネガティブ報道が流されるようになる。その多くは、例によって、「その裏に政界の壊し屋・小沢一郎あり」を匂わせるものだった。

これで未来の党への風向きはフォローからアゲンストへとすっかり変わってしまった。一二一人を擁立したものの小選挙区で当選したのは小沢一郎氏と亀井静香氏のわずか二人。阿部知子氏など比例区復活組を合わせても九議席しか得られなかった。

惨敗後にさらに「内紛」が深まる。

選挙後の一二月二〇日、京都で小沢氏は嘉田氏と会談、嘉田氏側は共同代表に阿部知子副代表、幹事長に小沢派の鈴木克昌衆議院議員を充て、代表代行は総選挙で落選した飯田哲也氏を続投させる党執行部案を提案。これに対して小沢氏ら旧「国民の生活が第一」側は難色を示し、党内に亀裂と齟齬《そご》をきたすようになっていった。

一方、嘉田代表に対して、滋賀県議会を中心に嘉田氏が県知事と政党党首を兼務することに対する批判が生まれる。

嘉田・飯田ラインと小沢系の対立を改善に向けて両者の間でやりとりがあったが、むしろ対立は深まり、亀井静香氏は党内対立を理由に離党を表明、両サイドに速やかな解党を勧めた。一二月二七日、「国民の生活が第一」の衆議院議員七名と参議院議員八名が党名を改めて「生活の党」に結集、「日本未来の党」は阿部知子衆議院議員一名による政治団体として新たに設立されることとなった。

当時、年末の慌しいなかマスメディアから得た情報である。「善人の嘉田知事を手練れの小沢一郎が利用、不用になったので捨てた」という筋立ては、私自身、まったく信をおいていない。では真相は何か。

どうも状況証拠からすると、飯田哲也氏には怪しい背景がありそうである。人気のない小沢一郎氏が人気のある嘉田知事を御輿《みこし》に担いだものの、それほどでもないのであっさり捨てたというのも事実ではない。むしろ嘉田知事も被害者であるが、小沢一郎氏も被害者である。この背後には何やら策謀があったと見ていいのかもしれない（なお、それについては第六章の達増岩手県知事との対談で詳しく述べているので、そちらを参照していただきたい）。

しかし、これまで何度も述べたが、すべてを大いなる謀略で説明することには私は異議がある。それでは悪しき陰謀史観に陥ってしまう。「どんな困難と壁があろうとわが道は自分で切り開く」が私と小沢一郎氏の一貫した流儀である。今回の未来の党をめぐる躓《つまず》きも、そう考えて対処すべきだろう。

# 第四六回衆議院総選挙を総括する

## さめていた有権者、戦後最低の投票率が意味するもの

ここで一二月一六日に行われた第四六回衆議院総選挙も総括しておこう。でなければ小沢一郎氏の今後も切り開かれないからだ。今回の選挙結果は、巨大メディアの誘導的予測どおり自民党の圧勝、連立政権となる公明党を加えれば衆議院で三分の二を超える三二五議席となった。この総選挙は、日本国と日本人の、これからの五〇年に至る命運を決める重要な問題をはらんでいた。すなわち「命と

暮らしを守る政治」か「戦争への道の政治」かの選択であったにもかかわらず、それに気づいた有権者が少数であったことが、自民党圧勝の根本原因だからである。

選挙であるかぎり戦略や戦術論が大事なのは当然のことで、開票直後から政治ジャーナリストたちがいろんな発言をしている。「自民党が勝ったのではない。民主党が自滅したのだ」とか、「第三極がバラバラで、自民党が漁父の利を得たのだ」等々である。当たっているところもあり、当たっていないところもある。もう少し幅広く基本的な問題について考えておくことが必要ではないかと思う。

一つは、投票率が五九・三二％と戦後最低を記録したことである。深刻な不況と長期デフレの中で、格差社会が拡がるという悲劇、消費税増税一〇％を成立させた後に、総選挙で民意を問うという議会民主政治と憲法原理を冒涜したことに、有権者は怒ってしかるべきだ。それを投票行動で表すのが国民主権の民主政治だ。それが戦後最低の投票率となったことは理解できない。

もう一つは、東日本大震災の復興も行き詰まり、福島第一原発事故も収束せず、原発の安全チェックも不明のまま再稼働への動きが企まれていることである。脱原発は三・一一以降から国民の声というよりも、国是ともいえるものだ。世界の眼は、日本での総選挙が「原発に依存しないエネルギー体制を確立する絶好の機会」と期待していた。それがこの戦後最低の投票率でウヤムヤになった。

この総選挙の不思議なところは、有権者たちは消費税増税を政権政党として強行成立させ、原発再稼働を強行した「野田政権」を壊滅させた。と同時に、「消費税増税」に三党合意として協力し、原発再稼働を心の底では喜んでいる自民党と公明党に歴史的勝利を与えたことだ。この「民意のねじれ」

をつくった正体とは何であろうか。

この総選挙は、当初、「既成政党と第三極の政治理念や政策の闘い」と報道されていた。第三極が「オリーブの木」のようにまとまれば、こんな結果にならなかったであろう。第三極がまとまらなかった理由は、石原前都知事らが「維新の会」に合流し、その性格を変えてしまったことにある。誰が何と言おうとも「日本維新の会」は自民党の補完勢力であり、この流れができるとともに、巨大メディアが総選挙の争点として集中的に報道するようになったのが、「雇用と不況対策」であった。

「反消費税増税と脱原発」を解決しなくては「雇用と不況対策」も解決できないのは自明の理である。その考えから未来の党が「命と暮らしを守る政治」を主張するようになると、巨大メディアは「雇用と不況対策」を別物にすり替えて報道するようになった。すなわち「金融緩和や建設国債の日銀引き受け」を評価する「財政規律先送り論」だ。しかし、いくら金融緩和をしても、マネーゲームを増進させるだけで、庶民のふところは潤わず、格差社会をさらに深刻にするだけである。

この巨大メディアの「すり替え報道」で、庶民にとってはコリゴリなはずだった自民党政治が圧勝した。そのわけは、自民党利権政治を民主党に政権交代させたものの、野田政権は官僚利権政治のハエ採り紙に捕まり動けなくなって、実態は「野田自民党政権」になってしまった。そんな民主党野田政権はもうたくさんだと投票に行かなかった。つまり戦後最低の投票率による「民意のねじれ」をつくったのは、巨大メディアであるといえる。

戦後最低投票率にはもう一つの理由がある。それは総選挙の争点の主役から降ろされた「脱原発と反消費税増税」を運動していた有権者は、巨大メディアのすり替え報道で、政治不信を起こしていったからだ。一方、結党したばかりの未来の党は、「命と暮らしを守ろう」と必死に叫んだが、前述の「歪められた内紛報道」によって逆風をうけ、彼らの受け皿とはならず、多勢に無勢となったのである。

## 民主党の壊滅的崩壊の原因

民主党の大惨敗についても「反面教師」として総括しておく必要があるだろう。平成二一年八月三〇日の総選挙で、民主党は衆議院に三〇八議席を得て、自民党と歴史的政権交代を行った。鳩山首相のもと、社民党、国民新党との連立政権であった。それが三年四ヶ月目の総選挙で、五七議席と壊滅的に激減。政権交代のときには誰もが予想しなかったことである。その原因について、マニフェスト(選挙公約)問題をはじめ、識者たちが議論をつくしているが、あまりにも馬鹿馬鹿しいので深入りはしない。一点だけ触れておきたいのは、議会民主政治における政党や政治家の「統治能力」の問題である。民主党にとって致命的欠陥があった。

平成一九年七月の参議院通常選挙で、民主党が勝利し、政権交代の道筋が見えてきた頃、当時の小沢代表に指示されて「政権を担当したときの心構え」について、菅代表代行に説明し議論したことがある。その頃、菅氏は英国の内閣制度を参考にすべく、スタッフと研究を重ねていた。私が進言したのは「外国のやり方を参考にするのは限界がある。政権を担当する人間の『統治能力(ガバナビリティ)』とは何かを勉強しておくことが大事だ」と言ったことがある。

私の進言の要点は次の三つである。すなわち、

① 統治能力とは党や政治家が、公的・私的組織や国民を管理・支配、従わせる能力だと教科書に

は書かれている。

② それを成功させるために、Governabilityの語源が参考になる。それには「自己抑制」という意味があり、これが大切で、民主党が政権に就いたとき、「戦略的自己抑制」という発想で政治に当たるべきで、これを研究しておくべきだ。

③ 多数決原理には限界があることを知るべきだ。少数者の権利に配慮するためにも「戦略的自己抑制」が必要で、これを理解すれば統治能力が適切に発揮できる。

菅氏は私の進言をまったく理解せず、「国家戦略局」とか、英国の内閣機能の形だけに興味をもっていた。菅政権となって「議会政治は時間を限定した独裁主義だ」と言いだしたときには、民主党政権は長くは続かないと思った。議会民主政治で政権を担当するには、「戦略的自己抑制」をどう機能させるか否かで、政治の質や政権担当者の評価が決まる。

続く野田政権は「決断の政治」を売り物とした。しかし「決めてはならないことを決断」して失敗したのが、消費税増税であり、年末の衆議院解散であった。しかも、自己の思想信条と関係なく、財務官僚やそのOBたちに唆されての決断であった。こうなると政治家の資質というよりも、人間としての資質の問題である。民主党崩壊の原因は、こういう人物をトップリーダーにするという、政党の構造や性質にあった。

## 二〇世紀的政治文化の終わりの始まり

二一世紀となって四半世紀となる。私は半世紀を超えて政治の中で生きてきた。今回の第四六回衆議院総選挙ほど日本の政治劣化を見たことはない。それは巨大メディアの作為的政治謀略を多くの有権者が見抜けなかったことだ。東日本大震災・福島第一原発事故という大惨事を経験した日本人の、政治への意識が変わったと私は確信していた。たしかに意識を向上させた人も多くいた。しかし、その人々を政治的に統合すべき政治の側や政党に問題があった。

私が承知していることは、「三・一一」の悲劇を通じて自分たちで政治を動かそうという人々が、誕生したばかりの「未来の党」のために、自分を犠牲にして奉仕する様子を各地で見聞きした。多くは当選に至らなかったが、この人々の志と活動がこれからの日本の政治浄化や向上の鍵になると確信した。一方で、巨大メディアの誘導により政治不信の穴に落ち、投票権を放棄した人たちも多く、民衆がつくる政治の難しさを解決することが今後の課題である。

政治にかかわって以来、私の意識の原点から離れないのは、政治を動かす本質は何かという問題である。人間の論理でも感情でもない。物理的力や精神力だけでもない。言葉に表せない奇妙な存在があるのではないか、という想定である。深層心理学にいう人間の「集合的無意識」なのか、もっといえば歴史の背後を動かす「天命」なのか、とにかく「人智を超える力」のようなものを感じざるを得ない。

年内に総選挙必至といわれたその年明けに、民主党の壊滅的崩壊を予想した人はいなかった。またこの時期、安倍晋三氏が自民党総裁選に再挑戦して勝利し、総選挙で圧勝することを想定した人もいなかった。このポリティカル・ダイナミックスをつくったのは誰か。それは「天命」によるとしかいいようがない。「天命」が民主党を崩壊させたのは、二一世紀も一三年を過ぎても、二〇世紀の政治文化を引きずって、その欠点を改めようとしない民主党を政治の中心から後退させることが目的であったと思う。

それでは、民主党より問題のある二〇世紀の政治文化で生きのびてきた安倍自民党を、ここまで圧勝させ政権に就けた「天命」には矛盾があるのではないか、と文句が出よう。これが「天命のポリティカル・パラドックス」というものだ。「天命」は安倍自民党に永遠の勝利を与えたものではない。総選挙の投票構造を見ても、健全な形で国民の支持を得たものではない。「天命」の意思は「自民党よ、二〇世紀の政治や政策で日本がやっていけるのか」という宿題を負わせたのである。自民党を崩壊させるための自民党の圧勝であったともいえる。

安倍自民党総裁は、首相就任を待たず、「アベノミクス」という不況対策の帆を拡げ、マネーゲーム資本主義で経済を成長させる方向を決めた。二〇世紀に成功した土木公共事業による不況対策を看板に掲げた。世界的規模で社会・経済構造が変質した二一世紀に通用するはずがない。「アベノミクス」の行先は、さらなる格差社会であることは、常識のある人間ならわかっているはずだ。「天命」は、安倍自公政権に「二〇世紀政治文化の終焉」を期待しているのかもしれない。

先の総選挙では、ほとんど議論にならなかったのが二一世紀の資本主義のあり方である。「命と暮らしを守る政治」の実現は、マネーゲーム資本主義では不可能であること。そして原発をエネルギーとする資本主義では人々の生命と健康は守れないこと。これが二一世紀に創造すべき「国民資本主義」の原点である。その小さな芽は、今回の総選挙を通じて「天命」によって仕込まれているのではないか。

## アベノミクスの行方

### 「ヘルメスの魔法の杖」

平成二五年が明けた。干支は「巳」である。そこで年頭にこんなことを思った。

私の人生の師・前尾繁三郎元衆議院議長の遺稿『十二支攷』（思文閣）の中に「二匹の蛇」という随筆があり、ギリシャ神話から「ヘルメスの蛇」をこんなふうに援用されている。ヘルメスはある行為の御礼に、アポロから一本の魔法の杖をもらった。この杖は不和を調停し、論争を宥和《ゆうわ》し、対立するものを調和する力があった。ヘルメスはある時、二匹の蛇が闘っているのを見て、この杖の魔力を試みようとして、両方の間に差し入れたところ、二匹はすぐその争いを止めて、仲よく杖に巻き付いた。ヘルメスは大いに喜んで、二匹の蛇に永久にそのままの姿であることを命じ、どこへ行くにも、この杖を携えることにしたという。

前尾先生が、この「二匹の蛇」の話を随筆にした理由は、「政治の本質」についての見識によるものである。「政」の文字の語源を「正義」と「力」と分析したうえで、「力」のない政治はすなわち、礼＝秩序のない政治で混乱あるのみ、「正義」のない政治はもはや政治とはいえない、と断じている。そして、現代の国家社会の中での争いや対立を調整し調和する「ヘルメスの魔法の杖」に、議会民主政治を夢見ていたのではないかと思う。

しかし、二一世紀の現代、世界のどこに行っても議会民主政治が「ヘルメスの魔法の杖」の役割をしている国はない。おそらく、人類は「二匹の蛇」のギリシャ神話を忘れ、現代のような混乱となったのではないか。

第二次世界大戦が終わり、二〇世紀後半の世界政治の「二匹の蛇」は、資本主義を正義とする米国と、共産主義を正義とする「ソ連」であった。そして二〇世紀末には米国中心の資本主義の蛇が、ソ連中心の共産主義の蛇を呑み込んでしまった。そして世界平和と繁栄は資本主義によってもたらされると期待された。共産圏が崩壊したのは、その原点である平等や共助・公助が忘れられ、官僚国家になったことにある。かくして市場原理の中でもっとも過激な排他的競争という「蛇」が出現する。

二〇世紀末になると、技術の発展による世界のグローバル化と高度情報社会化が一挙に進み、資本主義は変質していく。実体経済を無視したマネーゲームによる金融資本主義は、健全な資本主義を変質させていく。そして二一世紀になると、資本主義はマルクスもケインズも想定しない形態に陥り、国家資本主義体制となる。米国をはじめ、先進諸国は無論のこと、中国もまた同じである。金融資本主義が崩壊・変質していく典型的な例が、二〇〇八年（平成二〇年）に米国で起こったリーマン・ショックであった。

二一世紀の「二匹の蛇」は、国家権力など官僚と結びついたマネーゲーム資本主義を原点とする「国家資本主義」という「蛇」と、民衆の福寿が国家社会の安寧を原点とする「国民資本主義」という蛇の食い合いとなった。日本では平成二一年八月の総選挙で民主党が政権公約したのは、「国民資本主義の実現」であった。国民の圧倒的支持をうけて、歴史的政権交代を成し遂げた。しかし、菅・野田と続く民主党政権は、官僚と財界の支配に屈し、「国家資本主義」の政治に転向した。東日本大震災・

福島原発事故という大惨事のさなかに民衆を裏切った。否、もともとこの理念を理解していなかったのかもしれない。

それ故に起きたのが、昨年一一月の衆議院解散であり、野田民主党政権の「自爆テロ解散」であった。

暮れの一二月二六日、安倍第二次内閣がスタートしたが、安倍氏は就任に先立ち、日銀に対して金融緩和を要請し、大型補正予算の編成、消費税大増税の実施を前提とする政策を提示した。また、原発再稼働を示唆するとともに、原発の新・増設すら匂わせつつ、TPP参加にも柔軟性を示し始めた。これらは、マネーゲーム・国家資本主義の展開であり「二匹の蛇」の弱肉強食の政策そのものである。真に国民のためになる不況対策や雇用対策は大事である。しかし、それを口実にして、外国のヘッジファンドたちによる「アベノミクス」を狙ったマネーゲームが始まった。これで世界経済はマネーを求める蛇の力が強くなろう。そして民衆の福寿はこの蛇に食い尽くされていく。

肥大化した「マネー蛇」の運命はどうなるのか。おそらく自分を食い尽くすことになろう。かくして人類は滅亡していくのかもしれない。日本人は暮れの総選挙でこの道を選んだ気がしてならない。資本主義の本質は不安定であることだ。この気まぐれの資本主義を歴史の中では人間の英知で調整し管理したこともあった。リーマン・ショック以降の金融資本主義の暴れようはただごとではない。早急に「ヘルメスの魔法の杖」をつくらなければならない。

きわめて困難なことであるかもしれないが、人間には「共生」という理性があったことを思い出し、真の議会民主政治を確立させることである。

## 新たな政治的地平へ

### 小沢一郎氏との懇談

年が改まった平成二五年（二〇一三）一月五日、久しぶりに小沢一郎氏と懇談する機会があった。冒頭、小沢氏が平成元年に海部自民党政権の幹事長に就任した年に起きた、米ソ冷戦終結の話に始まり、約四半世紀の平成政治について議論することになった。

平成元年一二月二日、マルタ島でブッシュ米大統領とゴルバチョフ・ソ連書記長による会談で東西冷戦を終結させた直後、小沢幹事長の要請が普通ではなかった。「平野さん、すまんが日本が明治時代に議会政治を導入して以降、世界政治の大変動によって日本国内の政治構造がどんな影響を受けたか、調査してくれないか」というものだ。こんな感性の政治家に付き合ったのは、衆議院事務局に奉職して初めてであった。私はただちに着手し、レポートにまとめた。これを紛失したことは誠に残念なことだが、その要旨は鮮明に記憶していて、結論は「世界で政治が大変動したとき、日本では政党再編が起きている」ことであった。

小沢氏は「日本は米ソ冷戦中、日米安保体制に縛られ、五五年体制というか、自社馴れ合い政治を続けてきた。これでは激しい国際情勢に対応できなくなる。各政党が責任をもつ政治を行うためには、政党再編により、政権交代ができる仕組みへ変えざるを得ない」との考え方をまとめたのである。小沢氏は、私のレポートをもって竹下元首相に説明に行くが、竹下元首相は「公明・民社とパーシャル連合でしのげる。政権交代で自民党が政権から下りるような政治改革は必要ないと理解しなかったと聞かされた。

こんな思い出話もしながら、「世界で政治が大変動したとき、日本では政党再編が起きている」ことを二人で確認し、今回の総選挙の総括に話は移ったのだった。

総選挙の結果、民主党が壊滅的崩壊状態となった。これからどういう理念と政策で臨むかという方向性が見えなくなった。自公両党が衆議院で三二五議席と、憲法上の再議決を可能とする巨大政権が実現した。民主党の中には「自公民路線」という考えをもつ人たちがいる。状況によっては議会民主政治の魂である「政権交代」を忘却する可能性もある。さらに日本維新の会やみんなの党は、自公政権に是々非々で臨むと公言している。共産党が「栄光ある孤立主義」を続けており、それは、結果的に大政翼賛会体制に協力しているといえる。小沢氏の指導する生活の党（衆議院七名・参議院八名）が、政権交代の理念を堅持する唯一の〝核〟となった。

歴史とは皮肉なもので、政権交代を行いやすくするための政治改革だった「小選挙区比例代表並立制」が、結果として大政翼賛会体制をつくることになった。重くて暗い思いに陥る。しかし、よく考えてみると、制度に完全無比なものはない。問題は制度にかかわる人間の側にある。暮れの総選挙では「自公」または、「民主」の政権争いに、「第三極」がまとまって挑戦する構図が期待されていた。小沢氏は「第三極」の結束を強く主張したが実現を見なかった。

原因は、第三極といわれた主要な政党が、それぞれ自己の利益にこだわったことにある。政党は自己主張だけでは政治はできない。健全なデモクラシーは、政治にかかわる人間の自己抑制によって実現するものだ。根本問題は、日本人全体のデモクラシーに対する感性にあるのではないか、こんなことも話題となった。

私たちは先の総選挙の結果に悲観することはない。新年になって真に国民のためになる国づくりのために、健全なデモクラシーを実現しようという動きが、全国各地で始まった。小沢氏にとって、平成の約四半世紀の時は、国民と国家のためという活動で多くの実績を残した歴史であった。もう一度原点に戻って、本物の国民主権を確立する機会を天命が与えたのではないか。これが小沢氏との懇談後の私の感想であった。

私も老体をいたわりながら、もうひと働きせねばと家路についたのだが、しばらく経って、そんな私を励ますメールが岩手の達増知事から届いた。小沢一郎氏との懇談内容とも通じるもので、示唆に富み共感できる内容なので、以下に掲げる。

## 政治的焦土からの復興

平成二四年一二月の衆院選は、政治的な大災害のようだった。唐突な解散によって唐突に行われた総選挙は、有権者がどうすればよいかわからなかったという意味でも、民意が何を選んだのかよくわからないという意味でも、「決められない選挙」となった。集団的意志決定としての選挙が不全をきたした、荒涼たる政治的焦土が私たちの前に広がっている。

まず、忘れてはならないのは、西松事件から陸山会裁判へと続いた「検察の暴走」がなければ、このような事態にはなっていないということである。「検察の暴走」が民主党政権を崩壊させ、大与党と与党補完勢力群からなる大政翼賛会的状況をもたらした。国民的な猛省が必要である。

一方、「検察の暴走」をはね返せるほどに民主党がしっかりしていれば、やはりこうはならなかった。民主党政権の崩壊は民主党の自滅であることも真実である。「検察の暴走」に便乗して党内権力を掌握しようとし、消費税増税で国会の主導権を握ろうとした菅首相の邪道路線。その邪道路線を引き継ぎ、消費税増税と解散のセットを三党合意で約束し、消費増税以外にできることは解散だけ、という窮地にみずからを追い込んだ野田首相。そのような党代表・首相を、党を挙げて選んだ民主党。大いなる自滅であった。

ちなみに、菅・野田と続いた邪道路線を、マスコミがほめそやしていたことが思い出される。特に、消費税増税と「近いうち」解散をセットで約束した三党合意を、マスコミのほとんどが『決められる政治』への一歩だ」と持ち上げていた。野田民主党がそれに気をよくしていたとしたら、今回の大自滅は、マスコミにまんまと騙された面もあったということだ。

それにしても、今回の野田首相による解散の決断は、天下の大愚行だった。大いなる自滅になったから愚かであるだけではなく、民意の集約としての選挙の役割をぐちゃぐちゃにして、日本の民主主義を大きく損なったという点でも愚かであった。

イギリスをはじめ、欧州の議院内閣制の国々では、首相の解散権を制限する傾向にある。やはり、「解散は首相の専権事項」などと言って、いつでも好きなときに解散できる、という考え方は改めなければならない。解散権は無制限であると解釈するからこそ、「いつでも解散できるのなら、今すぐ解散しろ」という野党の絶え間ない解散要求にも抵抗しにくくなる。「衆議院の解散は、国民の信を問うべきよほどの必要性がある場合に限る」という憲法慣習を確立すべきだろう。解散する以上は、何について信を問うのかはっきりさせ、争点を明確にして選挙をしなければならない。今回の選挙は、まったくそうなっていなかった。

自民・公明は、「消費税率の引き上げは民主党の政権交代マニフェストの否定なのだから、あらためて国民の信を問え」と主張していた。そのロジックのままに消費税増税と解散をセットで実行すれば、政権交代の否定、民主党政権の否定を野田民主党が認めたことになる。民意を問うというより、ただただ自己を否定し、後事を自民・公明に託すための解散・総選挙になってしまった。タイミングについても、民主党関係者ですら虚を衝かれた唐突な解散で、第三極を混乱させてその結集を妨げ、一方で満を持して選挙に臨んだ自民・公明を圧倒的に有利にした。反消費税や脱原発を明確に主張する第三極が大結集に至らなかったことも、選挙の争点が明確にならなかった大きな原因である。師走の忙しさの中で、有権者がなかなか選挙に集中できなかったことも大きかった。

民意のありように即して言えば、第四六回衆議院総選挙は、前回総選挙で政権交代に託された民意を引き継ぎながら、それに東日本大震災と原発事故で意識を高めた国民の民意を加えて、新しい日本のあるべき姿を決める選挙となるべきであった。反増税と、脱原発。それは、格差社会化や貧困問題の深刻化を防ぐセーフティネットの充実で地域社会を強くし、農林水産業を活かした地域経済の活性化と再生可能エネルギーの推進で地方から日本経済を再生させていく道である。

私はかねてから、日本に必要な改革の本質は、冷戦構造に過剰適応した仕組みを変えることだと述べてきたが、今、さらに、「新自由主義的グローバリズム」への過剰適応傾向も含めて変えることが真の改革であると言わねばならないと思う。「新自由主義的グローバリズム」は、冷戦に勝利した西側的なものを徹底していく路線なのだが、グローバリズムと言いつつ冷戦構造の呪縛にとらわれている。リーマン・ショックで、それでは駄目なことが明らかになり、日本でも「新自由主義的グローバリズム」に「待った」をかけようとする民主党マニフェストが評価されて、政権交代が起きたのだった。

今回、民主党の大いなる自滅と、第三極勢力の混乱で、政治的大災害が生じ、それに日本未来の党も巻き込まれて、満を持していた自民・公明の大膨張に対し、日本未来の党は振るわなかった。しかし、日本未来の党の理念・政策こそ、本来、今回の選挙で民意の大いなる付託を受けるべきものだった。そうならなかったのは残念至極である。反省すべき点は多々あるが、大災害（野田首相によって引き起こされた人災だが…）に襲われた中で、理念・政策の旗を高く掲げ、底堅い支持を獲得したことは、次につながると思う。つなげなければならない。

民意集約不全選挙となり、民意は国会の中よりもむしろ国会の外にある状況だ。さまざまな集会で声を上げる人々、インターネット上で議論する人々、筋を通す文化人・有識者、そして普通の生活者、等々、さまざまなつながりのネットワークを広げて、民意を形にする力とすべきだ。

その関連で、ネット世論とリアル政治の乖離《かいり》についても一言。二年前の民主党代表選挙と同様の、いや、より深刻な、こんなはずではないという悲憤慷慨が、ネット上に広がっている。これは、ネット世論が、日本のあるべき姿を先取りし、先を行っているということである。リアル政治が、遅れている。

ネット世論がリアル政治を牽引していくしかけを、つくらねばならない。ネットによる選挙運動解禁も、必要だと思う。ネット上のテキストや画像が、公職選挙法の今の解釈では許可されない「文書・図画」扱いなのだが、本来ネットは通信であり、電話と同様に自由化すべきなのだと思う。

焦土と化した日本政治を、復興しなければならない。復興のための力は、国会の中よりも、むしろ国会の外にある。特に、地方や、都会であっても地域コミュニティーのような所の、草の根の暮らしや仕事の現場に、日本政治復興のための力が宿っていると思う。それをていねいにつなげていけば、復興は必ずできる。今回、民意が日本を動かすような選挙にならなかったのは、解散の仕方が悪かったからであり、民意が悪くてこうなったのではない。日本国民の民意は決して悪くない。そこは信頼していいと思う。民意を大事にしていけば、日本の政治もきっと復興する。

## 「生活の党」結成の意義

### 生活の党の目指すところ

一月二五日、憲政記念館で「生活の党」二〇一三年度定期大会が開かれた。昨年暮れの総選挙後、「未来の党」を分党して結成した経緯があり、事実上の結党大会で、党員・サポーターも三〇〇名近く参加した。

開会にあたり、司会者の提案で全員が起立して、アルジェリア人質テロ事件の犠牲者に黙祷《もくとう》を捧げた後に議題に入った。議長選出後、まず代表選任議事があり、森ゆうこ代表に代わり、小沢一郎代表が満場の拍手で選ばれ、「生活の党」が本格的に始動することになった。

小沢代表は就任挨拶の冒頭、代表を受けるにあたり、暮れの総選挙で自分の協力が十分でなかったことから、多くの同志を失ったことに心から責任を感じ、悩みに悩んだと率直に語った。また、自分が先頭に立つことで、三年半にわたったような権力の乱用が起きれば、皆さんに迷惑をかけると悩んだが、今の日本の国民のことを考えると、非情の思いで代表の責務を果たす決意をしたと、胸中を明かした。

小沢代表の所信として、政党の命は政策であり「国民の命と暮らしを守る」ためには、民主党に政権交代した原点に戻り、当時の基本政策を進化させるべきだと述べた。当面の課題については、夏の参議院通常選挙がきわめて重要で、自公政権とそれにつながる勢力が勝てば、日本の将来は危うくなると指摘、改選期を迎える党所属六人の参議院議員への支援を要請した。また選挙協力で野党が共闘する必要性を強調した。

安倍政権への批判も厳しく、右派とか左派とかいう問題ではなく、理念と論理に合理性がない。そのときどきの思いつきを感情的に発信しており危険を感じる、と指摘した。最近のアルジェリアでの人質事件に関しても、政府筋からの自衛隊派遣による人質救出の法改正論に反論した。

あらゆる戦争の歴史は自国民の救出という理由で始まっている。国民の生命と財産は、軍事力だけで守ることは不可能であり、国際的協力を必要とし、国連の活用を示唆した。

鈴木克昌衆議院議員から「綱領および規約改正」について提案があった。綱領の要点は「多様な価う価値観をもつ他者と互いに認め合う『共生の社会』を目指す。そのために『国民の生活が第一』という理念をもって、日本の仕組みを一新する」。そして綱領はこう結ばれていた。「我が党は、諸国家、諸民族、諸文化、さらには自然とも共生する理念のもと、世界に平和と持続的繁栄のための諸活動に、性別・年齢・分野を問わず積極的に参加することを求める。平和と繁栄という普遍的な目的への人類史的貢献の発信者としての日本を、すべての国民が名誉と思える時代を築くためである」。

続いて森ゆうこ参議院議員が「基本政策」として六項目を提案した。すなわち、

①国民生活を立て直す
②原発ゼロで経済成長を実現する
③安心・安全を実感できる社会を確立する
④是認参加型社会を構築する
⑤地域が主役の社会へ転換する
⑥自立と共生の外交を展開する

また、党議拘束を設けないことも再確認し、政党としての先進性も示した。

特に注目すべきは②である。第一番に「福島第一原発事故の早期収束を政府主導で行う。短期集中的に労力と資材を投入するとともに、新技術を活用して抜本的な放射能対策を実施する」と挙げ、再稼働・新増設はいっさい容認しない。二〇二二年までに最終的な廃止を確定すると言い切り、代替エネルギーの具体策も提示している。総じて、福島原発・放射能問題を解決せずして何が政治だ、という意気込みが強く感じられた。

# 小沢一郎と憲法改正問題

## 九六条単独先行改正は邪道

安倍政権は「アベノミクス」効果への支持に気をよくしてか、当初の「安全運転」から「強気の運転」にシフトチェンジしつつある。そのシンボルが、憲法改正を来る参院選の焦点にするという表明である。それをうけて、マスコミもこぞって憲法改正問題を取り上げるようになった。そこで、小沢一郎氏と憲法改正問題について、述べておこう。

三月五日、午前一〇時頃、衆議院事務局時代の友人から電話があった。「今朝の読売新聞の『憲法考』に君の名が出ているよ。憲法第九六条を先行して改正するなんてとんでもないよ」と。「大変な誤解だよ。そんなことに関係していない」とは言ったものの、気になったので近くのコンビニで読売新聞を買って読んでみた。

一五年ほど前の話で、たしか参議院決算委員会だった。自自連立の小渕内閣時代に、憲法改正国民投票法の制定と国会法改正の必要性を質疑したときの記事だった。宮沢喜一蔵相や野中広務官房長官に「憲法改正権は国民にあり、それを五〇年以上整備せず放置しているのは、国民主権を冒涜するものではないか。欠陥憲法と思わないのか」と迫ったわけだ。

当時、自民党護憲派の宮沢・野中両大臣は、口を揃えて「将来、与野党で憲法改正の内容で合意ができたとき、改正手続きを整備すればよい」と答弁し、私が「憲法政治の責任を放棄するもの」と批判して、両大臣を困らせたことがあった。後日、このことを知った小沢一郎自由党党首から「あんまり年寄りをいじめるな」と注意を受けたものだ。

私の憲法改正手続きの法整備発言を契機に、憲法改正国民投票法制定の議論が活発となる。平成一二年には衆参両議院に憲法調査会が設置され、憲法を論議する場が国会にできることになる。平成一九年には、憲法改正国民投票法の制定や国会法改正が行われた。この時期、私は参議院議員を引退していた。この国民投票法の内容には問題が多く私は反対だ。

安倍首相が盛んに煽っている憲法九六条の単独先行改正に私は反対である。憲法を、真面目に誠実に考える人間なら、あり得ない発想である。憲法政治の否定どころではない。政治家の資質にかかることである。この主張が次の参院選で、両院それぞれ三分の二以上の数となるとの予想もある。わが国の議会民主政治はきわめて危険水域にまできている。デモクラシーの基本を知らずに憲法を論じることを恥ずかしく思わないのか。違憲の総選挙で選ばれた政治家ということではすまされない。

そこでこの機会に、憲法改正について私の考え方や、小沢一郎党首（当時）の指示をうけて私がまとめた自由党の「新しい憲法を創る基本方針」について説明しておきたい。

日本国憲法制定の経緯からいっても、占領軍の指導で制定されて、六六年という年月が経って日本国の存立条件が根本的に変化した。現憲法の長所は生かし、欠陥は改めるという発想、すなわち憲法を発展させるという立場が必要であると思う。そのためには「新しい憲法をつくる」という姿勢が必要である。改正手続きのみを改正することは、憲法の性格の変更になる。憲法には人類普遍の原理も含まれており、仮に改正条件を緩和するにしても、国民にその重要性を認識させるため特別の配慮が必要だ。占領下の特殊事情で制定されたことからしても、全体的な見直しの改正が正当である。

## 土井たか子が賛成する新しい憲法をつくれ！

私の憲法に対する考え方は、敗戦を機に制定された憲法を、改憲とか護憲という条文、主として第九条を中心とする単純で不毛な憲法論を繰り返していては、日本が二一世紀に生きることはできない。憲法を文化論として考え、マンネリ化したイデオロギーを排して、新しい憲法文化をつくるべきだとの意見である。そのためには、次の共通した認識が必要である。

第一は、現憲法の民主主義・自由主義・平和主義・国民主権・市場経済主義などの諸原理が、一九世紀の欧米文化の歴史的成果から構成されているという認識。第二は、これらの諸原理は尊重しなければならないが、単純な追随であってはならないこと。二一世紀に生かすため改革と発展が必要であるという認識である。大事なことは、現代が一九世紀や二〇世紀と違った、異なる文明へ移行する混迷期であるという歴史観が必要である。科学技術の発達によるグローバル化、高度情報社会化、資本主義の変質・崩壊、地球環境の危機などだ。

これらの認識を共有して、二〇世紀までの憲法文化の何を残し、何を改め、何を新しくつくるかを考えなければならない。

「基本方針」をまとめるに当たって、小沢氏が自由党党首だった時代に私に指示したのは、「本気で憲法問題をやるなら、土井たか子社民党委員長が賛成するものをつくれ」。難題を突きつけられたのだ。小沢党首と土井委員長の食事会にときどき呼ばれ憲法論議を行った。土井委員長から「小沢さんの憲法観は健全だが、平野さんは衆議院事務局時代から危険性があった」と、冷やかされたことを憶えている。

平成二四年四月、自民党は「日本国憲法改正草案」を発表した。この草案は、ひと言でいうなら「立憲主義の否定」である。国家権力のあり方を規制的に調整する憲法の機能を無視したもので、過去の自民党構想と比べてもっとも劣化したものである。

自由党の「基本方針」は憲法文化論であり、すべてを憲法に規定するものではない。なおこれからは、立法権・司法権・社会保障等について抜本的見直しを要する。基本方針の思想と理念は発展させて継承すべきと思い、あえて採り上げた。

いま、「憲法を拙速に改正すべきでない」というのが私の意見である。これまた小沢一郎氏も同意見であろう。世界において資本主義が崩壊的に変質し、北東アジアで異常な緊張が発生、わが国では大震災と原発事故の混乱が続いている。これらを踏まえて、二一世紀の憲法文化をどう構築していくか熟慮と議論をする時期ではなかろうか。

憲法を論ずるとするならば、第九六条（改正手続）の先行改正とか、第九条（戦後放棄）の改正といった、憲法改正限界の問題ではない。最も重要な問題は、資本主義の崩壊的変質に対して、国家や国民がどう対峙していくかということである。それに対して理念を共有することである。

# 来るべき参院選に向けて

## 参院選後に翼賛政治が始まる

安倍自公政権は、七月の参議院選挙で何としても自公で過半数をとり「ねじれ」を解消したい戦略だ。それには自公で六四議席が必要だ。公明党が一〇議席はいくとして、自民党で五四議席要る。自民党は平成一九年当選の改選組が三五だから、一九議席の上乗せが必要となる。無理ではとの見方もあるが、平成二二年には四八議席を当選させているので、六議席増をやればよい。野党の選挙協力が進んでいないので可能性はあるだろう。

注目すべきことは、こんな数合わせより自民党が参議院選挙後に「日本維新の会」を取り込めば、「ねじれ」は解消する。その場合、維新の会が分裂するかどうか。公明党がどういうスタンスをとるか、きわめて微妙になってくる。安倍首相が安全運転を止め、憲法改正や集団的自衛権など本音を出してくれば政局は流動的になる。ここが政治展望の第一のポイントだ。

民主党の自壊で、日本の政治は翼賛政治化し始めた。中期的展望として、「二〇一六年問題」が起きると思う。その年衆参同時選挙の可能性が強い。民主党が再生して自民党の健全な対立軸になれるか。これが日本の議会民主政治が健全化する鍵だ。

# 第六章

特別対談　平野貞夫 vs 達増拓也 岩手県知事

# 日本の危機を救うのは小沢一郎だ！

## 実現しなかった「非常事態対策院」構想

**平野**　今日の対談は、小沢一郎排除とそれによる日本政治の危機がテーマです。

まずは、震災と原発事故から二年が過ぎましたが、復興の状況、問題点は、いかがですか。

**達増**　「日本は現場力が強い」とよく言われます。大震災の災害対応から復旧、復興の中で、現場の市町村が必死に対応しています。市町村レベルだけでは手に負えない。県が一緒になって、自治体の被災者支援から復旧・復興に対応、また全国の自治体からも応援、人的支援がきています。これら地方自治体は、かつてないくらい力を発揮していると思いますね。

一方、国のほうは、非常にお寒いものを感じます。自衛隊とか、各省庁単独の対応は、大震災直後からいい動きがありました。国土交通省は地方整備局を中心に道路を切り開いたり、直したり、かなりスピードも速いし、ニーズにも対応しています。ただ、複数省庁にまたがる案件、例えば、燃料不足に関する問題とかはなかなか進みませんでした。また、国全体として大きなビジョンを打ち出したり、大きな手を打つ体制が、発生直後にはできませんでした。残念だし、今でも弱い。

去年一〇月、ハリケーン「サンディ」がアメリカ東海岸を襲い、それに対してアメリカがどんな災害復旧・復興をしたのかを調べました。かなり連邦政府が直接動いています。被災者支援についても、ニューヨーク州がどうしているのかHPを見たら、「被災者の皆様、まずはFEMAに登録してくれ」と書いてある。FEMAに登録をすれば、被害の段階に応じて支援金を受け取ることができたり、家を失った人は代わりに住まいを紹介してもらったり、連邦政府が直接やっています。避難所もFEMAとアメリカの赤十字が連携して、被災者の半分くらいは国が用意した避難所に入っています。

それに比べると日本は、かなり自治体がやらないといけない。アメリカ以上に地方自治体が頑張っているのは、自治の観点からはいいことですが、国の視点で見れば、同じ日本国のかなりの人たち、かなりの土地が被害を受けているのに、国が直接乗り出さないのはいかがなものかと思いますね。ボランティアなど民間ではオール日本の大きな動きがあるわけですし。

**平野** 三・一一の翌朝、達増さんから電話をもらいました。第一声が「神話にある大惨事のような状況だ」と。私に知事が言ったのは、「国が全部を取り仕切って、実行できるような、災害対策の非常事態に対応する独自の省庁、特別な機能をもった組織を立ち上げてもらわないと対応できない」と。

**達増** 完全にオールジャパンで立ち向かうべき、国家的な大災害。そんな実感をもちました。自治体だけではとても対応できない大災害だと。

**平野** 当時、菅内閣の顧問をやっていた連合の笹森清元事務局長から話があって、「官邸がどういう仕組みと段取りで取り組んでいいのかわからない。菅総理にとりあえず何ができるのか、話してみるから、教えてくれ」と相談を受けました。達増知事からも話があったので、私はまず、「与党である民主党をまずかためるべきだ」と。そのためには、代表経験者、小沢さんと鳩山さん、前原さんを呼んで、菅さんが「協力してくれ。手伝ってくれ」と頭を下げろ。「そこから始まる」と私はアドバイスをしました。

全員がその週の土曜日に集まりました。でも、これは小沢さんに聞いたことだけど、原子炉に水をぶっかけたという話に始まって、「よろしくお願いします」程度の話だった。小沢さん自身は「何でもやるから、何でも言ってくれ」と言ったそうです。前原さんも、鳩山さんも、「わかりました」程度のことだった。それきり、菅さんは何も言ってこない。

そのあと、菅さん側が谷垣さんに電話して、野党に協力を求めました。与党がかたまらないうちにそんなことをするとは信じられない。そして、混乱のうちに、笹森構想が崩れてしまったんです。

そのあと、達増知事から「災害復興院」構想の話がありました。同じことを小沢さんにも知事は言われていました。要するに、菅内閣のモラトリアム化ですよね。国会決議による、委任立法権などももった、超党派少数精鋭の非常事態対策院。非常事態が済むまではオールジャパンでやる。小沢構想を、亀井静香さんと村上正邦さんをとおして中曽根康弘さんに持っていきました。

中曽根さんから総理経験者に声をかけてもらおうとしたんです。その前に亀井さんが仙谷由人さんに相談すると、仙谷さんも「小沢さんがそこまで考えてくれるのか」ということで、菅さんを説得することになったのです。ところが説得に時間がかかっている。ちょうど小沢さんが岩手に視察に行ったときで、時間がもうないということで、菅さんからいい返事があるだろうという前提で、私と村上さんが中曽根さんのところに行って説明をしました。中曽根さんも「菅がその気になるんなら、自分が総理経験者を集めて、オールジャパンによる非常事態対策院の構想をやる」と言ってくれました。それで、東京に帰ってきた小沢さんに、「中曽根元総理もこう言ってくれた。あとは菅さんだけだ」となったのです。

しかし菅さんは、それをやったら、一ヶ月か二ヶ月たって落ち着いてきたら、自分が政権の座を降りざるを得ない。しかも財務省がその頃、総合対策費二五兆円の枠組みを決めていました。原発事故がこの先どうなるかもわからないのにね。そのとき、亀井さんと構想したのは、五年間で一〇〇兆円くらい使って、緊急災害対策だけではなく、二次災害、三次災害もあるし、日本列島全体の不況を是正するかたちでの、財政支出を考えようとした。財源的にも不可能ではない。そうしたスケールで、震災と原発の非常事態と、日本の悪い経済の部分の非常事態を立て直そうとしたプランでした。しかし、菅さんの拒否で、全部そこで壊れてしまったんです。あれができていたら、アベノミクスに期待することもなかったと思いますね。

**達増**　今日の昼のニュースで「アベノミクスで日銀が引き受ける国債の額が、一〇〇兆円を超える」と言っていますが、震災の発生直後に、それくらいできるだろうと私たちは言っていたわけです。日銀の国債引き受けも、この非常時にはあり得るわけですから、それくらいのことをやって財源を確保して、すみやかに手を打つべきだと発生直後から言っていました。しかし、当時の政府与党は、財政再建路線ですから、できるだけ節約で、財源は増税でという発想だったんです。

**平野**　今度の大震災と原発事故を総括的に見ますと、天命は本当に非情なものです。日本の東北を通じて、大災害、大悲劇というものを日本人に課したわけです。しかも、原発事故は全人類に課した悲劇です。

しかし天命は悲劇だけではなくて、三・一一以来、全世界で新しいエネルギーの創出が急激に技術化されてきています。なかでも、低エネルギー核反応という、かつて言われた常温核融合の技術進化がめざましい。アメリカなどではナノサイズのニッケルと水素の核融合、放射能の出ない核融合、しかも炭酸ガスも出ない、もっとも安全な電源としての新しい技術が、各国で急速に進んでいます。

その中でたまたま、板橋区のホタル環境館の阿部宣男博士が「これで小沢さんを座敷牢から世の中へ出してくれ」と持ってきた技術があります。ナノ銀による放射性物質の低減という技術です。でも小沢さんは「政治的にそうしたものを使ったら駄目だ。科学として、きちんと実証実験を重ねて、そのうえで世の中の役に立ってもらえ。自分も政治的にそれを使うつもりはないし、じっくり科学的実証ができるように面倒をみてやれ」と言われました。

それで、小沢さんの応援のもと、苦労を重ねて実証実験や専門家の測定検証を行っています。これから政府側、学者側がどう取り組むのかが問題です。私は、世界的にも新しい、放射性物質を低減していく技術だと考えています。今までの物理学の定義を変更するような、新しいエネルギーとして、新しい原発問題への対応が可能になります。あるいは、核分裂による放射能を出す電気を一日も早く地球の上から去ってもらう。そうした技術になると思っています。天命はそうした要素も与えていると、私はこの大惨事を見ているわけです。

**達増**　エネルギー問題の新しい展開には、大いに期待します。三・一一をきっかけにして、かなり真面目に人や社会のありかたに対して考えることが、日本の中でも出てきています。世界中に出てきていると思います。これまでの次元とは違う経済社会のあり方（政治や行政のあり方もそうだと思いますが）をつくっていけたら、多くの犠牲者の方も浮かばれると思います。また、そうしていかないといけない局面だと思います。

## 震災を政権延命に利用した民主党

**平野**　小沢バッシングの一つに、「被災地に全然きていない。小沢は何をしているんだ」というマスコミ報道もあります。実際に地元にいる知事としてはどう思われますか。

**達増** 発生直後に電話がつながったとき、小沢先生から言われたのは「財務省から聞いているけど、予備費などで何兆円かはすぐに使えるお金がある。何も心配しないで、必要なことは地元でどんどんやってほしい」とのことでした。私のほうも、「現地で必要なことは現地でわかりますので、どんどん政府に要請をしていきます。日本政府がわれわれ地元からの要請をきちんと受けて、力強く地元が動けるようにしていただきたい」ということを伝えました。財務省や政府への直接的な働きかけもそうですし、特にさきほどお話ししたような高度な政治の枠組みをつくっていくようなことは小沢先生なくしてはできない話ですから、「ぜひ、そちらのほうをやっていただきたい」とお願いしました。

あとは、交通網の寸断もあり、東京からの岩手入りは非常に難しい状況でした。小沢さんが動くときは、番記者がついてまわる。政府の要人であれば、政府の広報担当がバス一台に記者を乗せて移動などもできますが、小沢先生の場合は、そうではない。記者さばきもそうですが、現地の警備についても負担がかかる。そこを小沢先生は心配されていました。

でも、「現地に来ていただきたい」という気持ちはありました。民主党岩手県連のほうで組織的にまとめて対応するということで、三月後半に小沢先生も一緒に盛岡まで来られました。そのときは沿岸には入らず、トンボ帰りされました。それはさきほどの中曽根さんの話もあったからです。やはり、小沢先生には東京にいて、やってもらうべき仕事があるので、と思っています。

**平野** 菅内閣の対応についてはどうですか？

**達増** もともと菅内閣は、消費税増税、ＴＰＰ参加、小沢バッシングでした。「政治における不条理の問題」という意味不明な言葉で小沢バッシングを主張し、通常国会の施政方針演説でも、その三本柱が内閣の基本政策だと。その流れの中で、東日本大震災が起きた。復興構想会議が立ち上がり、私も委員に選ばれて議論に参加しましたが、いきなり、「財源は増税で」という話から始まるわけです。どうも、消費税増税で自民党と連携するいい機会だと考えたようです。それをまず菅総理が最優先していた。

**平野**　菅さんが財務省に使われていたわけです。共同責任です。

**達増**　多くの方が亡くなり、避難所で多くの方が命にかかわる苦しい生活を送っているときに、復興構想会議の今後の進め方ということで、五百旗頭真《いおきべまこと》座長が、「自民党も含め、他の政党の方にも来てもらい、議論してもらおう」と言った。つまり、消費税増税というテーマを掲げ、そこに自民党をひっぱりこもうとした、そういう目的で復興構想会議を利用しようとしたんです。総理大臣がその気にならないと、そうはなりません。ひどいですよね。

本来は、やるべきことをまず考え、「こういうことに財源が必要だ」「そこで財源を用意する」というのが順序ですから。それが菅内閣は、最初から復興には背を向けて、自民党と馴れ合って、政権を安定させる、自分が長く総理であり続けるという方向で、大震災もそれに利用するという発想だったと思います。

それは、小沢一郎さんのスタンスとは基本的に完全に相容れない。小沢さんは、まず復興が最優先で、被災者支援が優先。そのために自民党や他の党とどういう体制をとるのかを次に考える。そのために政府与党の体制を変える必要があれば、内閣の枠組みも政権の枠組みも変えることは辞さない。

それが小沢先生の発想だったと思います。「こんなことをしたら自分は総理であり続けられない」「政権の座を降りないといけない」「政権運営が思うようにできない」という菅総理と仲間たちの発想は、その時点で小沢先生の発想とは相容れません。

**平野**　それまで与野党間にはいろいろな馴れ合いとかしがらみがあったが、非常事態の中で互いに反省をし、新しい発想も出てくる。自然と新しい政治の構造も生まれてくる。今までの政治のおかしな流れも、災害を通じてなくなる。そうした発想が小沢さんにはあったんです。

非常事態に対応する組織、スーパー権力をつくらないといけないと最初に言ったのは、達増知事です。それで、小沢さんと私は大きな構想をつくった。それだけではなく、菅政権には統治能力がないと指摘した人たちがいるんですよ。それは、皇室の周辺にいる人たちです。僕は数回、そのことを言われた。

**達増**　それは震災の発生後ですか。

**平野**　震災の発生後です。まず共産党員から、「皇室を使ってでも政権をしっかりさせろ」と言われた。皇室関係者からは、ある会合で叱責されました。「平野さん、あんた、よく平気な顔をしてますな。この民主党政権にはもう統治能力がないじゃないですか。政権をつくる国会が政権を変えることはできないのか」と。これは、個人の意見ではないと思いました。それと同じような声が間接的に、小沢さんのほうにも入っていたと思います。

**達増**　復興を最優先するのであれば、消費税増税なんか議論しているときではないし、TPPにしてもそう。世界中が「日本は今大変なんだから、通商関係・経済関係の協定については一年くらい議論するのを待ってあげよう」という状況だったと思います。平時であっても、地方経済を疲弊させて、格差社会化を増長し、貧困の問題を深刻化させる話なんですから、消費税もＴＰＰも。つまり、震災が起きたからこそ、政策から反対の方向に行ってもらいたかった。でも、そうした政策と小沢バッシングがセットになっていたんです。

## 霞が関官僚と復興対策への本気度

**平野**　小沢さんを謀殺したい勢力には、霞が関の官僚もいます。昔の官僚は、田舎出身の人も多かったし、今度のような大災害となれば、自分のことよりも、自分のふるさとのことを考えると思う。官僚経験者としてどう思われますか。

**達増**　何かあれば、ものの わかった官僚たちが、連携して政府を動かし、危機に対応するんじゃないかと発生直後は期待しました。でも、原発対応について書かれたものなどを読むと、菅内閣は官僚とは修復不能に断絶していた。あれだけの国家的一大事でありながら、官僚は自分の首をかけてもの申すことがなかった。皆指示待ちの状態だったようです。

**平野**　おっしゃるとおり、官僚というのは、どんな非常時であろうと、戦争であろうと、自分の縄張りを守ろうと本能的に思うんです。自主的に自己破壊をして、自己更新をして、世の中のために働こうという官僚はきわめて珍しい。少ない。心の中で思ってもそうできない。それを引っ張り出すのは政治ですよ。日本政治の流れは、官僚ＯＢの政治家がつくりました。外務官僚ＯＢや財務官僚ＯＢの政治家。池田勇人さんも、佐藤栄作さんも、大平正芳さんも、非常事態のときはやってくれたんです。

今、そうした政治家はいない。自民党にもほとんどいなくなりました。

**達増** 本当にそうですね。

**平野** 「責任は、政府がとる」とはっきり言えば、官僚は動きます。小沢さんがそうした体制をつくろうとした。しかし、「座敷牢」の中だから、限界があった。いいところまでいったけど、結局、自分たちの利権を守る人間や金を使わないようにしたい連中の枠の中に民主党の執行部は入ってしまった。政治が完全に官僚に封じられたんです。

**達増** 安倍政権になって、復興予算を増やしたり復興庁の人数を増やすとか、ということはあるんですが、やり方を抜本的に変えるという形にはなっていないですね。民主党時代につくられた復興基本法に基づいて、復興推進委員会に有識者を集めて議論していくという形は変わっていない。

国家の事業として復興を強力に進めるという体制への変化は起きていないし、これからも起きる気配がない。復興交付金の制度とか、復興特区の制度とか、全部民主党時代の枠組みの中で進めている。復興庁の福島の出先を本部という名前にして、人数を増やしたくらいです。

**平野** 私から見ると、民主党の時代から、あるい程度の落ち着きが出てきたところで、政府の復興庁をはじめ、災害対策を推進しなければいけないセクションが、自治体がやろうとしていることにブレーキをかけているようにも見える。原発の後始末については、ブレーキどころか、より混乱をさせている。

**達増** 宮城県の村井知事が「復興庁は査定庁だ」と言われました。本当にそうした動きをしていましたね。被災地からいろいろ提案をしていくんですが、関係省庁がかなり前向きにやろうとしていても、復興庁のほうが「復興予算を使い過ぎる」とブレーキをかけたケースが多くあります。

## 小沢一郎の原点は母親の教育

**平野** 次のテーマに移りましょう。いろんな意味で誤解されている小沢さんですが、世代もカルチャーも違う達増知事は、小沢さんをとても評価されている。それはどんな理由からなのでしょうか。

**達増** 小沢先生は理念と政策は明解なんですが、特定のイデオロギーや政治理論にもとづいているのではありません。あくまで人間本位の人と社会の本性というものに即して、そこから理念や政策を打ち出していると思います。

すなわち、人間とはこういうものだという深い洞察があって、政治においても、有権者一人一人を大事にし、だからこそ選挙が大事になる。それも、できるだけ多くの有権者と接するような選挙を大事にしているし、そうした選挙を指導しています。

後援会をきちんとつくります。損得ぬきで、業界などそれぞれの組織の論理を離れて動いてくれる、自由で自主性のある応援をしてくれる人たちを一人でも多く集め、それをベースにし、選挙に勝っていく。そうして当選した政治家は、いろんな利害関係にとらわれず、特定の企業、有力者、団体のいいなりにならないで済む、真に自由な政治家になれます。そうした政治スタイルは非常にいいと思います。

そのことを私が実感したのは二〇〇〇年六月、私の二回目の選挙のときです。自由党が連立離脱したあとで、今の生活の党くらいの小さな規模で戦ったんです。相手は、自民の現職大臣でした。一回目の選挙後、私を応援してくれる方が「もう一軒一軒、有権者に会って歩くような時代じゃない。特に盛岡は企業も多いし、企業の社長さんのネットワークを頼りにして、体制を構築するほうがいいんだ」というのです。

しかし小沢先生の考えはそうじゃない。一人一人が大事で、一軒一軒歩くスタイルが大事という考え。私もそのやり方で、後援会組織の体制を考えました。そのおかげで、二回目の選挙で勝てたと思います。最初の選挙は新進党で、政権交代前夜みたいな高揚感があって、かなりの地元企業関係者が応援してくれた。二回目はその人たちがほとんど自民党に行ってしまいました。でも、二回目は、一回目以上の差をつけて勝てたんです。それは、小沢一郎流の人間本位の政治スタイルでやったからだと思います。

**平野** 小沢さんの一つの特長ですが、「一人の人間というものを中心に考えて、一人の人間に信頼され、一人の人間とコミュニケーションをとれることが、多くの人間とコミュニケーションでき、多くの人間から信頼されるもとだ」という哲学をもっています。その考え方のもとは、小沢さんのお母さんの教育です。お母さんはミチさんと言いまして、千葉県の旧沼南町、今の私の家から二キロくらい離れた場所の出身です。東京で弁護士をやっている佐重喜さんと結婚しました。

ミチさんのお父さんは大正時代に、千葉県の県会議員をしていました。小沢さんがポツリと言ったんですが、このあたりは平安の中期、平将門の所領だったそうです。ミチさんの家は将門の定宿だった。おそらく、将門の関係者だったのでしょう。伝統的にミチさんの教育は、今の進学・出世コースの教育ではないんです。

私の聞いた話では、小沢さんは、やっと三番目に生まれた男の子で大事にされたけど、戦後は選挙区の岩手県水沢にいるお母さんと暮らして、お母さんの教育を徹底的に受けた。中学三年で東京へ行く。大事な少年期はこっちで過ごしたんです。お母さんの思想は、「偉くなって、一番になることはない。政治家になるなら、歴史をつくる人になれ。とにかく、人々と一緒に仕事をして、民衆に信頼されないといけない」。進学教育みたいなものは受けていないようです。自分では受験勉強したと思うけどね。

もう一つは、水沢と同じく千葉県の沼南も将門の文化で、将門のおじさんが水沢の胆沢城にいたわけです。妙見信仰と言いまして星信仰、国家の安寧と民衆の福寿、これを目的とした生き方をしようと。水沢も沼南もそうした文化なのです。そうした文化の中で育っているので、本当に民衆を大事にして、一人一人から信頼を得る。それが政治の原点だと。

## 人間を徹底的に大事にする小沢流選挙哲学

**平野**　残念ながら、そうした小沢さんの政治家としての本質は、一般には伝わっていないですね。田中角栄さんへの誤解もそうだが、業界をしばりあげて、票を得るみたいな選挙をしてきたと批判されていますが、まったく違いますね。

**達増**　小沢さんは自民党幹事長になるまで、業界とはほとんど付き合いがなかったとのことですし、旧岩手二区にはもともと業界に強い自民の議員がいました。椎名父子と志賀父子。椎名家は商工関係、建設関係に強く、志賀家は農業関係に強かった。小沢さんは企業・団体の支援に頼るのではなく、普通の人を集めて、非常に強い地盤をつくったわけです。

小沢さんの政治スタイルは、圧倒的な強さに裏打ちされていて、自分自身が落選する心配がないようになっている。ほかの政治家にもそれを期待する。天下国家は逃げていかないので、三回目までは地元にはりつけばいいと小沢さんは言っていました。

そうして手間ひまかけて強くなれば、あとは地元に戻らずとも選挙に勝てるし、中央で天下国家を論じることができる。そうした政治家同士で世の中を変えていく。それが小沢イズムだと思います。なかなかそこについていける政治家がいないのが問題です。多くの政治家が、選挙に勝てるかどうか、そこから先に進めない。

**平野**　ついていけないのはそのとおりですが、その前に小沢さんの言っていることが理解できないという部分があると思います。人間をどうとらえるか。人間をどう理解するのか。その思考法を、今の政治家はほとんど知らない。珍しいです、あの小沢さんという人は。

**達増**　私は、小沢さんが党首だった新進党時代の選挙で、一〇ヶ月くらい、二万軒くらい歩いて、じっくり準備しました。それでも大変で相手候補も比例で通るくらいの戦いでした。政権交代選挙がそうでしたが、本当に短期間で、候補者だけの力では当選できない選挙区もある。そのとき、民主党なら労働組合など、いろいろな団体や地域の有力者に党本部として支援のお願いに歩いて、支持を高めていくことは当然します。特に初当選させるためにはそれが大事です。でも本当は、そんなことをしなくても当選できるのが望ましいというのが大前提としてあるんですね。

**平野**　でも、民主党は特にそうですが、松下政経塾世代などは、小沢さんの政治手法が古いと思っています。そこにギャップがある。理論的に理詰めで攻めるのが今ふう。最近の民主党がそう。知事は世代的に少し違いますね。

**達増**　なにを目ざすか、だと思います。五五年体制と冷戦体制からの脱却、内需拡大型の構造改革で経済社会を強くし、日本とアメリカが対等な外交をしていく。私はこれだと思います。バブルのときは、日米の経済力は五分五分だったが、最近は日本が三分の一の経済規模になっている。巻き返すためには、それを推進する政治家たちが強くないと駄目。自分の選挙を心配せずに、いろんなことを動かしていける力をもたないと。

そのためには、小沢一郎流のやり方がいいし、小沢さんと力を合わせて、日本を変えていくほうがいいし、確かだと思ってやっています。小沢流のやり方に背を向ける人たちは、それぞれがテレビに出て、かっこいいことを言って、その人気の力で当選を重ねようとする。そこに目標をおいているのではないかと思います。三回目まで地元ではりついていたら、テレビで活躍できない。

それに小沢流はチームプレーなので、それぞれが勝手に好きなことを話していたら、実際にものごとを動かすことはできない。小沢流でやるなら、テレビでそれぞれ自由に話すことはできない。それだとマスコミ受けや魅力が減るかもしれない。

一九九八年の参院選でねじれ国会になったとき、民主党と自民党の若手論客でテレビによく出る議員たちが、「政策新人類」と呼ばれ、金融問題で合意して日本の政治をまわしていくということがありましたが、それが彼らは理想だと思っているのではないでしょうか。引退まで与党であれ野党であれそう過ごせたらいいと。

その結果、どうなるか。こだわりがなくなる。とりあえず、節約とか、クリーンとか、そうした次元のことはありますが、外交安全保障や経済社会とかのビジョンがない。ないゆえに、その場その場で好きなことが言える。政党を超えて妥協もできるし、テレビでも自由に発言できる。そちらを好む人が多い。

**平野** 実態的には、松下政経塾、昔の日本新党、ここの人たちが出ている選挙区は、圧倒的に浮動票が多いところ。都市部、しかも大都市部です。その大都市部で、小沢式の人間論、個人とのコミュニケーション、それを拡大していく手法は物理的にとりにくいと思います。テレビや駅頭で目立つとか、経歴やキャリアで目立つとか、そうならざるを得ない部分は状況としてあります。

ただ、それでも本質は一つで、候補者、政治家としての信念だと思うな。自分はかくありたい、かくしたい。燃えるような考え方、信念をもつか、もたないか。それは大都市部でも、田舎でも一緒です。小沢さんが一人一人と結びついて、信頼を得ていくのは、猛烈な信念がある証拠です。親からのDNAかもしれませんがね。駅頭やテレビで目立つことで浮動票を狙うのはしょうがないが、根っこの政治信念をコロコロ変えて、言うこともすぐ変えるようでは、沈んでいきますよ。小沢一郎流の人間とコミュニケーションをとり信頼を得ていくということ、政治や生き方に対する強い信念をもつということ、これがすごくきついというか、自分でもそうなれない(笑)。

**達増** 選挙に弱い議員というのは、昔からたくさんいます。皆が皆、小沢一郎みたいになれというわけにはいかない。ただ、伝統的には、次の選挙は当選間違いなしという人たちもけっこういて、そういう人たちに(新人議員は)頭が上がらないという部分もあり、そうした人が内閣でも党の中でもリーダーシップを発揮して、皆で団結して、動いていく。その意味では、今回の民主党は、小沢一郎というちばん強い人を、よってたかって潰しにかかった。その結果、その集団自体が弱くなるのは当たり前の話で、それで民主党が去年一二月の選挙に惨敗したわけです。

**平野** 小沢一郎の人間的なキャラクターはお母さんから受け継いだものですが、政治的理念は、お父さん小沢佐重喜の影響だと思いますね。小学校も出てないお父さんが、苦労して弁護士になり、大正時代、東京の下谷区の区会議員に立候補して、七票差で負ける。そのときの公約が、自分の体験をいかして、「貧しくても、学問をしたい人間が学べるような社会をつくりたい」。小沢一郎は完全に、それをDNA化している。だから彼は、人づくりと教育問題を、あらゆるものの先頭においている。

それと、小沢佐重喜さんは、最初吉田自由党から出るんですが、このときにすごいことを言っている。「弱肉強食の自由主義、資本主義はよくない」と。一方で「物理的に社会を変える革命分子もよくない」と。適度な社会政策が必要なことを、吉田自由党で言っている。同じ考えを小沢さんは一貫してもっている。

**達増** 政治の本質は仲間を増やすことにあると思います。それを「政治は数だというのはおかしい」と批判する人もいますが、少数を多数にするところに政治の本質がある。どんな改革も、最初は少数の担い手から始まる。「ここはおかしいんじゃないか」と気づくのは、最初は少数です。多くの人は、今ある問題や変えないといけない本質がわからない。少数から始まり多数を獲得していくのが、政治の基本だと思います。選挙に出馬して、初当選するのはまさに少数から多数への作業だし、それが上手な人は、国会の中でも少数を多数にできる。野党から与党になる。また、与党の中で少数意見を多数にしていける与党はダイナミックだし、強い。ところが民主党は、議員一人一人の自分勝手を最大限認めて、多数を形成する努力を白眼視する一方、執行部の思い付きに全体を従わせようと「党代表や総理の意見を聞かない奴は出ていけ」みたいになった。だから駄目なんです。

## 断固たる政治改革の信念

**平野**　小沢さんは一九六九年（昭和四四）、最初の国政選挙に当選しました。私は彼のお父さんとは吉田茂さんとの関係で知り合いでしたから、彼のことも知っていて、その頃から皆に好かれていましたよ。小沢さんに対する明確な期待と明確な批判が出てくるのは、幹事長になってからです。それまでは副長官、党の総務局長、自治大臣などをやりましたが、やり手ですから、だんだんすごい人間だと思われながら幹事長になっていく。それまでは非常に皆に好かれて、先輩も立てて、組織にも好かれ、橋本龍太郎みたいに威張ることもしないで、新聞記者や役人にも好感されていました。記録を見ればわかりますよ。

私がいちばん最初に小沢さんに言われたことは、「自分は父の跡を継いで、自分の意思で選挙に出た。でも、社会経験がない。社会を知らないから、人を見る目がない。そこが欠陥だから、フォローしてくれ」ということでした。見ていると、一貫して人から学ぼうという姿勢です。七〇歳になってもそう。だから、周りにいる人間がある意味では困るんです。相手が秘書さんでも学ぼうとする姿勢なんです。国会議員が離れていくのは、本能的についていけなくなるんです。栄養が吸われるわけです。離れていった人間は、多少気の利いたことを言って、吸われて、栄養補給がないから、縁がなくなっていく。そういうケースが多い。小沢さんには、人から学ぼうという姿勢がすごくあるんです。それが世間が誤解していることの一つです。

「剛腕」とか言われ出したのは、幹事長になってから。幹事長になったのは一九八九年（平成元年）八月。その暮れに冷戦が終わります。その二、三年前から国際政治が大きく動いている。こんな時代に、五五年体制と日米安保体制で、馴れ合いの談合政治をやっていたら、日本はやっていけない。断固たる信念で選挙制度を変えて、政権交代の仕組みをつくらないといけないと。でないと自民党がおかしくなる。ということで、一所懸命勉強したんです。

時代がリクルート事件のあとだから、政治改革が盛り上がるわけだけど、「小沢はいいことを言う」という世間受けと、「そんなことを言われたら選挙に落ちる」という声。評価と批判の大きな荒波にさらされるのが、幹事長時代です。小沢さんを排除する動きが、そのへんから出てきます。

**達増**　その頃、私は外務省の職員でした。小沢一郎幹事長が、湾岸戦争の頃にやろうとしていたことは、すごいことです。この前のイラク戦争みたいに、アメリカが有志連合で戦争をしかけるんじゃなくて、国連全体が合意したうえでの湾岸戦争ですから、日本が参加しないのは国連憲章にも反する。日本国憲法の理念にも反するんじゃないかと。でも、日本の政治家の多くは、湾岸戦争にかかわらないのが正しいみたいな意識でしたから、その中で日本が湾岸戦争に参加していく道を切り開いていったのは、すごいなと思います。

でも、結局、自衛隊の本格的なＰＫＯ参加はできなかったので、そのあと外交・安保に関する「小沢調査会」をつくって、国連憲章の理念にもとづく活動であれば、当然、日本国憲法の下でも参加できるという方向を、船田元さんたちと一緒につくっていったわけです。その方向でいけばいいと、外務省の職員として見ていました。

**平野** 私はその頃、衆議院事務局委員部長で「護憲開国論」を小沢幹事長とつくり、公明党を説得しました。

**達増** 当時、変わらないと駄目だと誰よりも言っていたのは小沢先生だし、そのために必要なことを実際にやっていたのも小沢先生でした。

**平野** そのときに「小沢先生に言っておけ」とアイデアを出してくれたのが、京極純一東大教授。「一国平和主義、一国繁栄主義、一国民主主義、これでは冷戦が終わったら生きていけないよ」と。その言葉をつくってくれたのは京極先生で、小沢さんへの橋渡し役が私です。

**達増** 私が外務省に入る前の一九八〇年代は、経済も右肩上がりでバブル。アメリカの土地もバンバン買って、日本脅威論がアメリカやヨーロッパで言われるようになる。そうした日本国の外務省で働くというのは本当にやりがいがありました。これからますます大事な仕事になるぞと意気込んでいたら、バブル崩壊と湾岸戦争が同時にくる。バブル崩壊は、マネー敗戦です。

私は、「アメリカだって儲かると思って、日本の銀行や企業に土地を売っている。日本も調子に乗っていたら痛い目に遭う」と見ていました。まさにそうなった。バブル崩壊は仕組まれたもので、まさにマネー敗戦で、非常に私もショックだった。優秀なはずの日本の大蔵官僚を含め、完全に敗北に帰したわけです。片や湾岸戦争では、外務省の局長が自衛隊派遣についての国会答弁でしどろもどろになり、交代になったりしました。

片や経済、片や外交安全保障で、大きな国益が失われる。政権や内閣を超えた、日本の国家統治機構自体が大敗北を喫したわけです。国家中枢の末端にいて、私なりにショックを受けました。そのなかでただ一人、いい動きをしていたのが、小沢一郎という政治家。だから大いに期待していました。

**平野** 米ソ冷戦終結の頃は小沢さんと毎日議論していました。すごいと思いました。冷戦の終局を、「世界のパンドラの箱を開けた。世界は大変なことになる」と小沢さんが言ったんです。私は「これで平和になる」と思っていましたから、小沢さんはすごい歴史観をもっていると。理由づけはこうでしたよ。「資本主義がおかしくなり、宗教と民族の紛争が起こる。そのための新たな日本の政治体制が必要だ。アメリカに依存しない、八百長と談合に依存しない、五五年体制ではない政治に変えなきゃいけない」と言い切ったんです。もう一つ言っていたのは、「冷戦の終局というのは、実体経済がおかしくなる」と。マネー資本主義に変わっていく、ということを言いたかったようですね。

**達増** 冷戦が終わると、グローバリズムになっていく。

**平野** 政治家でそれを指摘したのは、彼だけだった。小沢さんの見識は抜きん出ていた。でも、それは忘れられている。

ちょうど二五年前ですが、私の記憶では、竹下首相は伊東正義さんを本部長、本部長代理に後藤田さんをあて、政治改革大綱をこの二人につくらせた。実際は私らも参画してつくりました。そのときの議論では、政治資金の規制、派閥の解消、これが政治改革だと言っていました。それで幹事長に就任した小沢さんが大先輩に向かって、「あんたら、間違っている」と言ったんです。選挙制度を小選挙区制度にしないと、絶対に派閥は解消できないと。伊東正義さんは賛成した。小沢一郎をいちばん理解していたのは、伊東さんです。

つまり、ある意味で、とても自民党の本流にはならないような意見を信念的にもつ。頑固にもつ。あれはすごい。「自分は自民党を壊すんじゃない。自民党をこう変えていかないと、自民党そのものがもたない」とはっきり言う。「自分は自民党を出るつもりはない。自民党を改革するんだ」と。

## 国民が政権を選択できる選挙制度を

**達増**　日本を動かすのに必要なことをやるのに、小選挙区制の導入があって、そのほうが自民党も強くなっていくという発想だったんですけど、中選挙区制をやめると、当選できなくなるかもしれない人とか、小選挙区で当選するためにはもっと努力しないといけないが、いまさらそんな努力をしたくない人とか、自分のことを優先させる政治家が多かったということだと思います。

政権交代前夜の頃は私も衆議院議員。ねじれをつくった第一次安倍内閣の参院選では、岩手の選挙区の選対本部長もやって、必死に選挙を戦っていました。あの参院選で自民に勝って、その次の衆院選で政権交代と本気で考えていたのは、代表の小沢さんくらいでした。民主党のほかの若手とか中堅は、無理だと考え、本気で動いていませんでした。

小選挙区制がいいのは、時の政権がしくじりをしたり、政権が間違った方向にいったら、すぐにそれをやめさせることができる。今は野党だが、まともなことを言っていれば、国をまともな方向につかせるため、政権を渡す。それが小選挙区制のいいところです。

そこで前提になっているのは、まともな国の舵取りをできる政党が二つないと、それができない。

今の日本には一つもない。逆転したのならいい。去年一二月の選挙は、逆転したわけではなく、自民は自民で票数を減らし、政権交代されて大敗したときよりも、票数を減らしている。自民は自民で、国民から拒否されている。一方民主のほうは、徹底的に拒否をされた。二つ駄目な政党があるのが現状だから、二ついい政党をつくるために日本の政治をもっていくことが理想ですが、とりあえず今は一つ、まともな政党をつくることがわれわれの課題だと思います。

**平野** 言葉をかえて言えば、「小選挙区が絶対にいい」とかということじゃない。「国民が選択する政権」「選択できる政権」であるべきなんです。国民が政権を選択するために、それなりの整備がいる。制度の整備もそうだけど、まず意識ですよ。政治家の意識、国民の意識です。日本人にまだ、本格的な議会制民主主義がなじんでいないのは、小選挙区制にしたときに、二つの政党が争った場合に、勝ち負けが親の仇みたいになってしまう。それは、国民が選択したものだから、やむを得ない。「今度は負けました。でも、次は私を選択してもらうような政党にします。自分が勉強します」と。そうした選挙なり、議会主義なりの本旨を日本人がもってない。政治家もそう。負けた相手を一生恨むみたいなね。票を入れた人もそう。議会政治の教育が、行き届いていない。僕は国会事務局にいたけど、制度だけ整備してもしょうがない。

日本の戦後の政治家で、政権交代できる仕組みがないと議会制民主主義が成り立たないという信念を抱いた政治家は二人いました。一人は小沢一郎。一人は吉田茂。吉田茂は昭和二三年頃から、議会主義というのはイギリス発祥だから、「政権交代できる仕組みをつくらないと、議会制民主主義じゃない。そのためには社会党を教育しなきゃいかん」と。社会党から「あんたにそんなことは言われたくない」と言われて採めました。

吉田茂の考えをそのまま受け継いだのが小沢一郎。ただし、小沢さんの子分、中西啓介、中村喜四郎、村岡兼造といった側近が私の部屋にきて、「このままいけば政権を続けることができるのに、なんで与党の幹事長が『政権交代しなきゃいけない』なんて言うんだ。お前が幹事長に言わせているんじゃないか」とずいぶん文句を言われました。「本人の信念だ。僕もそう思うが」と答えましたよ。（小沢は）燃えてましたね。

**達増**　まさに次元が違う。本気で日本を動かして、日本を変えて、あるべき姿にもっていくという次元で考え動いている希少な政治家なわけです。

**平野**　そのときに「自分は総理大臣になるつもりはない。政権交代の仕組みをつくればいい」と言っている。母親の教育がそこまでできている。歴史をつくるというのは、そういうことです。

## 小沢一郎は「有精卵」である

**達増**　平成一五年（二〇〇三）の民由合併のとき　自由党の「日本一新」の理念・政策を、そのまま嫁入り道具として持ち込んだつもりでいました。建前としては、自由党を解党して、みんなで民主党に入るスタイルをとると。民主党の理念・政策はそのままでいいと。入ったあとに少数を多数にしていくということです。

**平野**　二人でずいぶん議論しましたね（笑）。社会保障の改革の方向性とか、安全保障の原則とかね。

**達増**　かなり自由党的な方向にもっていきましたし、それが「国民の生活が第一」のマニフェストになっていくわけです。生活というのをテーマにしながら、左右に羽を広げていって、民主党の中で多数を形成していく。それで政権交代まではこぎつけました。

**平野**　思想のない無原則な政党の離合集散は日本の政治文化の致命的なところです。新進党をつくったとき、最高責任者は小沢さんで、企画委員が四〜五人いました。私がそれの事務局長役。いわゆる「綱領」基本政策をつくろうとして、反対されたんです。これをつくったら結党できないと。民社党、公明党、旧社会党系、旧自民党もいる。新進党時代から、そうしたことがありました。純化路線では党は大きくなれないと。

**達増**　純化は好きでやっているわけじゃないんです。そもそも、改革フォーラム21が新生党となり、自民党を出たときも、好きで出たわけではない。本当は自民党の中で、小沢一郎とその仲間たちの政治改革や、脱五五年体制の改革がオール自民党のものになれば、自民党がずっと大きくなる。そこで自民党を二つに分ける形で政界再編をすれば、小選挙区制で二大政党制となる。それがあのとき描いていた小沢さんの構想です。自民党が小沢一郎とその仲間たちを袋叩きにして、追い出すようなことをしなければ、今頃、自民党が二大政党の母体となり、しかもどちらの政党が政権をとっても、国民にとって安心な社会になる。負けたほうも「今回は国民の審判がこう出ましたが、次はわれわれの番です」と頑張る。美しく、いいライバル関係ができる。

ところが自民党は、そうした改革派を追い出し、新進党も結局、小沢先生についていけなくなった。民主党もまた小沢一郎を皆で叩いた。その結果、叩き出した側は、改革の主役にはなれないし、滅びたり、他の勢力に政権をとられたりする。どっちが負けたかといえば、小沢さんを追い出したほうが負けていると私は思います。

**平野**　小沢さんの指導する党が小さくなったとはいえ、彼は天命がつくった貴重な政治の有精卵ですからね。無精卵ではない。自分の意思で小さくなるわけではない。有精卵としての生命の基があれば、また再生されていくわけです。

**達増**　そこから増えていきます。

**平野**　民主党惨敗の原因はいろいろありますが、最有力な要因は「消費税増税の三党合意」です。民主主義の根幹を狂わしているわけです。これさえなければ民主党は、選挙に勝てましたよ。いろんな問題があったにしろ。しかし日本の有識者もメディアも、「三党合意は正しかった」という評価ですね。今のところ、それが多数意見。ここが、今の日本が狂っている証拠です。あれさえなければ、小沢さんも、日本も、こんな状況にはなっていない。アベノミクスなんかいらないです。

**達増**　小沢さんは好きで民主党をやめたわけじゃないですから。民主党のままでいい展開ができれば、そのほうがよかった。

**平野**　政権交代の柱の公約を破った消費税増税は日本の政治史の中で、いちばん悪いですよ。あらゆる意味で。小沢さんは消費税増税反対論者じゃないんだから、根っこはね。「国民生活のため時期が悪い」というだけなんです。

## 小沢謀殺の淵源は「竹下登」にあり

**平野**　自民党の中で真っ先に小沢排除に動いたのは竹下登さんだと思います。黒幕の主。今もその竹下登と小沢一郎の背後霊が喧嘩している。背後にある文化が問題。私は、小沢さんより竹下さんとの関係が古くて深いのですが、想像つかない関係です。現実に、言質をとられたこともあるし、脅かされたこともあります。「俺のおかげで国会議員になれたのに」とかね。

竹下さんが私を国会議員にしたのは、小沢につけておいて、なにかあったとき私を刺客にしようとしたわけ。本当ですよ。新進党のときに竹下さんに呼ばれて、「おまえの選挙には、おまえの知らないところで、いろいろな人が期待して支援してくれたんだよ」と。「そういう恩はどうでもいいのか」と、はっきり言われましたから。「迷惑をかけました。ただ、あなたの国民との約束、政治改革大綱を実現するにあたって、忠実に小沢さんと一緒にやっている。迷惑をかけた人にはすまんと思いますが、歴史に対して、恥ずかしいことをしたとは思っていない」とタンカを切って帰ってきました。そのとき竹下さんはさびしそうな顔をしていた。私を丸め込むことをあきらめたんですね。それからまもなく他界されました。

**達増** 自民党を守るということが最優先、そのためにも竹下派を守ることが最優先。

**平野** そうです。それだけです。竹下派の勢力を拡大させるために、私の国会運営能力と政策立案能力を彼らは活用しようとしたわけです。私が国政に出るとき小沢さんに、「嫌だ」と言ったら「世の中を変えるときは、騙されたふりも必要だ。その後でぶち壊せばいいじゃないか」と言われて、出馬したんです。竹下さんが私に期待したのは、小沢さんが言うことを聞かなくなったとき、私が裏切ることでした。

**達増** 「小沢グループは派閥的でよくない」と言われるけれど、まったく違いますね。「派閥を優先させない」ことを目ざす集団なわけです。そこは次元が違う。

**平野**　小沢さんは世の中をよくしようという信念と政治戦略の中で、成功したり、失敗したりを繰り返しています。日本の政治文化には別の不条理な流れがある。例えば、武村正義元官房長官の政治行動は、宮沢内閣不信任案のときには反対でした。これは自民党側の立場です。可決されたら党を出て新党さきがけをつくる。これは野党の立場です。選挙の中で、野党協力をしなかった。選挙の結果によっては、自民党と連立しようとする。

それが失敗して、非自民で自分が総理になれると勘違いして参加する。細川政権の番頭になって表で協力の顔をして、裏で不満分子のリーダーになって自民党と通じ「自社さ」政権をつくった。自分の権勢と利権しか考えないところがバレバレでした。

この構造は、今度の民主党政権の「三党合意」にも見られましたね。同じ構造じゃないですか。菅さんにしろ、野田・仙谷さんにしろ、自民党との権力維持をめぐるじゃれ合いと馴れ合い。それが日本の政治文化の欠陥なんです。一貫性がなく、信念もない。その都度、その都度、自分の利益でしか考えない政党や政治家の存在が結局、日本政治の発展を阻害していると思います。その中で小沢さんは、必死に戦っている。これからそれが、どうなるかということです。

## 言い訳をしない男。小沢一郎

**平野**　小沢さんは、余分な説明をしないからね。弁解もしない。言い訳も批判もしない。それ自体が作風として古いかもしれないが、本人は「人を傷つけることはしない」のが家訓だと言っています。

**達増**　アメリカ大統領がどれだけ人前で話しているかというと、議会で質問を受けませんからね。アメリカ議会では、証人として証言するのは長官レベルで国務長官や国防長官が議会で答える。大統領は年に一回の一般教書演説をやれば、あとはしゃべりたいとき以外、しゃべらない。イギリスは党首討論という形で、総理大臣もわりとしゃべらないといけないけど、それ以外の記者会見はあまりやっていない。だから、大物政治家はあまりべらべらしゃべらないのが、国際標準でしょうね。総理が一日二回もぶらさがりをやるのは異常ですよ。「多摩川のアザラシはどうですか？」「タマちゃん、かわいいね」なんていうのは、先進国の政治家ではあり得ないです。

古い、新しいで言えば、五五年体制のことで僕が発見したのは、小沢先生は、右と左にこだわらない。まさに脱五五年体制、脱冷戦体制。自民党にいた人でも、社会党にいた人でも、同じ方向でやっていけるなら構わないということで、小沢さん自身も自分を右だとか左だとか、位置づけてはいないのです。欧米でも右と左は基本的に融合傾向にある。

でも、マスコミはいまだに、五五年体制、冷戦構造から頭が離れていない。それぞれ右と左に自分を位置づけ、右と左に合わせて商売をしているわけで、右は右で、右にこない小沢さんを叩くし、左は左で左にこない小沢さんを叩く構造。小沢は古いと言って得するのは左の側。「自民党に連なる右っぽい政治家、古い政治家」だと言いくるめる。

もう一つは、政策新人類的な人たち。テレビに頻繁に出て、自分の思うことをペラペラ話すことが、今の新しい政治だと考え、自分を際立たせるために、「小沢さんは古い」という。小沢さんをダシに使っているんです。

**平野**　こういうことも言えますね。小沢さんの原点は、民衆の生活なんです。国民の生活が第一、これは「理念」だと言っていました。生活の党をつくるときにね。それでは困る人がいるわけです。既得権をもち、要領よく金儲けをして、「働く人が金儲けできる社会にする」という人たちの「働く人」というのは「悪い知恵を出して自己利益を追求する人」という意味です。マネーゲームはまさにそう。情報のインサイダー取引ですから。

小沢さんへの人格攻撃が本格的に始まるのは、平成一九（二〇〇七）年の参議院選挙で民主党が勝ってからです。八月の「サンデープロジェクト」で、田原総一朗氏が渡部恒三氏に、「小沢さんは信用できますか。小沢はどんな人間ですか」と、知っているのにわざと聞いた。渡部さんは「利害・打算で動く男です」と言ったんです。

**達増**　自分のことを言っていますよね。

**平野**　利害・打算で生きていく人間なら、こんな状況にならないです。これが、社会的な人格攻撃の始まりなんです。それまでは個人的な恨みの批判でした。民主党の中でも計画的に、そうしたことが始まった。いよいよ政権交代で、小沢さんが総理大臣になりそうだと読めてきて、そこで人格攻撃が始まる。渡部さんがそう言ったのは、何かあったんでしょうね。本人の直感かもしれません。小沢さんに対する嫉妬と、「生意気だ」というのと、「羽田が総理大臣になれるなら、俺だってなれる」とかね。そんな過信と、ものすごく理不尽なジェラシー。あの人はもともと会津じゃない。ニセ会津、ニセ黄門です。自分の利益・打算で生きてきたことで知られているような人です。

**達増**　私は「小沢一郎鏡説」と言うんです。小沢一郎の悪口を言うとき、その悪口というのは、自分の悪口を言うことになる。「悪魔だ」「外国の手先だ」という人は、自分自身にそうした部分がある。渡部さんの言葉は、まさに自分のことを言っていることになる。

**平野**　民主党への政権交代の可能性が出てきても、小沢待望論のような意見はメディアが意図的にそれをはずす。それで、ある時期から小沢氏は批判を無視するようになったんです。

## 「西松事件」と検察庁の意思

**達増**　私のアンテナに引っかかったのは、「いよいよ総選挙だ」という流れの中で、麻生総理が小沢民主党のマニフェストを見て、「小沢一郎は社会主義者になった」と言い放ったことです。そのとき私自身、「あ、これは一線を越えたな」と思いましたね。時の総理大臣がそうした言い方をすると、官僚の中には「政権交代は絶対に阻止しないといけない」、あるいは「政権交代が不可避でも、小沢内閣は絶対駄目だ」というように真剣に考える官僚たちが出てくる。それが行動につながったのが、検察の暴走ですよ。

**平野**　私はむしろ、小沢総理になったら、社会主義どころじゃないと思うよ（笑）。リーマン・ショックが起こる直前に、小沢さんと大喧嘩したことがありました。前にもふれましたが、小沢さんが「衆議院選挙になったら、民主党が勝つ。いよいよ民主党政権だ」と言った。でも「僕は嫌われ者だから総理は向かない」と。「菅がいいかな、鳩山がいいかな」と言い出したので、「何を言っているんだ」と。「さんざん自民党の総理のたらいまわしを批判した民主党が、総理が決まる前にたらいまわしにしたら、どうなるんだ」と。「そう言われたら、そうだな。わかった」とようやく本人が、その気になるんです。小沢政権が近づいていました。

西松問題というのは、村井仁長野県知事の側近中の側近といわれた秘書が西松建設の裏金事件で取り調べを受けた後に自殺しましたが、それが発端です。漆間官房副長官が中心になって小沢事務所に何かあるのではないかと探し始め、大久保秘書逮捕となったわけでしょう。当時の検事総長は小泉首相の影響を受けていたからね。やっぱり自民党政権の意思だと思うね。政治捜査ですね。

その頃どういうことが起こったかというと、私らのところに石川県の知らないおばあさんから電話があって、「自分の息子は検事で、小沢さんが政権をとったら検事の月給を下げるといってるそうだけど、本当か」とか、そういうレベルの話が来る。それから、民主党の中でも、検察改革の一環として「検事総長の国会承認」をやると小沢が言っているとか、意図的に流されていました。それで今知事のおっしゃったようなことが浸透していったんでしょうね。それと、大久保逮捕のような乱暴なことは政治的に、法務大臣なりが指示しないとできませんね。

**達増**　私がさっき話したのは、作家の佐藤優氏が話した、二・二六事件のような若手将校の暴走というものに近いんですが、トップのところで何らかのことがないとああはならないかもしれませんね。

## 「小沢抜きでやれる」という誤解

**平野**　問題は、民主党がしっかりしていないからね。それ見たことかということで、内ゲバが始まった。

**達増**　民主党の中には、選挙というものをよくわかっていない人が、多数を占めていた。だから小沢一郎抜きで選挙をすると大敗する。選挙は水もので、ギャンブルみたいなものという感覚で臨んでいる人が多かったように私は見ています。当たるも八卦当たらぬも八卦、そのときの運・不運で、勝つか負けるかが決まる。小沢先生がどれだけすごいことをやって、それで勝ったことのすごさの認識とか、そのありがたみを、本当にわかっていた人は少なかったと思います。「誰が幹事長でも、誰が代表でも自分は選挙に勝った」と思っていた人が多い。だからこそ、そのあと、小沢さんから離れていったんでしょう。

「政権をとって、あれをしよう、これをしよう」というしっかりした目標があるわけではなく、政権のうまみにありつくことだけを目標にしている。それを目標にそれまで我慢してきた人たちは、小沢さんは目の上のたんこぶ。小沢さんのことが煙たくてしょうがない。「小沢さんはいいから、勝手に好きにやらしてください」となる。

民主党の大臣たちや党の役員についた人たちの多くは、大変なスタンドプレイヤーで、大臣になった以上、自分の省のことは自分の自由にしていい、自分の担当のことは自分勝手に決めていいと考えていた。総理は総理で、自分の好きにやればいいという感覚。

でも本当は、役についた人は、みんなが納得できるようなことを、自分の責任においてやらないといけないという義務を負うわけです。決して、自分の好きなようにやればいいというわけではない。でも、民主党内では、「自分が好きなようにやりたいのに、小沢さんが反対する。うるさいし、煙たい」となってしまう。それが大きかったと思います。

**平野** 政権交代ができた一つの背景は、マネーゲームで格差社会をつくったことに対する怒り、特に自民党を支持してきた地域の人たちが、「これじゃ駄目だ」と、民主党の「国民の生活が第一」という理念・政策に共感した。

それから選挙戦術的には、自民政権がやった政権交代阻止の策謀、小沢さんの西松問題や、石井一さんを攻撃するための郵政汚職と村木厚子さん問題、いずれも結果的に失敗したわけです。それで「日干し作戦」に切り替えた。金を使わせて、事務所費も払えないようにした。そのへんは、私と小沢さんがそうくるだろうと読んでいました。

実は私たちは、新生党結成当時より多くの国民から浄財をいただき、それを新進党、自由党という変遷の中で大事にプールし、政権交代のいざ鎌倉で活用するため、私が代表の政治団体で預かっていたんです。解散した次の日、民主党で支援すれば当選という候補を中心に、八〇人ぐらいに合法的に配分したのです。

それが、菅さんや前原さんなんかに、「小沢は民主党を私物化する」というふうに誤解された。彼らは政権をとることの本質をわかっていない。選挙対策責任者の小沢さんを逆に恨んだわけです。

**達増**　自分の頭の中の枠組みで、小沢先生の行動を見ているから、そうなっちゃう。つまり、自分がその立場だったら、そういうことを自分がやるから（金で党を私物化するから）、そう考えてしまう。

**平野**　一方検察は、小沢謀殺グループの吹聴にのって、最初は、私が代表の政治団体に不法な資金が入っていると疑って調べた。残念ながら、資金の入りも出も法に反することなしとなった。一時、「平野は逮捕される」と噂を流した元特捜部長もいた。そこで「陸山会事件」という捏造事件が謀略され、これは小沢不起訴となる。さらに偽造の検事資料により検察審査会での強制起訴となる。

しかし、仙谷さんや菅さんは「小沢から金をもらっているから、みんな小沢の思想になる」と誤解したわけです。その誤解が内ゲバとなって、小沢さんを民主党から排除する動きの、一つのきっかけだと思います。座敷牢に入れるとかね。小沢さんが党を出ざるを得ない状況をつくった張本人は、菅さんだろうね。

**達増**　麻生総理が「小沢一郎は社会主義者だ」と言った。総理大臣が特定の政治家にレッテルを貼り、バッシングを始めると、かなりの影響力をもちますよね。やっぱり菅さんが、総理大臣としてそういうようなことをしましたよね。

**平野**　仙谷さんは、よくいえば頭のいい人。わるくいえば阿波古狸で、現に三・一一のときなんかは、「小沢さんがそんなに言ってくれるのか」と。そうした一種のずるい柔軟性があるんです。「あの平野がわれわれを助けてくれているのか」と。小沢さん側も「あとは仙谷の腹一つだ」というような柔軟性があるわけです。菅さんは、どうしようもない性《さが》をもっているよね。可愛さがないよね（笑）。

私は二年くらい、菅さんの「家庭教師」をやっていた。政権担当の事前教育のね。小沢さんに言われて、国会対策の相談など受けていたんだけど、菅さんは自分が有利になることでないと話を聞きませんね。耳に入れない。頭に入れない。政治にかかわるべき人格じゃない。仙谷さんは、どれだけ裏や腹が別でも、会ったら先に握手してくる。ある意味、アッパレですよ。

## 戦争に突き進んだ戦前の内閣と変わらない野田内閣

**達増**　野田さんはどうですか？

**平野**　私は野田さんのことを根っからの自民党だと思っていました。小沢さんと野田さんの関係は、そんなに悪い関係ではなかった。野田さんはああいう人だから、小沢さんの批判はほとんどしなかった。四年前の千葉知事選でも、小沢さんに相談しています。

代表選挙の直前に、細川護熙さんのところから私に、小沢さんを口説いて、小沢・野田会談をセットしてくれと言ってきました。私はノーと言いました。「野田さんを代表にしたら民主党が潰れるぞ」と。それから「日本の国がおかしくなる。とんでもない人間だぞ」と拒否したんです。

そしたら細川さんが独自に、代表選の前に会談をセットしました。会談では消費税については、多少調子のいいことを野田さんが言っていて、人事は輿石を幹事長にするということで、小沢さんが、「わりあい、わかるやつだ」と思い出した。

そしたら成田憲彦（元細川首相秘書官）氏から連絡があって、「野田政権に協力してくれ」と。「ふざけるな」と私は野田批判を始めたわけです。そして、一月くらい経って、小沢さんから「自宅でゆっくり話そう」と。そのころ野田さんがＴＰＰとかいろいろ言い出したから、「やっぱり自民党より、もっと悪いな」ということになり、それで九月あたりからはっきりと「野田は問題がある」と小沢さんが言い出したんです。

**達増**　菅降ろしで、菅総理じゃ駄目だということで、代表を代えたわけですから、新しい代表・総理は、消費税にしろ、ＴＰＰにしろ、見直すべきだったんです。別の方向にいくべきだったのに、スルッとそれを野田さんが継承してしまった。輿石さんを幹事長にした部分はあるんですが、結局、消費税やＴＰＰ、特に「消費税をどんなことをしてもやる」と言ってしまうのは、反小沢にならざるを得ない。菅総理が敷いた路線を、党内的にウイングは広げたような体裁は整えつつ、「菅路線を断固として政治生命を懸けてやる」と力んでしまい、自滅していった感じはしますね。

**平野**　去年の三月になり、国対委員長の城島さんが創価学会の元政治担当者を使って私に会いたいと言ってきた。消費税問題で意見を聞きたいと。ようするに、「輿石が困っている」と言う。「野田は、消費税を成立させたい。輿石は、民主党を壊したくない」、これをどう話をつけるか。「消費税を今国会であげる必要はない。しかし、一定の期間を置いて、かなりの是正をやって、それからやるのであれば、小沢さんも了解するはずだ」と私は言いました。「党を割らないことが大事だ」と。「話がつかんということはない。仮に国会審議を一年くらい凍結して、成立させれば、小沢も反対はしないし、野田政権が長く続く可能性もある」、そんな話をしたわけです。

そのあと輿石・小沢会談になって、小沢さんが輿石さんに知恵をつけた。それを輿石さんが野田さんに話した。そこから先は話に入っていないので私の推測だけど、どうも輿石さんは幹事長である自分の意見としてでなく、小沢さんの話としたようだ。幹事長自身の責任ある意思として言わなきゃいけないのに。それだと野田さんは抵抗しますね。どうも労組の文化は政治のそれとは違うようだ。自分で責任をとらんからね。

**達増**　メッセンジャーになっている。

**平野**　それからおかしくなっていくんです。それで三党合意の話に進んでいく。政党間の協議なら全党に協議を提案して、応じなければ応じる党と協議すればいい。最初から民自公で協議するなら政党政治の否定です。それを民主党の指導者がわかっていない。

その頃、公明党は迷っていました。創価学会が消費税の値上げに反対している。だから私は、三月末までには、小沢さんの発想で、話がつくんじゃないかと思っていました。

**達増**　菅首相は民主党と政府の舵を握って、それを恣意的に勝手にカラカラと回して、消費税の方へ向けたり、ＴＰＰの方へ向けたりしました。最後は、目の前の岩を避けながら、逃げ回って、脱原発のほうへ舵を取ったり。野田総理は、そうして菅さんが勝手に舵取りしたものをそのまま踏襲しただけで、自分で舵を握っていない。前進のスピードの加減だけをやっていた感じがします。

**平野**　裏に指南役として財務省の勝栄二郎がいるんです。

**達増**　財務省との関係などはわかりませんが、ただ、本人の立場になってみれば、舵を取るのは容易なことではない。財務省の考えがどうとか、党としてこう決めたとか、前内閣で決めたからとか、自分で舵取りをしなかった。それでも、総理がテレビで「やる」と言って、国民に説明すればものごとは突破できるし、一二月の党首討論で大見得を切れば選挙でも勝てると思ったんでしょうね。

**平野**　あそこで選挙をやるべきではなかった。定数是正をやったうえで、やればいいんです。その間に政策を展開できます。やってはいけないことでした。

**達増**　消費税を上げることが最大の命題で、そのために三党合意をやった。三党合意のときに早期解散を約束した。だからやった。そうした既成事実の積み重ねで、軌道修正をせず、まっすぐ進むという行動様式で野田さんは突っ走ったんですね。

**平野**　頭の思考がきかないんです。ただ、野田さんだけに焦点を当てては駄目なんです。野田が「どうしてもやる」と言ってもね、全閣僚が反対すればできない。岡田さんの責任が重いですよ。岡田さんと前原さんがやれやれと言ったんです。それは事実みたいですよ。憲法は、「内閣総理大臣が解散権をもっている」とは書いていない。「内閣が」と書いてある。野田さんだけの意思なら止めることはできるんです。野田さんが全閣僚をクビにして、解散なんかできないですよ。ああいう違憲状態の中ではできない。そういう意味でも、野田さんだけの責任ではない。煽った連中が何人かいるんです。

**達増**　そういう意味では、第二次大戦に突入していくときの日本に似ていて、そうした既成事実の積み重ねのうえで、舵は切れなくなって、あとはそこをゆっくり進むか、速く進むかだけの話になってしまう。今、振り返って、あの頃の日本のリーダーはなぜあんな愚かなことをしたのか、と思いますが、去年の日本政治を見ていると、そんなに違いはないと思いますね。

**平野**　おっしゃるとおり、戦争を始めるときの状況に似ている。そのあと、政治的小児病の指導者たちがアベノミクスをやるわけです。これが、日本の資本主義を崩壊させる。これが起爆剤になって、世界の資本主義がおかしくなるという予感がします。そしてデモクラシーも崩壊する。

## オリーブの木構想と「日本未来の党」

**平野**　そんなことで、とにかく一二月に突然の選挙になりました。嘉田滋賀県知事との連携などでも混乱がありましたが、当事者の達増さん、そのへんの事情を知りたい。

**達増**　オリーブの木構想というのは、早い段階から一貫してあったわけです。イタリアでやったケースは、学者を統一総理候補として、それをいくつかの政党で推して選挙に臨むやりかたです。

選挙の時期についても、年を越えて、もっと先に選挙があれば、嘉田さんも選挙に出て、多数をとれば総理大臣ということもあり得るという構想で準備をしていました。ところが一二月に解散・総選挙になった。嘉田さんは知事を続けることになり、オリーブの木のウイングもギリギリ、名古屋の河村市長の減税党とか、山田正彦グループとか、みどりの風とか、複数のグループを未来の党という一つの傘に入れることはできました。

でも、維新の会のほうがマスコミ的にも取り上げられ、維新の会に第三極の関心がいって、オリーブの木である「日本未来の党」への関心は、非常に低かった。そうした中で、立候補届のドタバタ騒ぎとかがあって、票が伸びなかった。残念だったと思います。

**平野**　達増さんに嘉田さんと会えと言ったのは小沢さんですね。

**達増**　障がいのある人の芸術を盛り上げようと、展示会などを滋賀県でやったんですが、そのシンポジウムで、大津に呼ばれて行ったんです。大河ドラマ『江』をやっていた頃です。大震災の直前ですね。それから、知事会などの席で嘉田さんと立ち話をするようにもなりました。

大震災のあと、嘉田さんは塾を始めました。未来政治塾です。いろんな有識者を招いて、滋賀県からリーダーを育成する。そこでのテーマが、「国民の生活が第一」が主張していることとかなり一致していた。それで、オリーブの木構想の話を直接、嘉田さんにした、という流れです。

で、私が最初会ったときに、「実は飯田哲也氏などと一緒に、第四極をつくろうという話をしている」と嘉田さんが私に言ってくれた。「維新の会は原発について日和《ひよ》っている。ちゃんと脱原発を柱に据える第四極だ」と。それを私が小沢先生に報告して、小沢さんと嘉田さんが出会い、ああいう展開になったわけです。

オリーブの木構想は、政権がとれて初めてオリーブの木だし、実際イタリアは政権がとれました。ちなみに、政権をとっても連立政権だから、それぞれの党はバラバラのままなんです。

オリーブの木という趣旨からいけば、政権をとれなかった場合に、選挙後、それぞれの党の元の鞘《さや》に収まるというのは、なんら不都合はない。それぞれのウイングを広げていけばいい。国民の生活で、未来の党は未来の党で、それぞれの党・地元で、支持者の拡大をしていけばいい。理念的には円満に別れた格好なわけです。でも、人間のやることだから、アクシデントもありますし、それがマスコミに大きく取り上げられた。理念的には円満に別れた形です。

**平野** 達増知事は小沢さんを通じて嘉田知事とオリーブの木構想で話し合い、解散はもっと先だと考えて、手を結ぼうとしたけれど、こうした状況の中、結局、小沢さんも、嘉田さんも、野田首相の違憲解散のため志を実現できなかったわけですね。

小沢さんは未来の党が総選挙に敗れたのは、自分が協力できなかったからだと謙虚に反省している。私は飯田副代表に責任があると思っています。歪んだエリート意識や権力欲で嘉田知事に取り入り、その流れで、嘉田さんも小沢さんも利用されたのではないか。相当問題のある人物らしい。早期に「生活の党」に切り換えたのは、若干誤解はあったが、正解だったと思います。

**達増** オリーブの木構想で、嘉田さんを未来の総理候補（党首）として立てて、脇も固める。「国民の生活が第一」、「河村たかしさんの減税日本」、亀井静香さんなども固めていけば、時間が経って、やがて、他の党も近づいてくる。本格的な政権交代ができるはずのオリーブの木の体制ができると、そうありたいと考えて動いていたんです。

もう一つ付け加えると、ネット世論調査で、未来の党の支持率はものすごく高かった。自民党と二大政党になっていくくらいの勢いだった。オリーブの木というのは、リアリティのあった話なんです。

## 参議院選挙後にどんな展望が切り開かれるのか

**平野**　それでは、今度の参院選の話について話しましょう。マスコミは意図的に小沢一郎は終わったと叩いていますが、これからどう日本政治を立て直していくのか。それを対談の結論にしたいと思います。

**達増**　政治は少数を多数にしていくことなので、時代の節目においては、少数のまともな政治家がいれば、日本を変えることができる。極端にいえば、私は二人いればいいと思う。政治は一人では無理だが、二人いれば政治が生まれ、そこを核に周りに仲間を増やしていけば、政治は大きく変えることができる。私は、連立離脱して小さくなった自由党の頃にそう考えていました。今の生活の党というのも、二人いればいいのに、あれだけの人数がいる。まずはそこをしっかり固めて、基盤を守り、育てていけば、日本全体を大きく動かすことは可能だと思っています。

**平野**　いい機会なので知事に情報として伝えます。参院選はどんな形にしろ、民主党はボロ負けするでしょう。壊滅的な敗北となる。したがって、前原、岡田、長島さんたち一〇名から一五名が離党して、まず、他のグループと統一会派をつくる情報がある。となると、民主党は壊滅的状況になると思います。それから、生活の党がどのくらい残れるのか。やってみないとわからないけれど、五月になって小沢さんへの新しい理解と期待が増えだし、ネットを中心に生活の党への支持率も上がり始めま

ます。

有精卵だから、また盛り返す。しかも、今度は今までと同じようには叩けない。経済や客観情勢が変わりますから、国民の生活をどういかしていくのか、という話になる。新しい運動が出てくると思います。

生活の党と民主党の良識派を中心に結集すれば、いわゆる小沢イズムというのは、生命の基であるも上がる。近隣外交もめちゃめちゃでアメリカがものすごく自民党安倍政治を危惧しているらしい。消費税

アベノミクスの結末は健全な資本主義を崩壊させることになり、大変なことになると思う。

将来的には、時間はかかるかもしれないが、自民党のリベラル派とまともな野党のリベラルが、どう提携していくのかということが、これからの一つの鍵になるんじゃないか。

実際、前原、岡田の両氏が党を出ていったら、状況は変わると思う。

田さんはああいう正直な人だから、「総理経験者が小沢さんを拒否している……」と言ったそうです。田さんに参加者が、「なぜ小沢さんたちと相談してリベラルが結集しないのか」と詰め寄った。海江

一方、民主党のなかで、山口補選があのザマで、タウンミーティングを山口でやった。そこで海江

ているとも聞きます。

「これはえらいことになる。自民党のリベラルを結集しないと駄目だ」と、旧宏池会の再生が始まっ

ラルの結集ができるかどうか。これが日本再生の鍵です。

続するかどうかわかりません。政治の流動化と劣化は読めません。大事なことは、党派を超えたリベ

参院選挙の結果によっては何が起こるかわからないということです。自公連立だって憲法問題で継

した。メディアは酷評しているがそれなりの成果は出せると思います。

もう一つは、今大事なことは、小沢さんの政策「国民の生活が第一」を否定する人は誰もいません。ここで知事に言うのもなんだけど、もう二期務めたわけだし、小沢さんの後継者として、小沢イズムの継承と発展を全国的に発信すれば、国民は自然と結集していくと思うのですが。

**達増**　小沢先生はまだまだ体力はありますし、太公望が古代中国で天下を仕切るようになったのは八〇歳になってから。

自民党が、既得権者同士の馴れ合いで楽に政権の座を維持していくという、政権維持が自己目的化していく中で、小沢一郎はそれに決別し、常にそれと戦ってきたわけです。馴れ合いの古い政治ということでは今の民主党もそうです。そのときどきの人気のある政策を口にして、人気の政治を進めていく。

今、世界では、極右的な政治が人気を博しやすいんです。アメリカのティーパーティー運動しかり、ヨーロッパの極右政党しかり、見た感じがかっこいいわけです。グローバリズムの不安の中で、ナショナリズムが一種の麻薬みたいな効果で台頭している。

でも長続きはしないですね。オバマ批判でも、ヨーロッパのリベラル派批判でも、その批判が盛り上がる分にはいいですけど、それが天下をとってうまくいくはずがない。ここ二、三年で、そうした人気で既得権政治を隠すスタイルはたちゆかなくなるはず。そうではない、政治家や党、真の改革を国民は必要としてくるだろうし、マスコミも取り上げるしかない状況や流れが出てくる。そうした流れの中で、政策を一人でも多くの人に訴えていくことが大切だと思います。

**平野**　日本人はおかしなところもあるけど、しっかりしていますよ。それから、マネー資本主義の限界、デモクラシーのあり方の限界です。健全な政治がないと、デモクラシーはできないし、デモクラシーだけで政治をやっていける時代ではなくなった。

**達増**　欧米では、アメリカ型グローバルスタンダードが主流になっていると思いますが、それがリーマン・ショックを引き起こしたわけだし、ヨーロッパもギリシャやキプロスに無理をさせようとすると、おかしくなる。アジアの財政危機のときは、ＩＭＦ方式の超緊縮財政でうまくいきましたが、かなり失業や貧困を生じさせて、民主政治の歴史が長い国ではあれはできないと思います。あれをヨーロッパでやるのは無理です。

単純なグローバリズムではない、地域に根差した、人間の生活実態にきちんと合わせた経済社会の仕組みをつくっていく。日本は復興の現場から、そうしていく必要性がある。それを、東北から日本全体へと広げていけたらいいし、それはアメリカやヨーロッパにも参考になる話だと思う。

ちなみに、鳩山さんの普天間を県外･国外へ移すというのは、その頃の『フォーリンアフェアーズ』を読んでいましたが、賛成するアメリカ人はいましたからね。日米で賢人会議のようなものをやって、アメリカの学者からも「鳩山さんの言っていることは正しい。アメリカの国益も大きい」と、日米の国民間の土台をつくったうえで、政府間交渉をしていく。そうすれば、あながち非現実的な話でもなかった。（＊第三章八六ページ参照）しかし、日米の官僚たちとすれば決めたことをやるほうが楽だった。

そうした流れの中で、反小沢・小沢排除という勢力も、政治的に小沢さんを謀殺できるくらいの強力な力ではなかったように思います。

**平野**　小沢さんの「第七艦隊」発言に同調するアメリカ人もけっこういるようです。

**達増**　小沢一郎的なものは、これから日本の主流・本流になっていくだけではなく、世界の主流になっていくものだと思います。非現実的な話ではありません。アジア・アフリカにも向いている話だと思います。イスラム圏はアラブの春以降、荒れていたりもしますが、そうしたところにも小沢一郎流のやり方は、大いに役立つと思いますよ。

**平野**　そうそう、小沢一郎こそこれからの世界をリードする本流です。知事、今日はお疲れ様でした。

（平成二五年五月二日、岩手県庁知事室にて）

**●達増拓也岩手県知事プロフィール**

たっそ・たくや。昭和三九年（一九六四）、岩手県盛岡市生まれ。東京大学法学部卒業後、昭和六三年（一九八八）四月、外務省入省。米ジョンズホプキンス大学大学院修了。外務省大臣官房総務課課長補佐などを務め、平成八年（一九九六）一〇月、衆議院議員に初当選。連続四期務め、予算委員、憲法調査会委員、文部科学委員などを歴任。平成一九年（二〇〇七）四月、岩手県知事に初当選。一期目で東日本大震災に遭遇。平成二三年（二〇一一）九月、岩手県知事再選。翌二四年（二〇一二）二月からは復興推進委員会委員を務めている。

# あとがき

昨年暮の衆院総選挙について、各地の高等裁判所の判決が圧倒的多数の「違憲状態」のみならず、「違憲・無効」とまで宣言した。これに対する国会側の対応は、まことに不誠実で無責任であった。

私は「メルマガ・日本一新一五七号」で、違憲総選挙を作為して強行した野田前首相の「政治的責任を問うべし！」との主張を行った。併せて、伊吹衆院議長に対して「事態の収拾をすべし」と進言したが、与野党間の話し合いは決裂したままで、異常事態となっている。

さらに、安倍首相が憲法九六条（改正規定）の単独先行改正を断行したいと、憲法政治を破壊しかねない発言が飛び出すなど、わが国の政治事態は深刻さを増している。これらは、アベノミクスの覚醒効果に酔わされている社会風潮の影響によるものといえる。

こんな政治情況の中で、ある友人から本書の執筆の話が持ち込まれた。「小沢一郎氏排除と日本政治の危機」をテーマに、緊急出版してはどうか、ということであった。六月中旬には刊行したいとの出版側の強い要望があり、間もなく三年目を迎える「メルマガ・日本一新」の論説を主な素材とし、巻末に岩手県知事の達増拓也氏との対談を掲載して、なんとか刊行にこぎつけた。

「メルマガ・日本一新」とは、平成二二年の夏、日本の政治史に遺すべき政権交代を果たした民主党政権の手で憲法政治が破壊されようとするとき、私の仲間から私の肉声を発信する仕組みをつくる提案があった。私は、国会議員を辞する際「永田町を出て日本一新運動を行う」と約束していた。その経緯で、同年六月一七日に、ネットを活用したメルマガとして創刊号を発信することになった。

本書の刊行が天の配剤か、メルマガ発信から丸三年となり、五月三〇日で一六三号を重ねることができた。この間、維持会員の方々並びに事務局のスタッフには、本当にお世話となり心からお礼を申し上げる。

本書の刊行に当たっては、達増岩手県知事のご協力に敬意と謝意を表したい。

なお、「メルマガ・日本一新」にご関心をお持ちの方は、日本一新の会・公開ブログ http://nipponissinl.blog136.fc2.com/ にアクセスしていただくと、上部タブに「入会のご案内」があるので、ここを開いて参照をお願いしたい。

またご不明のことがあれば、事務局 jimukyoku@nipponissin.com（TEL〇九七三—二三—六三一六、FAX〇九七三—二四—一二五五）大島宛にお問い合わせ頂きたい。

平野　貞夫妙観

平成二五年六月

# 小沢一郎関連年表

| 年 | 月日 | 事項 |
|---|---|---|
| 昭和17年（1942） | 5月24日 | 小沢佐重喜、みちの長男として東京・下谷で生まれる。 |
| 昭和20年（1945） | 3月 | 岩手県水沢市に移る。 |
| | 8月 | 日本、ポツダム宣言を受諾し終戦。 |
| 昭和21年（1946） | 4月 | 父佐重喜、衆院議員に初当選。 |
| | 5月 | 第1次吉田内閣発足。 |
| 昭和22年（1947） | 5月 | 日本国憲法施行。 |
| 昭和23年（1948） | 10月 | 第2次吉田内閣、父佐重喜運輸大臣に就任。 |
| 昭和24年（1949） | 4月 | 水沢市立水沢小学校入学。 |
| 昭和25年（1950） | 6月 | 朝鮮戦争勃発。 |
| 昭和26年（1951） | 9月 | 対日講和条約、日米安全保障条約に調印。 |
| 昭和28年（1953） | 7月 | 朝鮮休戦協定調印。 |
| 昭和29年（1954） | 12月 | 第1次鳩山内閣発足。 |
| 昭和30年（1955） | 4月 | 水沢市立常盤中学（現・東水沢中学）入学。 |
| | 10月 | 左右社会党が統一。 |
| | 11月 | 保守合同で自由民主党結成。 |
| 昭和31年（1956） | 10月 | 日ソ国交回復。 |
| | 12月 | 日本、国連加盟。 |
| 昭和32年（1957） | 2月 | 第1次岸内閣発足。 |
| | 4月 | 東京・文京区立6中へ転校。 |
| 昭和33年（1958） | 4月 | 東京都立小石川高校入学。 |
| 昭和34年（1959） | 4月 | 皇太子・美智子妃ご成婚。 |
| 昭和35年（1960） | 6月 | 安保条約強行採決⇒自然承認。 |
| | 7月 | 第1次池田内閣発足。 |
| 昭和37年（1962） | 4月 | 慶応義塾大学経済学部入学。 |
| 昭和38年（1963） | 11月 | ケネディ米大統領暗殺。 |
| 昭和39年（1964） | 10月 | 東京オリンピック開催。 |
| | 11月 | 第1次佐藤内閣発足。公明党誕生。 |
| 昭和40年（1965） | 2月 | ベトナム戦争で北爆開始。 |
| | 6月 | 日韓基本条約に調印。 |
| 昭和42年（1967） | 4月 | 慶応義塾大卒業、日本大学大学院入学。 |
| 昭和43年（1968） | 5月8日 | 父、佐重喜死去。 |
| | 9月 | 大学紛争激化。 |
| 昭和44年（1969） | 12月27日 | 第32回衆院総選挙で岩手2区から出馬、トップで初当選。 |
| 昭和47年（1972） | 5月 | 沖縄返還。 |
| | 7月 | 第1次田中内閣発足。 |
| | 9月 | 田中首相訪中、日中共同声明で国交正常化。 |
| 昭和48年（1973） | 1月 | ベトナム和平協定調印。 |
| | 10月29日 | 福田正氏長女、和子と結婚。 |
| | 12月 | 衆院農林水産委員会委員に。 |
| 昭和49年（1974） | 11月 | 田中金脈騒ぎで田中首相退陣。 |
| | 12月 | 三木内閣発足、衆院建設委員会理事に。 |
| 昭和50年（1975） | 12月 | 科学技術政務次官に。 |
| 昭和51年（1976） | 7月 | ロッキード事件で田中前首相逮捕。 |
| | 12月 | 第54回衆院総選挙。福田内閣発足、建設政務次官に。 |
| 昭和53年（1978） | 1月 | 自民党政調科学技術部会長に。 |
| | 12月 | 第1次大平内閣発足、自民党政調水産部会長に。 |
| 昭和54年（1979） | 3月 | 自民党岩手県連合会会長に。 |
| | 10月 | 第35回衆院総選挙。 |
| | 12月 | ソ連のアフガニスタン介入。 |
| 昭和55年（1980） | 6月 | 第36回衆院選挙（初の衆参同日選挙に、選挙期間中に大平首相死去）。木曜クラブ（田中派）事務局長に。 |

**昭和56年（1981）**
7月　鈴木内閣発足。
11月　米大統領にレーガンが当選。
12月　自民党政調会長に。

**昭和57年（1982）**
11月　中曽根内閣発足。
12月　自民党総務局長に。

**昭和58年（1983）**
10月　東京地裁、田中元首相にロ事件で実刑判決。
12月　第37回衆院総選挙。衆院議院運営委員長に。

**昭和60年（1985）**
2月　木曜クラブ内に創政会が誕生。
田中元首相、脳梗塞で倒れる。
12月　第3次中曽根内閣で自治大臣・国家公安委員長に就任。

**昭和61年（1986）**
7月　第38回衆院総選挙。
11月　国鉄分割・民営化法案成立。

**昭和62年（1987）**
7月　経世会（竹下派）旗揚げ、同会総務局長に。
10月　中曽根首相、後継に竹下幹事長を指名。
11月　竹下内閣発足、内閣官房副長官に就任。

**昭和63年（1988）**
1月　竹下首相の米・加歴訪に同行。
3月　日米建設交渉で訪米。
4月　竹下首相欧州歴訪に同行。
6月　第14回先進国首脳会議（トロント・サミット）に出席。
7月　リクルート政界疑惑表面化。
8月　竹下首相訪中に同行。
11月　米大統領にブッシュ当選。

**昭和64年／平成元年（1989）**
1月　昭和天皇崩御、平成と改元。竹下首相訪米に同行。
6月　竹下内閣退陣、宇野内閣発足、経世会事務総長に。日米通信交渉の宇野首相特使として訪米。

---

7月　第15回参院選挙。自民党大敗、参院の与野党議席数が逆転。
8月　海部内閣発足、自民党幹事長に就任。
9月　自民党総裁公選規程を改正。
12月　米ソ首脳マルタ会談、冷戦終結を確認。

**平成2年（1990）**
2月　第39回衆院総選挙。追加公認を含め自民党は衆院での安定過半数を維持。自民党幹事長に再任。
7月　選挙制度事情視察で仏・英・西独へ。野党首脳も同行。
10月　東西ドイツ統一。
12月　第2次海部改造内閣発足、幹事長3期目に。

**平成3年（1991）**
1月　湾岸戦争勃発。
3月　訪ソ、訪米。ゴルバチョフ大統領、ブッシュ大統領と会談。
4月　都知事選敗北の責任をとって幹事長を辞任。
経世会（竹下派）会長代行に就任。ゴルバチョフ大統領訪日。
11月　宮沢喜一、第78代首相に就任。

**平成4年（1992）**
5月　日本新党結党。
6月　PKO法案成立。
7月2日　第16回参議院選挙で日本新党4議席獲得。自民は67議席と復調。社会は22議席と不振。
8月　金丸信自民党副総裁が東京佐川急便からの献金問題で辞任。10月に辞職。
10月　自民党竹下派会長に小渕恵三が就任。小沢グループが「改革フォーラム21」を結成。

**平成5年（1993）**
5月　『日本改造計画』を講談社より発刊。
6月　衆議院で宮沢内閣不信任案が可決。解散へ。

武村正義ら、自民党離党議員10名が新党さきがけを結成。

小沢一郎らが自民党離党者44名で新生党を結成。

7月 第40回総選挙。自民223、社会134から70に激減。新生55、公明51、日本新党35、共産15、民社15、さきがけ13、社民連4。

8月 細川護熙を首班に非自民連合政権が成立。

**平成6年（1994）**

1月 湾岸戦争、多国籍軍によるイラク空爆を開始　政治改革関連4法案を成立。

2月 細川首相が税率7％の国民福祉税構想を突如発表。翌日撤回。

4月 細川首相が辞任会見。さきがけは日本新党との統一会派を解消し、閣外協力へ。鹿野道彦ら5人が自民党を離党し、新党みらいを結成。

渡辺美智雄元副総理が自民党離党の意向表明（後日断念）。自民党・共産党を除く全会派で羽田孜を第80代首相に指名。首相指名直後に新生・日本新党・民社・自由党・改革の会が衆院会派「改新」を結成。「改新」結成に反発して社会党が連立離脱。

6月 羽田内閣総辞職。首相指名選挙。村山富市社会党委員長が第8代首相に。「自社さ」政権が成立。

7月20日 衆議院本会議で、村山首相が「自衛隊は合憲」「日米安保条約を堅持」「君が代・日の丸を容認」と答弁。

12月 日本新党、新生党、公明党などが解党、新進党結成。衆参国会議員214名が参加。

**平成7年（1995）**

1月 阪神淡路大震災。

3月 地下鉄サリン事件。

7月 第17回参議院選挙。自民49、社会16と惨敗。新進党は40と倍増。新進党は第1党に躍進。

**平成8年（1996）**

1月 村山首相、退陣発表。橋本龍太郎が第82代首相に就任。64回党大会で社会党から社民党へ党名変更。

3月 住専問題で国会空転。新進党は国会で座り込み。

6月 政府が消費税率5％への引き上げを閣議決定。

9月 民主党結成。鳩山由紀夫、菅直人ら衆参合わせて57人。

10月 第4回総選挙。自民は239と復調。新進156で微減。民主は伸び悩み。

11月7日 第2次橋本自民党単独政権発足。さきがけ、社民党は閣外協力へ。

12月 羽田孜ら衆参国会議員13人、新進党を離党し太陽党を結成。

**平成9年（1997）**

6月 細川元首相が新進党を離党。

12月 新進党が解党。

**平成10年（1998）**

1月 自由党結党。

4月 民主党に新進党を離れた諸党派が合流。衆院93、参院38の計131。代表に菅、幹事長に羽田。

5月 社民党はさきがけ、自民との連立を解消して下野。

7月 第18回参議院選挙。自民が16議席減。翌日、橋本首相が退陣表明。小渕恵三が第84代首相に就任。

7月〜 金融国会。民主党案を自民党は丸呑み。

平成11年（1999）
1月　自自連立政権・小渕第1次改造内閣が発足。

平成12年（2000）
4月　自自公3党首会談が決裂。小沢が連立解消を表明。自由党内の連立維持組は保守党を結成。自公保連立となる。小渕が脳梗塞で緊急入院。密室で森喜朗自民党幹事長の後継総裁就任が決定。同日首相に就任。
6月　第42回総選挙。自民党は38議席減らすも3党では安定多数を確保。総選挙でさきがけは武村代表をはじめ全員が落選して、事実上解党。
11月　野党の森首相不信任案が否決。加藤紘一が党内の切り崩しで欠席に方針転換。「加藤の乱」は不発に。

平成13年（2001）
4月　自民党総裁選で小泉純一郎が圧勝。第87代首相に。
7月　小泉人気を受けて、参院選で自民党が圧勝。
9月　「9・11」テロ、アフガニスタン戦争。

平成14年（2002）
1月　民主党代表選で鳩山由紀夫が勝利。幹事長に中野寛成を置いたことで反発を買う。
12月　鳩山が自由党との新党構想など党内混乱の責任をとって辞任表明。民主党代表選で菅が圧勝。幹事長に岡田克也。

平成15年（2003）
9月　民主党・自由党の合併調印。25日、会派届出。
11月　総選挙、与党3党で絶対安定多数を維持したが、民主党は177議席を獲得。

平成16年（2004）
5月　菅代表が国民年金未加入問題で引責辞任。小沢一郎にも年金未加入が発覚し、代表候補を辞退。民主党新代表に岡田克也。
7月　第20回参議院選で自民党が敗北。改選議席を下回る49議席にとどまった。民主党は50議席を獲得。

平成17年（2005）
9月　郵政民営化総選挙（第44回）で自公で衆院3分の2の議席獲得。

平成18年（2006）
9月　安倍晋三が第90代首相に就任。

平成19年（2007）
7月　第21回参議院選で自民、歴史的大敗。与野党の勢力が逆転し、民主党が参院第1党に。
9月　安倍首相、突然の辞意。福田康夫が第91代首相に就任。
11月　福田首相、大連立を打診。小沢民主代表と再び会談。小沢氏が民主党役員会に諮った結果、即日拒絶を決定。小沢氏は辞意を表明したが、5日後に撤回。
12月　サブプライムで金利凍結。

平成20年（2008）
9月　福田首相が辞意。支持率低迷、緊急記者会見で。リーマン・ブラザーズ破綻。自民党の麻生太郎が第92代首相に就任。

平成21年（2009）
3月　小沢一郎公設秘書大久保隆規と西松建設社長、政治資金規正法違反で逮捕（いわゆる「西松建設事件」。これより検察による小沢一郎つぶしが始まる。
5月　民主党の小沢代表が辞任表明。政治資金疑惑での支持率低迷を受けて。民主党新代表に鳩山由紀夫。
8月　第45回衆院総選挙。民主党が過去最多の308議席を獲得。
9日　鳩山由紀夫が第93代首相、自社国連立政権が発足。

平成22年（2010）
4月　与謝野馨、園田博之らが「たちあがれ日本」を結党。
5月　普天間問題で日米合意。同日、社民党福島党首、大臣罷免。

社民党、政権離脱。

6月　鳩山首相、小沢幹事長とともに辞意表明。民主党代表選挙で菅直人が選出され、第94代首相に。

7月　第22回参議院選挙。民主党、得票数では自民党を上回るものの1人区で惨敗が響いて、議席数では自民党に敗れ、与党過半数割れに。

**平成22年（2010）**

1月　小沢一郎の政治資金管理団体「陸山会」所有の不動産関連で、東京地検特捜部が政治資金規正法違反容疑で石川知裕衆議院議員や小沢一郎秘書を逮捕（いわゆる「陸山会事件」）

**平成23年（2011）**

3月11日　東日本大震災。

2月　東京地検特捜部小沢不起訴決定。

4月　東京第五検察審査会、小沢を強制起訴。

9月　民主党代表選。菅・小沢の一騎打ち。菅が勝利して首相続投。

6月　内閣不信任決議。小沢派など賛成するも否決へ。菅首相続投へ。

8月　民主党代表選。野田、前原、鹿野、赤松の4氏が立候補。野田・鹿野の決戦投票で野田が代表になり、第95代首相に。

11月　野田首相、TPP参加を表明。

12月　野田首相、「消費税増税と社会保障の一体改革」を表明。民主党内を二分する議論に。

**平成24年（2012）**

3月　野田内閣、消費税増税法案提出。

6月　野田内閣、大飯原発再稼動へ。

7月　小沢一郎ら民主党離党、「国民の生活が第一」結党。

8月　消費税増税関連法案、民主・自民・公明の3党合意をうけて、参院可決成立。

9月　自民党総裁選。谷垣総裁不出馬。安倍晋三が総裁に。

「大阪維新の会」を中心に、自民・民主を離党した国会議員により「日本維新の会」結党。11月に「太陽の党（旧たちあがれ日本）」と日本創新党も合流。

11月　自民・安倍総裁との党首討論で、野田首相「定数是正を条件に解散」を提案。

自民・公明これを了承し、11月16日衆院解散へ。

小沢一郎完全無罪判決

嘉田滋賀県知事、「日本未来の党」結成。「卒原発」に賛同する「国民の生活が第一」などが合流。

12月16日　第46回衆議院選挙。自民294議席、公明の31議席をあわせて衆院の3分の2を超える大躍進。民主は現有の230議席から4分の1の57議席となる歴史的惨敗。「日本未来の党」は9名にとどまる。

12月26日　安倍晋三が第96代首相となり、第2次安倍内閣発足。

12月27日　小沢一郎ら旧「国民の生活が第一」系、「日本未来の党」から分党し「生活の党」を結党。

**平成25年（2013）**

1月25日　「生活の党」2013年度定期大会。綱領と基本方針を打ち出す。

●著者略歴

**平野貞夫**（ひらの・さだお）

1935年、高知県出身。法政大学大学院社会科学研究科政治学専攻修士課程修了。衆議院事務局に入局。30歳で園田直・衆院副議長の秘書に抜擢され、その後も前尾繁三郎・衆院議長の秘書や委員部長を歴任。ロッキード事件後の政治倫理制度や、政治改革の実現をめぐって当時衆院議院運営委員長だった小沢一郎を補佐し、政策立案や国会運営の面から黒子役として彼を支える。92年、衆院事務局を退職して参議院議員に当選。以降自由民主党、新生党、新進党、自由党、民主党と一貫して小沢と行動をともにし、「小沢の知恵袋」「懐刀」と称された。日本一新の会代表などを務める。著書多数。

# 真説！ 小沢一郎謀殺事件

2013年6月21日　初版発行

著　者　平野貞夫
発行者　唐津　隆
発行所　株式会社ビジネス社
〒162－0805　東京都新宿区矢来町114番地
神楽坂高橋ビル5F
電話　03－5227－1602　FAX 03－5227－1603
URL　http://www.business-sha.co.jp/

〈印刷・製本〉モリモト印刷株式会社
〈装丁〉中村聡
〈本文DTP〉茂呂田剛（エムアンドケイ）
〈帯写真提供〉PANA通信＝時事
〈編集〉本田朋子〈営業〉山口健志


ISBN978-4-8284-1710-3